五四運動史（上）

周策縱　著

五四運動史

運動史

五四

運動史

周策縱 著

王潤華 等 譯

王潤華 黎漢傑 編校

上

周策縱

周策縱的「五四學」：

知識分子領導的「五四」與走向知識時代的「五四」

王潤華

一、離散／流亡與邊緣思考的「五四」論述：拒絕同化的多元透視力

周策縱教授（一九一六─二〇〇七）[1] 曾寫自傳，題名〈忽值山河改：半個世紀半個「亡命者」的自白〉。他於一九四八年去國，乘輪船赴美途中，做舊詩〈去國〉（一九四八）抒懷，表明不滿混亂的時局與官場聽命的人生才出國深造，但是還未抵達彼岸，就感到「去國終成失乳兒」之苦，一九四八年五月十日於美琪輪（General Meigs）上：[2]

> 萬亂瘡痍欲語誰，卻攜紅淚赴洋西，
>
> 辭官仍作支床石，去國終成失乳兒。
>
> 抗議從違牛李外，史心平實馬班知，

---

[1] 周老師逝世後，台北中央研究院文哲所出版的《中國文哲研究通訊》，第十七卷第三期，有周策縱教授紀念專輯，見頁一一一一一二，在這之前，周老師的朋友與學生曾出版由王潤華、何文匯、瘂弦編《創作與回憶：周策縱教授七十五壽慶集》（香港：中文大學出版社，一九九三）。

[2] 周策縱《周策縱詩存》（香港：匯智出版，二〇〇六），頁三九。

吳門傾側難懸眼，碧海青天憾豈疑。

《五四運動史》（*The May Fourth Movement: Intellectual Revolution in Modern China*）第一稿是在一九五四年寫成，[3] 一九五五年正式通過的密芝根大學政治系博士論文，根據《關於中國的博士論文》書目，原題為《五四運動及其對中國社會政治發展的影響（*The May Fourth Movement and Its Influence upon China's Social-Political Development*）。[4] 周策縱於一九四八到美國，擬進入芝加哥大學，但由於不喜歡芝加哥城市，轉入密芝根大學政治系，一九五〇獲碩士，一九五五年獲得博士。在前後這年些間，他感到自己四處流亡，就如他的新舊詩集《周策縱詩存》與《胡說草：周策縱新詩全集》充分反映其心態，他的新詩〈給亡命者〉（一九五七）寫的也是自己：[5]

像受了傷的野獸舔著創傷，

你鮮紅的血只滴向荒涼的地方。

為了潔白的生命而走向漆黑的死亡，

你高大的墓碑上將只剩著兩個大字：反抗。

他經歷過典型的放逐與流亡的生活，從打工到哈佛當研究員，漂泊不定的知識分子人的邊緣思考位置，遠離政治權力，建構客觀的透視力超強的五四的新論述。

---

[3] 一九六〇由哈佛大學出版社出版（Harvard University Press）；一九六七年平裝本由史丹福大學大學出版社出版（Stanford University Press）。

[4] Chow Tse-tsung,「*The May Fourth Movement and Its Influence upon China's Social-Political Development.*」Michigan, 1955. 861pp.（密芝根大學的亞洲學會博士論文庫檔案編號：DA15:1644; UM12,53）。 見 Leonard Gordon and Frank Shulman（eds.），Doctoral Dissertations on China（Seattle: University of Washington Press,1972），p.68, 條目 750.

[5] 王潤華、周策縱、吳南華編《胡說草：周策縱新詩全集》（台北：文史哲，二〇〇八），頁三〇二—三〇三。

　　這部論述使人不禁想起薩伊德（Edward Said, 1935-2003）所說的放逐詩學。這是一個全球作家自我放逐與流亡的大時代，多少作家移民到陌生與遙遠的土地。這些學者作家經歷真正家園的嚴重割裂，他們企圖擁抱本土文化傳統的同時，遇上與域外文化或西方中心文化的衝擊，給今日世界文學製造了巨大的創造力。現代西方文化主要是流亡者、移民、難民的著作所構成。美國今天的學術、知識與美學界的思想正出自法西斯與共產主義的難民與其他政權的異議分子。整個二十世紀的西方文學與文化，簡直就是 ET（extraterritorial）文學與文化。[6] 知識分子原本就位居社會邊緣，遠離政治權力，置身於正統文化之外，這樣知識分子／作家才可以誠實的捍衛與批評社會，擁有令人歎為觀止的觀察力，遠在他人發現之前，他覺察出潮流與問題。古往今來，流亡者都有跨文化與跨國族的視野。[7] 流亡作家可分成五類：一、從殖民或鄉下地方流亡到文化中心去寫作；二、遠離自己的國土，但沒有放棄自己的語言，目前在北美與歐洲的華文作家便是這一類；三、失去國土與語言的作家，世界各國的華人英文作家越來越多；四、華人散居族群，原殖民地移民及其代華文作家，東南亞最多這類作家；五、身體與地理上沒有離開國土，但精神上他是異鄉人。

　　無論出於自身願意還是強逼，思想上的流亡還是真正流亡，不管是移民、華裔（離散族群）、流亡、難民、華僑，在政治或文化上，他們都是置身邊緣，拒絕被同化。在思想上流亡的學者作家，他們生存在中間地帶（median state），永遠處在漂移狀態中，他們既拒絕認同新環境，又沒有完全與舊的切斷開，尷尬的困擾在半參與半遊移狀態中。他們一

---

[6]　Edward Said,「Reflection on Exile,」in Russell Ferguson and others（Eds）, *Out There: Marginalisation and Contemporary Cultures*（Cambridge, MA: MIT Press, 1990）, p.357 ～ 366.

[7]　Edward Said,「Intellectual Exile: Expatriates and Marginals, 」*The Edward Said Reader*. eds. Moustafa Bayoumi and Andrew Rubin（New York: Vintage Books, 2000）, p.371.

方面懷舊傷感，另一方面又善於應變或成為被放逐的人。遊移於局內人與局外人之間，他們焦慮不安、孤獨，四處探索，無所置身。這種流亡與邊緣的作家，就像漂泊不定的旅人或客人，愛感受新奇的事物。當邊緣作家看世界，他以過去的與目前互相參考比較，因此他不但不把問題孤立起來看，更有一種雙重的透視力（double perspective）。每種出現在新國家的景物，都會引起故國同樣景物的思考。因此任何思想與經驗都會用另一套來平衡思考，使新與舊的都用另一種全新、難以意料的眼光來審視。[8]

　　在中國近代史上，沒有任何的重要事件像「五四運動」這樣複雜與容易惹起各種爭議。關於五四運動的書寫，在五十年代，爭論性的居多，沒有一本書被學術界接受，西方人對其認識更不正確，所以周策縱老師決定寫一本書確切記錄其史實，詳細探討其演變和效應。當他在密芝根大學寫博士論文時，便決定把五四看成一件多面性的社會政治事件去描述和研究，由於這是極端複雜而多爭論性的題目，他的指導老師也反對。根據他的回憶，在一九五二年的一天，他與密西根大學指導老師討論該生的博士論文選題時，提出如此的這建議。預想不到，教授提高了嗓門：「甚麼！你說你要寫『五四』運動，不行！博士論文怎麼可以寫學生暴動？……甚麼？說這是中國的文化運動、文藝復興、思想革命？簡直胡鬧！你若是堅持寫這個題目，我們就取消你的獎學金！」這位老師還曾在中國停留多年，因此他憤然而去。[9]

　　《五四運動史》，原為博士論文，在完成前，一九五四年，周老師在哈佛大學歷史系任訪問學者寫論文，畢業後，一九五六至一九六〇又回返哈佛任研究員，一九六一至一九六二任榮譽研究員。所以哈佛學術研

[8]　Edward Said,「Intellectual Exile: Expatriates and Marginals,」*The Edward Said Reader*. eds. Moustafa Bayoumi and Andrew Rubin, p.371.
[9]　鍾玲〈翻譯緣起〉《五四運動史》，上冊（香港：明報出版社，一九八〇）頁 iii.

究氛圍與教授對他的五四學之建立，帶來極大的多元的啟發。像胡適
（一八九一─一九六二）、洪業（洪煨蓮，一八九三─一九八〇）、楊聯
陞（一九一四─一九九〇）、費正清（John King Fairbank, 1907 -1991）、
海陶瑋（James Hightower, 1915-2006）、史華慈（Benjamin Schwartz, 1916-
1999）、傅吾康（Wolfgang Franke, 1912-2007，一九五七至一九五八在哈
佛）等人，他們這群多是流亡（洪業、楊聯陞）、離散（史華慈猶太裔美
國人）、多元文化（如費正清）。周教授原書英文版的《五四運動史》序
文最後的一大段，感謝協助他完成論文撰寫、修改與出版的學者，目前
所有中譯本將它刪去，非常可惜。這些精神思想導師，影響了老師的一
生學術生涯。他們幾乎都是哈佛大學與美國的一流學者，很多來自中國
與其他亞洲及歐洲漢學者，而且多是自我放逐、流亡的知識分子，他們
位居社會邊緣，遠離政治權力，置身於正統文化之外。老師跨文化與跨
國族的視野，令人歎為觀止的觀察力與他們的對話有絕對的密切關係。

二、周策縱的五四多元史觀：準確地認識過去，
　　　解釋未來

　　周老師回憶在哈佛大學改寫《五四運動史》時，當時哈佛的同事楊
聯陞看見他不斷修改，就催他趕快出版：「我們現在著書，只求五十年
內還能站的住，就了不起了。我看你這書可以達到這標準。還擔心甚
麼？」周老師回答說，由於五四是一個可以引起爭論的歷史，他要繼承
中國古代史家的兩個優良傳統：「一個是臨文不諱，秉筆直書；另一個
是不求得寵與當時，卻待了解於後世。」他又指出他當時寫歷史的態
度，不但受了西洋歷史之父希羅多德（Herodotus, BC 484-425）之啟發，
他的歷史觀要對過去有準確地認識，也可幫忙解釋可能發生類似的事

件。羅素（Bertrand Russell, 1872-1970）的多元歷史觀與分析哲學（analytic
philosophy）也影響了他對五四史實的詮釋。下面的自我回憶，可幫忙我
們了解他的突破性的五四論述：

> 在美國的前五年，我多半研讀西洋哲學史、政治理論與制度和
> 東西方歷史。一九五四年在哈佛大學當任訪問學者，寫完博士論文，
> 對五四運動史化了不少時間和精力。這期間我最關心的問題是中國
> 如何富強，如何吸收西洋的長處，推動現代化。一九五六年起再到
> 哈佛人研究院五六年，在那裏的幾個圖書館的書，使我對中西漢學
> 有了更多的認識，也使我的治學方向發生了又一次大轉變。

另外啟發周教授的五四史觀是《春秋公羊傳》裏的三句話：「所見異辭，
所聞異辭。所傳異辭。」這三句話使他對歷史產生兩個敏銳的觀察力。
他說：「五四運動本身的複雜性，和後來個黨派的不同解釋，跟是請神
參預者、所見者所聞者、所傳者，前後往往自相矛盾……我還是覺得最
先的，當下的說辭較近於事實。這使我決定大量採用當時報刊的記載和
個人『當下』的回憶」，對後來的說法和解釋決不得不審慎不懷疑。這也
使我特別注意到「異辭」的問題。所以獨立思考，獨立判斷的認知是建
構五四論述的基點。

三、超越中西文明典範的詮釋模式：文化研究典範

周策縱教授在一九四八年五月離開中國到密芝根大學攻讀政治學
碩士與博士之前，已對中國社會、歷史、文化，包括古文字學有淵深精
深的造詣。他的學術研究可說繼承了注重版本、目錄、注釋、考據的
清代朴學的傳統，主張學問重史實依據，解讀由文字入手，以音韻通訓

詁，以訓詁通義理。《周策縱古今語言文字考論集》中的〈說「尤」與蚩尤〉與〈「巫」字探源〉可說是這種治學方式的代表作。

周教授出國後的學術訓練，本文上面我引用他說過的話：「在美國的前五年，我多半研讀西洋哲學史、政治理論與制度和東西方歷史。」他受益最大該是以西方漢學的精神，突破了中國傳統思考方式。西方漢學的強點，專業性很強，研究深入細緻。周教授把中國傳統的考據學與西方漢學的治學方法與精神結合成一體，這種跨國界的文化視野，就給中國的人文學術帶來全新的詮釋與世界性的意義。例如初稿於一九六七，完成於一九九九的六萬多字的論文〈扶桑為榕樹縱考〉，周老師為了考定扶桑就是榕樹，考釋古代神話、圖畫、出土文物、古文字中認定、又從歷史、文化中去觀察，舉凡文學、植物學、文字學的學識都廣泛深入的溝通，另外也前往世界各地觀察與攝影有關植物。這種跨知識領域的文化研究，是既典型又前衛。

周教授當時編輯的兩本《文林：中國人文研究》（*Wen Lin: Studies in the Chinese Humanities*）的學術研究，[10] 代表當時他自己主導的歐美漢學家的跨越學科、知識整合的學術研究的新方法新方向，所以他實際上要建構的就是目前所謂文化研究的前行者。

而美國學術界則自二次大戰以來，開發出一條與西方傳統漢學很不同的研究路向，這種研究中國的新潮流叫中國學（Chinese Studies），它與前面的漢學傳統有許多不同之處，它很強調中國研究與現實有相關，側重思想性與實用性，強調研究當代中國問題。這種學問希望達到西方了解中國，與中國了解西方的目的。[11] 中國研究是在區域研究（Area

---

[10] 第一本由 University of Wisconsin Press,1968 出版；第二本由 University of Wisconsin Press 與香港中文大學出版聯合出版，一九八九。論文全以英文書寫。

[11] 杜維明〈漢學、中國學與儒學〉，見《十年機緣待儒學》（香港：牛津大學出版社，一九九九年），頁一一三三；余英時〈費正清的中國研究〉及其他論文，見傅偉勳、歐陽山

Studies）興起的帶動下從邊緣走向主流。區域研究的興起，是因為專業領域如社會學、政治學、文學的解釋模式基本上是以西方文明為典範而發展出來的，對其他文化所碰到的課題涵蓋與詮釋性不夠。對中國文化研究而言，傳統的中國解釋模式因為只用中國文明為典範而演繹出來的理論模式，如性別與文學問題，那是以前任何專業都不可能單獨顧及和詮釋。在西方，特別是美國，從中國研究到中國文學，甚至縮小到更專業的領域中國現代文學或世界華文文學，都是在區域研究與專業研究衝激下的學術大思潮所產生的多元取向的學術思考與方法，它幫助學者把課題開拓與深化，創新理論與詮釋模式，溝通世界文化。[12]

　　第二次世界大戰以後，上述「中國學」的這種研究中國的新潮流的發展，哈佛大學便是其中一個重要中心，到了一九五〇年代，正式形成主流。周教授在這期間，也正好在哈佛擔任研究員，[13] 他的成名作《五四運動史》，原是密芝根大學的博士論文《五四運動及其對中國社會政治發展的影響》，獲得博士學位不久後，費正清聘他到哈佛東亞問題研究中心從事研究，其中重要的研究項目就是改寫他的五四論述的論文，同時期在哈佛共事的還有洪業、楊聯陞、裘開明（一八九八至一九七七）、費正清、史華慈等，在這些中西學者的「內識」和「外識」的跨學科多元文化與思想的學術環境中，在傳統的西方漢學（Sinology）與新起的中國研究（Chinese Studies）學術思潮中，修改完成並出版他的五四論述。此類專著或論文，完全符合中國研究與現實有相關，思想性與實用性，強調研究當代中國問題以溝通東西文化的了解的傾向。另一

（邊）《西方漢學家論中國》（台北：正中書局，一九九三），一一四四及其他相關部分。

[12]　同前注，頁一一一二。

[13]　周策縱於一九四八到美國密西根大學政治系，一九五〇獲碩士，一九五五年博士，《五四運動史》，原為博士論文，在完成前，一九五四年，他在哈佛大學歷史系任訪問學者寫論文，畢業後，一九五六至一九六〇又到哈佛任研究員，一九六一至一九六二任榮譽研究員。

方面，區域／文化研究思潮也使本書超越以西方文明為典範而發展出來的專業領域如社會學、政治學、文學的解釋模式，同時更突破只用中國文明為典範而演繹出來的傳統的中國解釋模式。所以《五四運動史》成為至今詮釋五四對權威的著作，成了東西方知識界認識現代新思文化運動的一本入門書，也是今天所謂文化研究的典範。

《五四運動史》對中國社會、政治、思想、文化、文學和歷史提出系統的觀察和論斷。奠定了作者在歐美中國研究界的大師地位。這本書使用大量原始史料，包括中、日、西方語文的原始檔案，形成窄而深的史學專（monograph）思想文化專題的典範著作。周教授研究《五四運動史》中所搜集到的資料本身，就提供與開拓後來的學者研究現代中國政治、社會、文化、文學個領域的基礎。因此哈佛大學東亞研究中心也將其出版成書《五四運動研究資料》（*Research Guide to the May Fourth Movement*）。[14] 另外本書所體現的不涉及道德判斷或感情偏向，就凸顯出客觀史學（現實主義史學）的特質。周教授在密芝根大學念的碩士與博士都是政治學，因此社會科學（政治、社會、經濟學等）建構了他的現實客觀的歷史觀，這正是當時西方的主流史學，這點與費正清的社會科學主導的客觀史學很相似。[15] 而且被奉為在中國研究中，跨越知識領域研究、文化研究最早的研究典範，也是最具國際性、知識領域廣泛性的影響力的專論。

到了七十年代，文化研究領域開啟了之後，文化研究開始成為重要學術潮流，文化研究者跨越學科，結合了傳統社會學、文學、政治、與及新起的國族問題，來研究現代社會中的複雜文化現象。在《五四運動史》中，周老師已是全面執行文化研究者的思考與方法，時常關注某個

---

[14]　Chow Tse-tsung , *Research Guide to the May Fourth Movement*（ Cambridge, Mass. :Harvard University Press,1963 ）.

[15]　參考余英時〈費正清的中國研究〉，見上引《西方漢學家論中國》，頁一一四四。

現像是如何與意識形態、國族、社會階級與／或性別等議題產生關連。
譬如國際民族主義權威謝佛（Boyd C. Shafer）的《民族主義的各種面貌：
新現實與就神話》（*Faces of Nationalism: New Realities and Old Myths*），認為
國際化日益重要，但國家民族仍然重要，他引用周策縱有關中國五四運
動建立的國家民族主義以抵抗外國的侵略，保護領土完整作為重要證
據。[16] 文化研究的「文本」（text）不只是書寫下來的文字，還包括了口
頭訪問、檔案、攝影、報紙、期刊、分析研究的文本物件包含了所有意
義的文化產物。他又特別審視文化活動與權力的關係。所以他一生堅持
五四是社會政治邊緣的知識分子領導的：

　　二十年代中葉以後，兩大勢力黨團本身也逐漸被少數領導者
所控制，各自依照自己的影子、思想模式、和本身利益來解釋務
實運動，以便奪取政權，支持和維持他們的統治地位和威權。於是
五四運動對自由、民主、科學、人權的熱烈號召，對權威壓迫的
強烈抗議精神，就逐步給掩蓋抹殺了。

　　由於文化研究是研究的客體，同時也是政治批評與政治行動
的場域，所以周教授自己最後了解到，「野心家打著五四旗號來掩
飾五四，利用五四，於是絕大多數中國人民就看不到五四的真正史
實，於是我的《五四運動史》也就殃及魚池般在中國本土成為「禁
書」大二三十年之久了。」[17]

[16]　Boyd C. Shafer, *Faces of Nationalism: New Realities and Old Myths*（New York: Harcourt Brace, 1972）.
[17]　周策縱〈風潮與火種──《五四運動史》中譯本台灣版自序〉《五四運動史》（台北：桂冠，一九八九），頁一─三。

四、一九一七——一九二一與知識
分子主導的「五四運動」

如上所述，早在一九五〇年代，周教授敢以薩伊德所謂「邊緣思考」的透視力把五四定義為一九一七到一九二一年的知識分子領導運動，引起極大的爭議，尤其在大陸、台灣官方或具有政治傾向的學人在八十年代都難於接受。像周老師這些邊緣思考的學者與國土，自我與真正家園的嚴重割裂，企圖擁抱本土文化傳統與域外文化，又受西方中心文化的衝擊。知識分子原本就位居社會邊緣，遠離政治權力，置身於正統文化之外，擁有令人歎為觀止的觀察力，遠在他人發現之前，他已覺察出潮流與問題。古往今來，流亡者都有跨文化與跨國族的視野。在政治或文化上，他們都是置身邊緣，拒絕被同化。

周老師的英文原著書名是 *The Fourth Movement: Intellectual Revolution in Modern China*，扉頁上自題中文書名是《五四運動史》。英文書名中的 Intellectual Revolution 沒有標準的翻譯，可解作「思想革命」或「知識革命」，其實英文 Intellectual Revolution 包含兩者。他認為五四的啟蒙一切從知開始：

> 這「知」字自然不只指「知識」，也不限於「思想」，而是包含一切「理性」的成分。不僅如此，由於這是用來兼指這是「知識分子」所領導的運動，因此也不免包含有行動的意思。

所以五四的重要性在於青年知識分子抗議精神和對政治組織、社會制度、倫理思想和文化文學改革。在這個前提下，

　　對傳統重新估價以創造一種新文化，而這種工作須從思想知識上改革著手：用理智來說服，用邏輯推理來代替盲目的倫理教條，破壞偶像，解放個性，發展獨立思考，以開創合理的未來社會。

　　周教授把五四定義為一九一七到一九二一年的知識分子領導運動，他特別指出：

　　　　一九二四以後，中國兩大政黨受了蘇聯的影響，吸引知識分子參加無力革命，拋棄了「五四」早期思想文化革新的理想和作風。我認為這是扭曲和出賣了一個性解放、人道主義、自由、民主、科學思想為主軸的「五四精神」。

　　他斷定五四運動時期主要為一九一九到一九二一年，因為一九二四年以後，中國兩大政黨受了蘇聯的影響，吸引知識分子革命，拋棄五四早期思想文化革新的理想和作風，他認為那是扭曲了五四精神。[18] 他堅持的論點，至今為國際學術界所重視。但是卻被在大陸與台灣的官方與主流學術界所難於接受：五四是知識分子所主導的，是一項多面性的社會政治文化思想的啟蒙運動，大前提是對傳統重新估價以創新一種新文化，而這種工作須從思想知識上改革著手，用理智來說服，用邏輯推論來代替盲目的倫理教條，破壞偶像。解放個性，發展獨立思考，以開創合理的未來社會。五四思潮不是反傳統主義，而是革新知識，拋棄不好的傳統。因為它提倡理智和知識，現在五四精神仍然重要，因為它引導中國走向未來的知識時代。

---

[18]　周策縱〈認知·評估·再充：《五四運動》中譯本再版自序〉《五四運動》上冊（香港：明報出版社，一九九五），頁 I-XII

在《五四運動史》中的時限的斷定，都非常的審慎，而且多元化。
他在一九九一年的演講中，再次的解釋：

> 至於「五四運動」的時限，我在書中曾指出，當時的思想轉
> 變與學生活動，主要集中於一九一七到一九二一，這五年之間；
> 不過，我同時也強調，這個運動不應限制在這五年，最低限度可
> 以擴充為一九一五到一九二四這十年，因而我早在哈佛出版的第
> 二本書《五四運動研究資料史》時，索性把標題示為一九一五到
> 一九二四。我之所以把五四運動的下限，主要是因為是年國共正
> 式合作，著手一物力和黨的組織推翻北洋政府，所牽涉的是隕石
> 兩黨派鬥爭，與知識分子領導的思想運動已有所區別。這項轉變
> 及其重要，「五四」潮流後來所以未能順利發展，便是遭到此一阻
> 礙。[19]

重讀《五四運動史》，我發現老師的論述嚴謹細密，時限因應論述
的課題而改變，請看下面第一章「導論」內文，很明確的鎖定五四運動
為一九一七至一九二一，請看下面幾章的年代：

第二章「促成「五四運動」的力量（一九一五——一九一八）

第三章 運動的萌芽階段：早期的文學和思想活動（一九一七——
一九一八）

第七章 新文化運動的擴展（一九一九——一九二〇）

第九章 觀念上和政治上的分裂（一九一九——一九二一）

第十章 社會政治的演變結果（一九一九——一九二二）

---

[19]　周策縱〈以「五四」超越「五四」〉《周策縱自選集》，頁一五一——六。

　　另外書後附錄的「相關大事表（一九一四——一九二三）」，他把時限拉得更長。所以他以五四的複雜多面向的演變而考慮時限的適當性，這是當時哈佛大學費正清及其他學者所強調的客觀史學。[20]

　　他堅持的論點，至今為國際學術界所重視，包括台灣大陸的學術界。無論研究社會文化、政治思想、文學藝術的著作，幾乎很少不會引用到這本具有一家之言的有關五四的權威的著作。

五、五四精神：引導中國走向知識時代

　　周教授在五〇年代已洞見新知識分子與新知識的重要性。單單從《五四運動史》中各章節的題目，就可見討論新知識分子與新知識的篇幅占了很多。第三章有「新知識分子的聯合與《新潮》雜誌的創辦」、「新知識分子改革的觀點」，第七章有「新知識分子之間團結的增加」、「新知識的、新社會的、和新政治的團體」、「新知識分子所宣導的大眾教育」更重要，他全書的結論認定五四運動最終目的是獲得新思想與知識的革命。這就是所謂 intellectual revolution：「五四不僅是思想知識的，同時也是政治和社會改革運動，即追求國家的獨立、個人的自由、公平的社會和的現代化中國。而本質上就是廣義的新知識思想的革命．所以說它是思想知識革命，因為思想知識的改變才能帶來現代化，它能促成思想知識的覺醒與轉型，同時這是知識分子領導的運動。」[21]

　　五四至今已一百年。中國與世界，在數碼科技的推動下，已發生極大的轉型與變動。五四的精神主軸，為知識分子選擇以思想文化革新

---

[20]　余英時〈費正清的中國研究〉，周陽山編《西方漢學家論》（台北：正中書局，一九九三），頁一一四四。

[21]　*The May Fourth Movement*（Stanford: Stanford University Press, 1967），pp.358-359.

作為救國的途徑。所以到了二十一世紀，我們更理解到五四運動還有無比的感召力，因為五四提倡理智和知識，今天世界已進入知識時代，一九九五年周老師寫道：

> 五四提倡理智和知識，是最適合現代新潮流的趨勢。二十世紀有蒸汽文明進展到電力文明，有原子能文明到電子文明，資訊文明。在可見的將來，在可見的將來，在二十一世紀，高科技的地位越來越提高。我們對財產的觀念也初見改變和擴張了。過去計算財富的要素是土地、勞力、物資和資本，現在和將來，「知識」（knowledge）必定成為最重要的「財富」（wealth）。[22]

經濟早已轉型，從投資經濟變成知識創新經濟，從機器生產與勞動力的社會逐漸轉型為知識社會，新知識經濟裏，整合知識、創新思考是主要資源。這種多元知識專才，在目前社會裏，會成為社會，甚至政治的主導力量。《五四運動史》在一九五五初稿就完成，周教授的詮釋力與洞察力，令人驚訝。

現在再讀《五四運動史》的第七章「新文化運動的擴展（一九一九―一九二〇）」，周老師特別不斷強調新知識分子及其領導的「新文化運動」。他引用陳獨秀在一九一九年九月從監獄中釋放，劉半農寫一手長詩的兩句，意義非凡：「出了研究室便入監獄，出了監獄便入研究室。他們都入監獄，監獄便成了研究室」。[23] 這裏「研究室」便是知識最好的象徵。美國及西方國家，一百年來，大學的研究室，尤其實驗室通宵燈火通明，學者天天如坐牢，所以今天他們開拓了知識經濟的時代。

---

[22] 周策縱〈認知・評估・再充：《五四運動史》中譯本再版自序〉，載丁愛真、王潤華等譯《五四運動史》（香港：明報出版社，一九九五），x-xi。

[23] 丁愛真、王潤華等譯《五四運動史》，頁二六八―二六九。

他也引用杜威（John Dewey 1859－1952）的論文〈新文化在中國〉（New Culture in China）[24] 中的話說，中國要富強，「沒有新思想知識運動是不能到達到的」（that is impossible without the intellectual movement）[25] 像這樣的話語，落在過於思想意識形態教育大陸，就被簡單化的譯成「而沒有新思想運動」[26]，老師一再的強調「五四不僅是學術上，同時也是政治和社會上的改革運動，及是國家的獨立、個人的自由和中國的現代化，而以學術為首」。

　　老師早年的學問從版本、目錄、注釋、考據的清代朴學的傳統，主張學問重史實依據，解讀由文字入手，以音韻通訓詁，以訓詁通義理。受過政治學的嚴格訓練，也就是社會學的精密分析方法，轉型到歷史，他不僅重視史實之考證，事事詳加比對求證，更要求解釋，給予史實應有的含義，因此《五四運動史》又具有史華慈的思想史學的特點，在複雜的歷史事件中，尋找沒有時間性的鑰匙與價值。中國的現代化與知識，在《五四運動史》是同義詞。如果我們細心的閱讀《五四運動史》，他的書名 intellectual，雖包含思想，主要指知識（knowledge）與知識分子（intellectual），全書「新知識分子」或「新知識」不斷重複出現在章節的標題上，如第三章的「新知識分子的聯合與《新潮》雜誌的創辦」，「新知識分子的改革觀點」。不但書名有 intellectual，書後半部的總題是 Analysis of Main Intellectual Currents。這些 intellectual 主要是知識分子或知識。書中真正指思想的時候，用的是 thought，如十二十三章都用「新思想」（new thought），因為這是知識分子領導的運動，這個文化運動最

---

[24]　John Dewey,「New Culture in China」*Asia,*（New York）vol 21 No 7（July 1921），pp.581-586.

[25]　丁愛真、王潤華等譯《五四運動史》，頁二九六。

[26]　周子平等譯《五四運動：現代中國的思想革命》（南京：江蘇人民出版社，一九九九），頁二〇〇。

重要的目標就是以知識建立現代化的中國。

六、五四超越五四精神遺產

周老師的研究與論述，從政治學到史學，然後再做文學與語言文字。晚年回憶他的治學路程，如下面一九九七年為《棄園文萃》寫的〈序〉，承認撰寫五四期間用功最深：

> 在美國的前五年，我多半研讀西洋哲學史、政治理論與制度和東西方歷史。一九五四年在哈佛大學擔任訪問學者，寫完博士論文，對五四運動史花了不少時間和精力。這期間我最關心的問題是中國如何富強，如何吸收西洋的長處，推動現代化。一九五六年起再到哈佛人研究院五六年，在那裏的幾個圖書館的書，使我對中西漢學有了更多的認識，也使我的治學方向發生了由一次大轉變。[27]

他在美國的學術經驗，深深的認識到中國人的思維方式有很大的缺失。其一是認知意識不夠發達。對邏輯推理不夠精密，在實際議論時不能嚴密運用三段論法（syllogism），把是非當作道德。他在《棄園文萃》的序文裏接著上面引述的那段，指出：

> 由於讀了更多的外語，使我深深感到，從古代起，我們中國人的思維方式不免有兩個最基本的缺失：一個是邏輯推理不夠精密，尤其在實際議論時不能嚴密運用「三段論法」（syllogism）。另一個

---

[27] 周策縱〈序〉《棄園文萃》（上海：上海文藝出版社，一九九七）頁三—四。

缺失看來很簡單，卻可能更基本，我們對「認知」的意識不夠發達。就是對「是」甚麼，「不是」甚麼不夠重視。從先秦起，「是非」就逐漸變成道德詞彙，不是指實之詞了。「是」、「為」、「乃」作為指實詞，用得很不普遍和明確。漢語動詞作名詞用自然太多了，可是「是」作為 to be 或 being 意義用作名詞者，恐怕古代並不多見。我只不過用這個例子來說明，我們傳統上「認知」是甚麼不是甚麼的意識，發達得可能不充分。這兩點是我去國五十年來的痛切感覺，對不對自然是另一問題，但對我後來的治學研究，關係不小。

於是我認為，對中西文明、思想和制度等，我們認知得還很不夠。甚至連中國的古代經典、文學作品，以至於古代文字和古今歷史事實，都應該切實認知一番，才能夠加以評判。[28]

另外他又說：[29]

歐美的文明，除宗教的思想之外，主要比較重視邏輯推理，考察自然規律，也就是客觀的知識；中國至少自秦漢以後，所發展的乃是偏重倫理道德、修齊統治的文明。

所以他的結論：「這種尚知的新作風，應該是中國文明史上綴重大的轉捩點」：

這裏所說的「知」，是指對客觀實在認知的知，是純粹邏輯推理的知。是指探索「是甚麼」、「為甚麼」、和「如何」的知，不是教人「應該如何」的道德教導。當然，五四時代的知識分子對這些並

---

[28] 周策縱〈序〉《棄園文萃》，頁四。

[29] 周策縱〈五四五十年〉《明報月刊》第四卷五期（一九六九年五月）。

未能完全好好做到，但有許多人有這種嚮往，那就仍可說是劃時代的了。這也不是說道德不重要，只是說，五四思潮補救了傳統之偏失。[30]

　　周教授一生的學術研究研究與文學創作就是建立在五四思想革新的認知上，比如研究《紅樓夢》，他就指出紅學的研究態度和方法要力求精密，就會對社會上一般思想和行動習慣：「也許還可由《紅樓夢》研究而影響其他學術思想界的風氣，甚至於中國社會政治的習慣」，[31] 如《紅樓夢案》前四篇論文都是強調研究曹紅學應有學術的思考精神與方法，還要建立《紅樓夢》文本解讀的文學目的，不是為考證而考證。老師認為「紅學」已是一門極時髦的「顯學」，易於普遍流傳，家喻戶曉，假如我們能在研究的態度和方法上力求精密一點，也許整個學術研究，能形成一個詮釋學的典範；對社會上一般思想和行動習慣，都可能發生遠大的影響。他深痛惡絕長期以來的態度和方法：以訛傳訛，以誤證誤，使人浪費無比的精力。[32] 比如發掘到的資料應該普遍公開。他舉胡適在一九二一年寫〈《紅樓夢》考證〉為例，考據根據的重要資料《四松堂集》，保密三十年才公開，另外他收藏的《乾隆甲戌脂硯齋重評石頭記》，也是收藏了三十多年，不讓人利用。另外早年周汝昌主張脂硯齋就是史湘雲，並不是沒有能力看見別人反對自己的理由，而是不肯反對自己。[33]

　　所以〈以五四超越五四〉（一九九一）那篇文章中，周老師反擊五四

---

[30]　周策縱〈認知‧評估‧再充〉《五四運動史》上冊，頁 viii。
[31]　周策縱〈論紅樓夢的研究態度〉《紅樓夢案：棄園紅學論文集》（香港：中文大學出版社，二〇〇〇），頁十。
[32]　《紅樓夢案》，頁一—十。
[33]　《紅樓夢案》，頁二—五。

已經死亡的說法。五四運動不同於一般的歷史事件，五四是一種精神傳統，一種遺產，不會死亡。[34] 他用可再充電的電池比喻五四精神：「所以五四有點像可以再充電的電池，即使時代變了，它還可能有它無比的感召力。」[35] 這也就是為甚麼每年大家都紀念五四運動。

七、結論：永遠顛覆政治的霸權話語

我的老師生於一九一六，生前常說因為未趕得上親身參加一九一九年五月四日的遊行，引以為憾。但少年時代在長沙就對五四感到興趣，在中學時自己成為罷課與學潮的核心人物，他的第一首新詩就是〈五四，我們對得住你了〉，寫於一九三五年：[36]

五四，我們對得住你了，
不管別人怎麼辦，
面對著危機，
我們都在一起了。

五四，我們對得住你了，
這周遭好亂啊，
大家舉起手來，
也不怕擁擠了。

---

[34]　周策縱〈以五四超越五四〉《周策縱自選集》（濟南：山東教育出版社，二〇〇五），頁十九—二十。

[35]　周策縱〈認知‧評估‧再充〉《五四運動史》上冊，頁 xii.

[36]　王潤華、周策縱、吳南華編《胡說草：周策縱新詩全集》（台北：文史哲，二〇〇八），頁四二。詩末自注「（一九三五年五月四日於長沙。曾發表於長沙田漢和廖沫沙等人所編的《抗戰日報》」。

五四，我們對得住你了，

他們都不去想一想，

可是我們這一代呀，

時間說，已不能相比了。

老師當時就夢想寫一本有關五四運動的書。後來就讀國民黨辦的中央政治學校，校方嚴禁學生搞運動，更增強他寫書的意願。[37] 他一九四二大學畢業，進入國民政府部門服務，一九四五至一九四七年任國民政府主席侍從編審。一九四七年上海大公報紀念五四運動二十八周年，他發表了〈依新裝，評舊制—論五四運動的意義及其特質〉，卻引起當局的警告，他因此堅決辭職，半年後才批准，他於一九四八年夏天赴美留學。[38]

正如上面所說過，周老師一九五二前後思考以五四運動作為密芝根大學的博士論文研究題目時，出乎意料之外，他的指導老師反對，當時的密芝根大學的中國當代學術研究遠不如哈佛大學，所以他撰寫論文大部份時間都在哈佛，該書的序言所感謝的學者，也以哈佛大學為主。[39]

《五四運動史》一九六〇年由哈佛大學出版，至今已再版了八次，[40] 另外還有史丹佛大學出版社的平裝本，因此奠定了其五四學的學

---

[37] 「Preface」, *The May Fourth Movement*, p.vii;〈著者中譯本序〉《五四運動史》上冊明報出版社，一九八〇），頁 vii-viii.

[38] 〈序〉《棄園文萃》，頁二 — 三。

[39] Chow Tse-tsung , *The May Fourth Movement* , pp.viii-ix.

[40] Chow Tse-tsung , *The May Fourth Movement: Intellectual Revolution in Modern China* (Cambridge: Harvard University Press, 1960；平裝本由史丹佛大學出版社出版（Stanford University Press）一九六七年出版；中文翻譯本有很多種，丁愛真、王潤華等譯《五四運動史》上冊（香港：明報出版社，一九九五）；楊墨夫編譯《五四運動史》（台北：龍田，一九八四）；周子平等譯《五四運動：現代中國的思想革命》（南京：江蘇人民出版社，一九九九）。哈佛大學出版社二〇〇九年四月二十二日給本人的信說共印了八刷。平裝本的版次不詳。

術權威。但是在大陸與台灣，由於《五四運動史》採取客觀的史學、和個人自由自主的立場，不合黨派教條，雖然在海外風靡一時，在中國大陸和台灣都曾被視為「禁書」。老師自己也說這本講真話的書，後來成為一本多災多難的書，一直列為禁書。周策縱為此感歎不已，一九八五年五月四日往耶魯大學演講，與大風雨，他曾賦詩〈東來〉一首，其中有兩句說：「哀時竟止鉤沉史，浮海甯甘著禁書」：[41]

> 東來風雨動蠻居，小論神州事每齬。
> 天地翻騰人性異，江山寥廓客懷虛。
> 哀時竟止鉤沉史，浮海甯甘著禁書。
> 縱使啼鵑隨血盡，是非千載定愁予。

禁書的造成，老師很了解是由於他的抵制政治的霸權話語：

> 二十年代中葉以後，兩大勢力黨團本身也逐漸被少數領導者所控制，各自依照自己的影子、思想模式、和本身利益來解釋務實運動，以便奪取政權，支持和維持他們的統治地位和威權。於是五四運動對自由、民主、科學、人權的熱烈號召，對權威壓迫的強烈抗議精神，就逐步給掩蓋抹殺了。野心家打著五四旗號來掩飾五四，利用五四，於是絕大多數中國人民就看不到五四的真正史實，於是我的《五四運動史》也就殃及魚池般在中國本土成為「禁書」大二三十年之久了。[42]

---

[41] 《周策縱舊詩存》頁二三九。
[42] 周策縱〈風潮與火種——《五四運動史》中譯本台灣版自序〉《五四運動史》（台北：桂冠，一九八九），頁一—三。

為了打破禁書的魔咒，一群曾授業於周老師的門下的威斯康辛大學畢業學者丁愛真、王潤華、洪銘水、陳永明、陳博文、鍾玲組成翻譯小組，將《五四運動史》翻譯成中文，一九七一年開始一章一章在香港的《明報月刊》刊載，從六十一期（一九七一年一月）到一二七期，五年內共登載了七章。由於每次翻譯完一章，都必須經過周老師細心的修正、補充新的資料和意見，往往經過很長的時間，結果全書還沒有翻譯完就停止了，實在可惜。香港《明報月刊》出版社在一九八〇年出版了該書前七章，稱為《五四運動史》上冊。[43] 台灣學術界很早就重視周策縱的五四論述，開始是盜印英文原著，如台北虹橋書店的盜印本，然後選載明報的幾章的《五四與中國》。[44] 接著台灣出現過兩個翻譯版，第一次是署名楊墨夫，稱為編譯的一九八四年由龍田出版社出版的《五四運動史》，算是全譯本，但沒有得到作者的同意權，上半部採用香港版的七章，其餘篇章非常隨意翻譯，刪改、節譯誤譯、顛倒，可能是出於政治禁忌，如第七章的第五節全被刪除。對此，周教授自己有細心校對過。[45]

《五四運動史》在中國大陸很遲才解除禁忌，江蘇人民出版社一九九六年出版了中譯本，由周子平領導的一個五人翻譯小組全譯，書名為《五四運動：現代中國的思想革命》，[46] 事前有得到作者的授權，根據譯者後記，周策縱閱讀過原譯稿，但書出版後他的意見是「翻譯忠實流利，且附有原書的索引，只可惜專名譯錯不少」。[47] 另外還有嶽麓書社採用《明報》出版社的七章本，第八章以下由北京大學；六位青年學者翻譯，書名仍用《五四運動史》。[48] 周教授認為「譯文比較可信，可惜

---

[43]　一共印了兩版，第一版在一九八〇，第二版在一九九五。

[44]　周陽山主編，周策縱等著，《五四與中國》（台北：時報出版公司，一九七九）

[45]　楊墨夫編譯《五四運動史》（台北：龍田出版社，一九八〇；一九八四）。

[46]　周子平等譯《五四運動：現代中國的思想革命》（南京：江蘇人民出版社，一九九九）。

[47]　〈序〉《周策縱自選集》，頁三。

[48]　陳永明等譯《五四運動史》（長沙：嶽麓書社，一九九九）

後面刪去了索引」。[49] 我最近發現周教授在二千年九月二十四日給中文
大學出版社社長的信中，對大陸官方解除《五四運動史》的禁忌，感到
很欣慰：

> 他們應該知道，我大半世紀以來，都是主張自由民主，學術
> 言論自由的人。去年他們學術界開會紀念五四運動八十周年，邀
> 請我出席，並列名籌備委員。我當時發言都在支持蔡元培校長「相
> 容並包，學術思想自由」的原則。拙著《五四運動史》過去在大陸
> 和台灣都是禁書，今年大陸已出版了兩種中文全譯本，我公開批評
> 毛的地方都沒有改動……

他逝世前知道他的五四論述，能夠完整無缺的重返中國，不但使他
個人信仰的勝利確是學術界的大事。所以老師當時把這封信複印本級了
一份給我存檔。[50]

---

[49]　〈序〉《周策縱自選集》，頁三。

[50]　二〇〇〇年九月二十四日至陸國桑的信函，當時後者擔任中文大學出版社社長，與周
教授商量中大聯合北大出版社出版《周策縱全集》。

自序

認知・評估・再充
——香港再版《五四運動史》

周策縱

　　回憶本書英文初版之前，我在哈佛大學的同事和好友楊聯陞教授見我不斷修改，催我趕快出版。他說：「我們現在著書，只求五十年內還能站得住，就了不起了。我看你這書應該可以達到這個標準。還擔心甚麼呢？」我說：「我固然不敢存這種奢望。不過像五四運動這件重要而可引起爭論的歷史事件，多年來只見成千成萬的官方或黨派解釋和評價，外國人又漠視不提。（這是指一九五八年以前的情況，從這年起，已有美國學者參考我的原稿，補寫中國近代史。）我現在必須弄清事實，不能只做一時應景的搖旗吶喊。我認為，中國史家有兩個優良傳統：一個是臨文不諱，秉筆直書；另一個是不求得寵於當時，卻待了解於後世。這後面一點，也是西洋古代史家的志願。我素來尊重這些作風，現在寫五四歷史，對這些目標，雖不能至，心嚮往之。你說五十年，我想自己活不到九十多歲到一百歲，那已是身後的事了，蒙你這樣相信，自然不敢當。可是我如果過於謙虛，也會近於虛偽和自欺欺人。想你也不會贊成的。」

秉筆直書

　　我當時所舉秉筆直書的例子是眾所周知的，春秋時代晉國太史董狐的事。魯宣公二年（公元前六〇七）晉國趙盾的堂弟（一說是堂侄）趙穿殺死了晉靈公，太史董狐便寫道：「趙盾弒其君。」並且把這句記錄公開宣布於朝廷。雖然趙盾否認，但他那時是正卿，晉國的軍政大權都掌握在他手裏，事後他就派趙穿去周王朝把靈公的叔父接回國繼位為成公，可見董狐記錄的正合於史事的實質。不過靈公本來無道，趙盾究竟是個很好的軍政領導，他並未禁止這個記錄，也沒有加害於太史。所以後來孔子說：「董狐，古之良史也，書法不隱。趙宣子（盾），古之良大夫也，為法受惡。」這件事可能在當時影響不少，六十年後，魯襄公二十五年（公元前五四八）齊國的大夫崔杼殺死了齊莊公，齊太史也直書：「崔杼弒其君。」崔杼便殺了這太史；可是太史的弟弟照樣這麼寫；崔杼便殺了這弟弟；另一個弟弟又這樣寫，崔杼又殺了他；但第三個弟弟還是這樣寫，崔杼只得罷了。有位「南史氏」聽說太史都殺光了，就帶著竹簡到京城去，要照樣記載，後來聽說已有人寫了，才回去。這件事，從齊太史的措辭看來，顯然是在仿照董狐的筆法，整個事件卻更壯烈可歌可泣。所以文天祥在獄中寫「天地有正氣」，首先便拿「在齊太史簡，在晉董狐筆」來做例子。我認為這是古今中外史家最好的榜樣。董狐比西洋所樂道的「歷史之父」（The Father of History）希羅多德（Herodotus 約公元前四八四—四二五）還要早上一百五十多年。當然，希羅多德寫了一本厚厚的《波斯戰史》，董狐卻只留下了五個字一句簡短的記載，從份量上說，遠不能相比。不過我們也不必只從量方面說，若從史德、史質和史家影響而論，董狐和齊太史們自有他們獨特無可比擬的重要性。我當時注重這點，是深痛於當代某些中國史家逢迎上意，為黨派去歪曲歷

史，對五四尤其如此，所以才有這番議論。

　　至於第二點，不求取悅當世，而期待將來，這種看法可能首先見於《春秋公羊傳》哀公十四年（前四八一）解釋孔子為何作《春秋》。傳文說：「制《春秋》之義，以俟後聖，以君子之為，亦有樂乎此也。」司馬遷大約非常欣賞這個推測，所以在《史記‧太史公自序》裏說他作《史記》也是要「藏之名山，副在京師，俟後世聖人君子」。在〈報任安書〉裏也說是要「藏之名山，傳之其人，通邑大都。」名山是神話傳說古帝王藏書之所，這等於是說：要把原稿藏在大圖書館裏，把副本放在首都，讓後世知音者廣泛閱覽。司馬遷又在《史記‧孔子世家》裏記載：「子曰：『弗乎！弗乎！君子病沒世而名不稱焉，吾道不行矣，吾何以自見於後世哉？』乃因史記作《春秋》。」這後面兩句話不見於先秦記錄，後世學者以為「其言似急於求名」，不像孔子說的話，可能是司馬遷「臆度失當」。這個判斷不無道理，不過《論語》中「君子疾沒世而名不稱焉」這句話的「稱」字應讀平聲還是讀去聲，本難判定；再說，著書以求「自見於後世」，也不見得有何不妥。司馬遷在同篇下文又記載說：「孔子在位，聽訟文辭，有可與人共者，弗獨有也。至於為《春秋》，筆則筆，削則削，子夏之徒不能贊一辭。弟子受《春秋》，孔子曰：『後世知丘者以《春秋》，而罪丘者亦以《春秋》。』這段話也可能只是司馬遷的臆測或根據傳聞。可是卻說得很恰當，至少代表他自己寫歷史的立場：既要有獨立思考，獨立判斷；也要自負責任，讓後世讀者評判。

所見異辭，所聞異辭，所傳聞異辭

　　我當時寫歷史的態度，不但受了這些中國古代史家的影響，也受了西洋古代和現代史觀的啟發。就上面第二點說，我很佩服希臘史家修

西狄底思（Thucydides 約前四五五至四〇〇），他在所著《伯羅奔尼斯戰史》（*History of the Peloponnesian War*）裏說：「由於我這部歷史沒有羅曼史的因素，它也許會減少一些興趣；但是，如果有人想要對過去有準確的認識，好去幫助解釋將來可能發生的類似人生事件，而判斷我這書有用處，我就會滿意了。我寫這書不是為了討好目前的大眾，是要有永久的價值。」當然這是個非常不容易達到的目標；但即使我能力不夠，顯然達不到這目標，難道就不該取法乎上嗎？我在另一方面採納了多元歷史觀，那是在我的初版自序裏早就承認過了。這種史觀一部份是受了羅素的影響。

　　還有一點啟發我對史學看法的，是《春秋公羊傳》在書前和書末都說過的三句話：「所見異辭，所聞異辭，所傳聞異辭。」我覺得對這幾句最精彩的史觀一直就沒有好好解釋過。從何休以來，長篇大論都在討論這所謂「三世」是指甚麼世代或朝代。依我的看法，這短短的三句話至少指出了對歷史兩個敏銳的觀察：一是把親所見的，所聞的，和間接所傳聞的區分開來，這樣就可大致判斷，直接見到的比較可信和可知其詳，就可以說明隱公元年（前七二二）所記的「何以不日（未載日期），遠也（由於事件發生時距記錄時已經遙遠）」。另一是指出無論所見、所聞、或所傳聞的，報導起來，都不會完全相同，都將各有「異辭」。這兩點都可算是對歷史記載最敏銳的觀察，卻沒有受到注意，至少我未見到受了應得的注意。尤其是，能指出「所見異辭」，真不容易，何況是兩千多年以前呢！這幾句話對我寫五四歷史，最為適合，我當時覺得，就五四情形說來，不但各人說法不同，往往親歷者自己說得前後也不一致，間接傳聞者更不消說了。所以我有時就加上兩個字說：「所見前後異辭，所聞前後異辭，所傳聞前後異辭。」這對五四時代的人物描寫得

更恰當，因為這個過渡時代，人們的思想、感情，和行為，尤其是政治黨派立場和人生觀，變動得特別快速和突兀，連他們自己也非初料所及；加上五四運動本身的複雜性，和後來各黨派的不同解釋，更使親身參預者、所見者、所聞者、所傳聞者，前後的回憶往往自相矛盾，或加油加醋，畸輕畸重，或無中生有，或抹煞事實，或誇張減料，抹黑抹紅，幾乎無所不有。我看過許多當下和後來的報導或回憶，也認識接觸過許多當時的人物，自然大多數是善意者、誠實人，可是多不免「前後異辭」。而比較起來，我還是覺得最先的、當下的說辭較近於事實。這使我決定大量採用當時報刊的記載和個人「當下」的回憶，對後來的說法和解釋卻不得不審慎懷疑。這也使我特別注意到「異辭」的問題，和我必須謹慎，不要隨便接受道聽途說和有目的的陳述，更須提倡「不輕信」（incredulity）這一觀念和習慣。

　　上面說了許多我所尊重的古今中外史家的目標，其實一方面企圖突出自己力不從心，絕未達到這理想境界；另一方面是想說明，我們對於任何歷史事件，如要解釋或評估，首先必須努力「認知」這事件的真相和實質。我雖然還未做到，但到底是向這方向做。

真知第一

　　談到認知和評估，我想首先澄清一點：我的英文原著書名是 *The May Fourth Movement: Intellectual Revolution in Modern China.* 扉頁自題中文書名作《五四運動史》。這英文副標題的前半並不好中譯，有人譯做「思想革命」，也有人譯做「知識革命」，本來兩者都包含在原文的意義裏，卻沒有一個能包括原文的全部用意，因為在本書結論章第五節裏，我還

特別指出過這也表示這運動是知識分子所主導的。一九六九年五月，《明報月刊》出版「五四運動五十周年紀念專刊」，約我寫稿，我發表了〈「五四」五十年〉一文（見該刊四卷五期，總四十一期），在開頭我就指出：中、日文的書評作者多已把這副標題中的 Intellectual Revolution 譯做「知識革命」，就「知」的廣義說，也是可以的。我並且指出：

> 這「知」字自然不僅指「知識」，也不限於「思想」，而且還包含其他一切「理性」的成分。不僅如此，由於這是用來兼指這是「知識分子」所倡導的運動，因此也不免包含有行動的意思。

在這篇文章裏除了說明五四青年知識分子抗議精神和對政治組織、社會制度、倫理思想和文化文學改革熱忱的重要性之外，還說：

> 但是我認為，更重要的一點值得我們特別注意的，還是「五四」時代那個絕大的主要前提。那就是：對傳統重新估價以創造一種新文化，而這種工作須從思想知識上改革著手：用理智來說服，用邏輯推理來代替盲目的倫理教條，破壞偶像，解放個性，發展獨立思考，以開創合理的未來社會。

我並且指出：「我至少曾把一九一五到一九二三年八、九年間的報刊，直接間接，多多少少檢閱過六七百種」才得出這樣的結論。還總結說：「這個前提，若用更簡單的方式說出來，就是『真知第一』。這潮流從中國久遠的歷史看是極不平凡的，為甚麼呢？」接著就解釋，依我的看法，歐美的文明，除宗教思想之外，主要比較重視邏輯推理，考察自然規

律，也就是客觀的知識；中國至少自秦漢以後，所發展的乃是偏重倫理
道德、修齊統治的文明。雖有個別的例外，但主要歷史事實確是如此。
所以我當時說：

> 後代的歷史家應該大書特書，（五四）這種只求訴諸真理與事
> 實，而不乞靈於古聖先賢，詩云子曰，或道德教條，這種只求替自
> 己說話，不是代聖人立言，這種尚「知」的新作風，應該是中國文
> 明發展史上最重大的轉捩點。

這裏所說的「知」，是指對客觀實在認知的知，是純粹邏輯推理的
知。是指探索「是甚麼」、「為甚麼」、和「如何」的知，不是教人「應該
如何」的道德教導。當然，五四時代的知識分子對這些並未能完全好好
做到，但有許多人有這種嚮往，那就仍可說是劃時代的了。這也不是說
道德不重要，只是說，五四思潮補救了傳統之偏失。

同時，我又指出：「可是這種清淺的理知主義，如果沒有和當時救
國運動的熱忱結合在一起，就不能造成巨大潮流。」接下去我就檢討
五四「末期所遭遇的逆風」。就是一九二四年以後，拋棄了五四早期思
想文化革新的理想和作風。我認為這是扭曲和出賣了以個性解放、人道
主義、自由、民主、科學思想為主軸的「五四精神」。我不認為救國或
救亡熱忱必然會使新思潮、新文化改革運動流於偏失，早期知識分子原
是選擇以思想文化革新作為救國的途徑，這些革新也因救國熱忱而得以
迅速開展。當然，我也不否認，群眾運動熱忱的本身有暴力的本質，像
汽油燃燒，可以炸毀一切，也可作為有秩序的和建設性的推動力。蔡元
培早就把它比做「洪水」，可能也是這樣看法。事在人為，五四時期的

改革理智和救國熱忱配合得相當好，這點還不應抹煞。

五四像可以再充電的電池

本書還牽涉到許多其他的問題：如「五四運動」一詞的範疇到底應不應該包括「新文化運動」。我認為分開就兩者都無法充分說明，更無法了解這一時代。又如五四思潮是反整個傳統嗎？「反傳統主義」（antitraditionalism）一詞是我首先使用於本書，後來給許多人採用。其實，我本應說清，只有少數的激烈分子反整個傳統；大多數人，尤其是較好的領導知識分子，多只是反對傳統中某一部份，卻採納、提倡、或尊重其中另一部份。他們所極力反對的是當時許多頑固派和流行觀點認為凡傳統的都是對的。因此，我後來常說，這不如叫做「反一傳統主義（anti-traditionalism）。這些人的觀念，絕不能拿西洋近代社會學者所說的有「系統性」和「封閉」排外的「意識形態」（idealogy）一詞來攏括，硬說他們即使承認傳統中有優點，在「意識形態」上仍是「全盤性反傳統主義者」。若拿蔡元培、胡適、蔣夢麟許多人來看，這頂帽子總是不適當的。若只徵引胡適在某種特定情況下說的話，而不拿他在別處說的話來平衡，那是可誤導人的。主張五四人物是全盤反傳統的人，同時卻認為五四以思想改革為一切改革的前提乃是受了儒家影響（這點我並不完全否認），而五四思潮實是繼承中國過去一元式的作風，「整體主義」（totalism）的作風。這後一點難道不自相矛盾嗎？我以為這也許忽略了杜威和胡適當時極力提倡文化改革只能「一點一滴」的去做，胡適也否定有能解決一切的「萬靈丹」。這種思想豈能說是「整體主義」的？對於這些，還有其他的論點，我過去都作了好些評論，大體上可參看我的兩

次講演：一次是一九七一年五月一日應邀在美國密西根大學、威斯康辛大學、芝加哥大學等各校中國師生在安娜堡聯合舉辦的「五四」五十二周年紀念會上的講演，講辭：〈五四運動告訴我們甚麼？〉發表在《明報月刊》六卷九期（一九七一年九月），轉載在《大風》等刊物及臺北百傑出版社出版的「社會叢書」、陳少廷編的《五四新文化運動的意義》（一九七九年）一書中。另一次是一九九一年六月十五日應臺北中央研究院近代史研究所之邀作「學術講演」，講辭：〈以五四超越五四〉，載於該所《近代中國史研究通訊》第十二期（一九九一年九月）。歷年來，胡菊人先生訪問和介紹我對五四看法的文字頗不少，一個例子是一九七九年三月二十九日我經過香港時他作的長篇訪問：《五四的成就‧五四的感召》，載在《明報月刊》十四卷五期（總一六一，一九七九年五月）「五四」六十周年紀念特輯內，我在這幾篇裏都粗略談到我對五四的一些看法，當然不完備，這裏就不再說了。

　　五四運動如果從最早期算起，至今已八十年，可說已經過了整個二十世紀的主要年代。這期間，中國和全世界都已發生過極大的變動。歷史決不會重演，今天來重溫五四這段歷史，還有甚麼意義呢？我常說：五四運動是活的歷史。因為它的精神還活著，它所提出的目標還沒有完全達到，還有更年輕的人志願為它而推動。自由、民主、人道、科學，都是永遠不完的事業。

　　五四提倡理智和知識，是最適合現代新潮流的趨勢。二十世紀由蒸汽文明進展到電力文明，由原子能文明進展到電子文明、資訊文明。在可見的將來，在二十一世紀，高科技的地位越來越提高。我們對財產的觀念也逐漸改變和擴張了。過去計算財富的要素是土地、勞力、物資和資本，現在和將來，「知識」（knowledge）必定成為最重要的「財富」

（wealth）。我在一九七九年「五四」六十周年寫的那首詩：「從古自強依作育，至今真富在求知，百年以後誰思此，舊義新潮兩不移。」我經過多年考慮，和許多前輩一樣，認定富強之道，首先要靠發展教育。但我更堅信，真正的「富」乃是「知識」。從這方面說，五四思潮實在有合於未來潮流之處。

五四的另一方面，救國熱忱，後來促進了國家「最高主權」（sovereignty）和「民族國家」（nation-state）的觀念，使民族主義抬頭。這固然受了政黨的推動，但仍然可說是五四運動後果之一。我素來認為民族主義不能算最後的目標，只是應變的必需。現在世界已走向跨國經濟發展的道路，照理，限於一國的民族主義應該不會再佔勢力。可是長期以來，個人和個人集團都受國家法律和武力的保護和制約，像國際貿易和國土主權，幾乎沒有一國願意放棄本國的保障。美國研究民族主義的主要學者舍佛教授（Boyd C. Shafer）所著《民族主義的各種面貌：新現實與舊神話》（*Faces of Nationalism: New Realities and Old Myths*）（New York: Harcourt, 1972）對於民族主義的歷史和在現代各國的趨勢，分析精密，也參考徵引過本書的英文版。他的結論認為：雖然有人期望國際主義和世界政府，但絕大多數人還情願受「民族國家」的保護。照目前中國的處境看來，五四時代知識分子和一般大眾熱忱抵抗外國侵略，保障領土主權完整的傳統，也許還會受重視。至少在可見的將來還會如此。試問目前有哪一個國家肯放棄這些呢？

所以五四有點像可以再充電的電池，即使時代變了，它還可能有它無比的感召力。

本書出版後這三十五年間，世界各地的學者和出版機構對這一主題和相關因素，已發表了許多新的資料和研究成果，當然在某些細節方面

可以補充或修正本書。不過就我所知，這些還不能使我作重大改動。所以中譯本基本上仍保存了英文本的原貌。

　　——一九九五年九月二日夜深於威斯康辛陌地生

目　錄

編校說明

一、本書所有注釋，在作者或編者姓名後（或無此姓名時），
每一資料名稱前所列的數目字，是指《五四運動研究資料》
（Research Guide to the May Fourth Movement，一九六四年哈佛大學
出版部出版）一書中所列文書目錄的次序。有一小部份未列這
種數字的資料，可查該書末的增加資料錄。但也有材料未曾列
入該書內。

二、本次新版，統合舊版資料注與原書注，以頁下注形式標示。

第一章　導言

一、「五四運動」的定義

　　一九一九年五月四日，中國學生在北京遊行示威，抗議中國政府對日本的屈辱政策。由此引起一連串的罷課、罷市、罷工及其他事件，終於造成整個社會的變動和思想界的革命。沒過多久，學生們就替這新起的時代潮流起了個名字「五四運動」；後來這個名詞的內涵卻隨著時間演進比當初大大地擴充了。[1]

　　本書所說的「五四運動」便是就這廣義而言。大體來說，這個運動的主要事件發生在一九一七年到一九二一年之間；現在先把它的經過簡述如下。由於一九一五年日本提出二十一條要求，一九一九年凡爾賽和會作出山東決議案，激起中國民眾高漲的愛國和反抗列強的情緒，中國學生和新起的思想界領袖們得到了這種群眾情緒的支持，發起一連串的抗日活動，和一項大規模的現代化運動，希望通過思想改革、社會改革來建設一個新中國。他們最著重提倡的是西方的科學和民主觀念。而中國傳統的倫理教條、風俗習慣、文學、歷史、哲學、宗教，以及社會和政治制度，都遭受到猛烈攻擊。這些攻擊的動力多是從西洋的自由主義（liberalism）、實用主義（pragmatism）、功利主義（utilitariansm）、無政府主義（anarchism），以及各式各樣的社會主義（socialism）思想而來。五月四日的抗議示威則是發展成這一連串活動的轉捩點。新起的商人、工業和城市工人隨即都對這次示威的目的表示同情和支持，終於逼使北京政府

---

[1]　「五四運動」這個名詞首次是由「北京中等以上學校學生聯合會」所使用的，它出現在一九一九年五月十八日致其他社團的電報「罷課宣言」裏，詳見下面第五章。胡適認為這個名詞第一次出現在一九一九年五月廿六日《每週評論》第二十三期中筆名「毅」的作者（按：即羅家倫）所寫的二三六〈五四運動的精神〉一文中；見胡適一九九，〈紀念五四〉，《獨立評論》第一四九期（一九三五年五月五日，北京），頁四。

讓步，改變內政和外交政策。這次前所未有的大聯合獲得的勝利，為他們所鼓吹的文化、思想鋪了一條路。但是以後不久，運動逐漸捲入政治漩渦，終於使這新知識分子的聯合陣線崩潰了。那些自由主義者不是失去了熱情，就是裹足避免參加政治活動；相反地，左翼分子則採取了政治捷徑，聯合國民黨，以推翻北京的軍閥政府。西方諸國對這運動的態度從此由同情轉變為疑慮或反對，他們態度的轉變也是促使運動分裂的一個主要因素。此後，社會主義和民族主義越來越得勢，無數複雜難解的爭執紛然競起。

「五四運動」的影響很廣。它促使學生運動和勞工運動抬頭，國民黨改組，中國共產黨及其他政治、社會集團誕生。反軍閥主義和反帝國主義得到發展，新的白話文學從此建立，而群眾的普及教育也因此大為推廣，中國的出版業和民眾輿論的力量都大有進展。此外，這運動還加快了舊家庭制度的沒落和女權運動的興起。而「五四運動」的至巨影響還是：儒教的無上權威和傳統的倫理觀念遭受到基本致命的打擊，輸入的西方思想則大受推崇。

起初學生們和出版物所採用的「五四運動」一詞並不包括所有上面列舉的事件，它僅僅指五月四日北京的學生示威運動，同樣地，一九一九年六月三日及以後所發生的大拘捕則被稱為「六三運動」。隨後幾年，一般人提到「五四運動」時，固然並不一定都會有意識地採取這種狹隘的看法；但是他們也往往把整個運動和「五四事件」及其本身與後果混為一談。因此，在過去許多例子裏都可見到「五四運動」一詞和「五四事件」被交替使用。

關於「五四運動」的範疇，還有一個更嚴重的問題。就是「五四運動」一詞是否應當一方面包括學生和知識分子的社會、政治運動，另一方面也包括一九一七年就開始的新文學、新思想運動，即後來被稱為「新文化

運動」的呢？

　　有些人主張「五四運動」和新文化運動是兩回事，而且彼此沒有多少
關聯。他們認為「五四運動」並不是由新文化運動直接觸發的。而新文化
運動的領袖們，大體上來說也不曾領導過，甚至不曾支持過「五四運動」。
這派人只承認新文化運動也許略為便利了「五四運動」的推行，而「五四
運動」則幫助了新文化運動的加強和擴展。[2] 鼓吹這種見解的人忽略了學
生們的行動是和他們的思想發展息息相關的。這派人似乎故意低估新文
化運動的重要性，而誇大其他因素對學生的影響，像無政府主義和民族主
義等等。凡是細心研究過「五四運動」史的人，多不會接受他們的看法。[3]
本來，把「五四運動」時代的愛國活動和新文化運動或其他活動分開來做
專題研究，自然可以；但這決不能個別單獨說明這一時期巨大變動的整
體或主流。

　　另外還有一派人，他們承認「五四」的學生活動與新文化運動二者之
間有密切的關係，但他們卻不認為「五四運動」一詞應該包括新文化運動
在內，因為新文化運動是獨立存在的。提倡這種看法的人，主要包括胡
適，及其他某些學者。基本上，胡適認為「五四運動」是一種學生愛國運
動，但他強調當時文化活動的重要性，而不強調那種社會的和政治的活
動。[4] 他採納孫文的看法，認為「五四」的學生活動與當時的文學思想運
動有密切的關係。孫文對新思想運動的估價高於其他活動，而胡適則特
別注重新文學運動，尤其是白話文問題。由於胡適及其他持相同見解者
發表的英文著作，使不少西方人得到一種印象，以為這次新文化運動可叫
做中國的文藝復興（The Chinese Renaissance）。

---

[2]　周予同一二四，〈過去了的五四〉，《中學生》（一九三〇年五月四日，上海）。

[3]　看蔡尚思四四七，《蔡元培學術思想傳記》（一九五〇年，上海），第一章，頁一八─
　　一九。

[4]　胡適二二六，〈「五四」的第二十八週年〉，《大公報》（一九四七年五月四日，上海），頁一。

　　白話文的應用固然是「五四運動」最卓越的成就之一，我們應當認清，文學革命實在只是這段時期裏多方面大進展中的一方面而已。我認為當時政治的和社會的活動，以及新觀念的出現，其重要性不亞於白話文的應用。此外，我們不能把「五四運動」只當做是學生運動和青年運動。現中文慣用的「學生」一詞，僅僅指在學校裏求學的人而言，與英文「student」一詞意義不完全相同。「student」可包括學者，或校外自修人。[5]當然，學生和青年是「五四運動」中最大的推動力，但是，成年知識分子，例如大學教授和新思想的作家，卻肩負過領導和灌溉「五四」新思潮的責任；而且青年知識分子和成年知識分子二者也都曾參加過學校範圍之外發展的活動。這樣看來，雖然我們可以從學生運動或青年運動的角度來適當研究「五四運動」，但卻不應該單單從這個角度來探討。

　　關於是否應當強調「五四」文學方面，或是強調青年方面或政治方面，在中國已經成為一個政治爭論問題，一九三九年三月，當中共所支持的中國青年聯合會在延安成立的時候，會中決定提議把五月四日定為「青年節」。（按：我後來見到一早期文件記載，一九三八年七月九日三民主義青年團成立後不久，曾通過提議把五月四日定為「青年節」。這是在延安會議之前。）全國各地許多機構都紛紛接納了這項建議，國民政府也曾予以接受。但其後，在一九四四年四月十六日，重慶國民政府卻改行採用中國文藝界協會的建議，把五月四日改定為「文藝節」。而另把三月廿九日黃花崗烈士殉難紀念日改定為「青年節」。後來中共得到了大陸，在一九四九年十二月，又重新把五月四日正式定為「中國青年節」。自此以後，雙方都堅守自己的方式來慶祝「五四」，這並不是說，共產黨只認「五四」作青年運動，也不是說，國民黨認為「五四」除了文學外，便沒有其他意義。但是這

---

[5]　看 Kiang Wen-Han 江文漢六六六，*The Chinese Student Movement*《中國學生運動》（一九四九年，紐約）第一章，頁三五一四〇；頁一四七，註一。

件事例足以部份地顯示他們雙方對「五四」意義的觀點的不同。

　　除了上述諸種觀點，還有不少知識分子對「五四運動」一詞採取更廣義的看法。他們對這個名詞的一般用法是同時隱含學生運動和新文化運動的。在這一意義下，「五四運動」包括一九一九年前後這段時間一切思想變動的各方面。例如說，馮友蘭所論及的「五四運動」，是指當時的新思潮和西化運動。[6] 倘若在二十年代到四十年代間隨便挑出一位一般水平的學生，問他甚麼是「五四時代」，他準會回答說它同時包括知識分子的社會改革，和新文化、新思想運動。而當每有人討論「五四運動」新知識分子所提倡的主旨時，很少有人不提到「民主」和「科學」。「五四」以後，不論是國民黨、共產黨或其他政黨的領袖，也都會不約而同地採取這種廣義的看法。一位沒有甚麼特殊政治色彩的作家說：「五四運動當然不只是指一九一九年五月四號這一天的運動，乃是指中國接觸了西洋文化所孕育的一段文化歷程，五四不過是這個歷程的一個指標。」[7]

　　這種對「五四運動」一詞採用廣義的用法，是有充分理由的：第一，那些鼓勵大眾遊行示威、罷課、罷市、罷工、抵制日貨的領導人物，有不少正是那些提倡新文學、新思想和社會改革的新知識分子。而他們在思想上、行動上的反對則是中國固有傳統的代言人，或自稱為固有傳統的代言人。其次，當時思想改革家反軍閥、反強權活動的根據，乃是早期一群知識分子所鼓吹普及的民主思想。由此看來，「五四」的示威活動實在是那早兩三年前就開始的新思想運動順理成章的結果。第三，許多與示威運動有密切關係的學生領袖從一開始就覺得：「五四」的真精神不只是單純的愛國主義，而是基於對民意至上、民權至上和思想覺醒的信念。

---

[6]　馮友蘭一五三，〈中國現代民族運動之總動向〉，《社會學界》，卷九（一九三六年，北京）頁二六四。

[7]　李長之二八六，《迎中國的文藝復興》（一九四四年，重慶）第二章，頁一二。

他們活動的宗旨不只是要推動軍閥的統治；他們所關心的也不只是限於外交問題。在示威事件發展開以後，他們對社會和思想改革，與對愛國運動一般，付出了同樣的心血。結果在一九一九年到一九二〇年間的運動給人最深刻而磨滅不了的印象，就是他們在思想界造成的革命，和在社會上造成的種種改革；這一切活動的中心思想則是對社會上、思想上、政治上的偶像破壞。由於上面這種種事實，我想我們應當採用「五四運動」的廣義，並且把這運動看做影響了社會多方面的巨大變動。

　　因此我們可以為「五四運動」作定義如下：「五四運動」是一個複雜現象，它包括新思潮、文學革命、學生運動、工商界的罷市罷工、抵制日貨運動，以及新知識分子所提倡的各種政治和社會改革。這一連串的活動都是由下列兩個因素激發出來的：一方面是二十一條要求和山東決議案所燃起的愛國熱情；另一方面是知識分子的提倡學習西洋文明，並希望能依照科學和民主觀點來對付中國的固有傳統重新估價，以建設一個新中國。它不是一種單純不變、組織嚴密的運動，而是許多思想分歧的活動匯合而成，可是其間並非沒有主流。[8]

　　此外，「五四運動」的起迄時期也是一個弄混淆了的問題。「五四運動」這個名詞往往被作者們濫用。它有時是指緊接在「五四運動」以後的幾個月，有時是指以後的幾年；另外一些作者們認為這一時代始於一九一五或一九一六年，終於一九二三年。[9] 還有一些作者則把「五四

---

[8]　「五四運動」的定義還沒有人徹底討論過。有關這個運動是否有主流的問題，看傅斯年一六二，〈「五四」二十五年〉，《大公報》（一九四四年五月四日，重慶），頁一。

[9]　胡適同意張奚若的看法，認為五四運動應包括一九一七和一九一八年發展的新思想運動，也包括五四事件以後的那幾年。何幹之主張五四運動應始於《新青年》創刊的那一年，終於科學與玄學論戰結束的時候，即是一九一五年九月到一九二三年十二月。見張奚若一五，〈國民人格之培養〉，又胡適二一〇，〈個人自由與社會進步 —— 再談五四運動〉，二文都見於《獨立評論》第一五〇期（一九三五年五月十五日），頁二、一五；又看何幹之一七〇，《中國啟蒙運動史》（一九四九年，上海）第五章，頁一五一。

運動」延長到一九二五年，因為那年發生的「五卅慘案」成為另一個時代的開始。[10] 陳獨秀在他一篇一九三八年寫得文章裏，甚至認為「五四時代」一直延長到「現在」。[11] 在本書裏，由於我認為「五四運動」是個多面性的現象，所以沒有把 它的起迄日期作嚴格的斷限。雖然如此，仔細研究「五四」的主流，我們會發現最重要的事件都發生在一九一七年年初到一九二一年年底的五年之間。在一九一七年，新起的思想界人物，以《新青年》雜誌和國立北京大學為中心，集結他們的力量，發起新思想和新文化改革。一九二一年以後，運動多已發展為直接政治行動，以後幾年裏，思想改革和社會改革多多少少遭受忽略，因此，我們很有理由把「五四時代」定在一九一七年到一九二一年這段時間之內。而這段時期又可以以「五四事件」本身劃分為前後兩個階段。在第一個階段裏，一些新起的知識分子集中精力，以他們的新思想來感召學生和青年。在第二階段裏，學生們便成為主力，發動對中國某些傳統和守舊主義的全面攻擊，於是活動範圍已超出純粹思想界以外了。

不過，我們也不應把「五四時代」嚴格地限定在這幾年之內，有些民族思想和新思潮早在一九一五年已成雛形了，因為這一年日本提出的

---

[10] 一九二五年三十日，兩千多中國學生和工人在上海遊行示威，抗議一中國工人於五月十五日在該市被日本紗廠衛兵屠殺案。遊行中，至少有十一個學生和工人為英國巡警所槍殺，有二十人為他們所傷。六月一日十餘萬中國工人大罷工抗議，引致二十餘艘外國兵艦開進黃埔江，五個國家的海軍在中國登陸。五月三十日以後中國人至少再有八人被殺，四十四人受傷。「五卅慘案」及其後果，多少留存「五四運動」的痕跡，對中國社會有極深遠的影響。有關「五卅慘案」，這個題目的中文材料非常多。若要找這件事的英文簡明敍述，可見 William Ayers 艾爾斯五六九，「Shanghai Labor and the May 30th Movement」〈上海工人與五卅運動〉，*Harvard Papers on China*《哈佛有關中國論文》（一九五〇年四月，Cambridge, Mass. 美國麻省劍橋）謄寫版，冊五，頁一一三八；又看 Dorothy Borg 布格，*American Policy and the Chinese Revolution,1925-1928*《美國政策和中國革命，一九二五――一九二八》（一九四七年，紐約）。

[11] 陳獨秀六九，〈五四運動時代過去了嗎？〉《政論》，一卷二號（一九三八年五月十五日，重慶），頁八―九。

二十一條已促使大家覺醒，感到國恥沉重；這一年不少學生已開新風氣，嚴肅地考慮到中國問題。而且《新青年》（當時還稱為《青年雜誌》）就在這一年開始發行。我們也不應當認為，「五四運動」在一九二一年就宣告結束了。許多「五四」期間發展起來的思想爭論，仍是當今最重要的事件。一九二二與一九二三年間發生的中西文化論戰，和科學與玄學論戰，實是「五四運動」的直接產物。若是忽略這些，我們便不能對「五四運動」作徹底的了解和評估。總之，「五四運動」應看作歷史整體發展過程中的一個階段；事實上，自十九世紀西方勢力開始撞擊古老的中國，中國就開始了她的蛻變，她調整了腳步，走了相當遠的一段路程來適應現代文明；而「五四運動」實是這段旅程中，要事頻繁而最富於決定性的一個階段。

二、經濟、社會和政治背景

倘若我們認為上述對「五四運動」的理解可以接受，我們就可提出下面這個問題：為甚麼中國適應變化的進程在這段期間會加速了呢？要解答這個問題，即使只解答一部份，也必須談到第一次世界大戰開始以後，中國經濟、社會、政治情況的各種變化，和國際大勢對中國的影響。

在與現代的西方世界接觸以前，中國的經濟在本質上是農業性的，工業未曾發展。在這種經濟下，她的大部份財富分為地主和商人所擁有。他們通常以下列四種主要方式來積蓄財富：用土地生產品獲得的利潤、用經商賺錢、用高利貸、用合法或非法的官僚地位公職收入，以購買更多土地。由於在二十世紀以前的兩千年裏，中國的經濟一直以農業為主，上列的第二種和第三種財富積蓄的方法也都往往取決於農業生產。結果，以土地投資方式作資本積蓄的觀念，左右了中國的傳統經濟思想。下面

兩句諺語式的民謠，恰切地說明這個觀念：「隔著玻璃親不了嘴，窮就窮
在沒有地。」中國在紀元前三世紀就廢除了長子繼承遺產的制度。因此也
防止了土地過度集中和大規模財富積蓄的發生。[12] 家庭和鄉村成為自給
自足的基本經濟單位。半商業半家庭式靠學徒制度維持的各種手工業店
鋪是中國僅有的工業。手工業的生產和交換，大部份由地方性的同業公
會來處理。這一切辦法和習慣阻礙了國內市場的擴充，和大規模工業的
發展。

　　自從十九世紀期間西方勢力打開了中國的門戶，這種自給自足的農
業經濟制度開始起變化。一八六三年中國設立了第一間工廠，是一家兵
工廠。然而在十九世紀後半期，中國的工業仍舊很少有發展的機會，一部
份是因為列強在同暴力或外交手段取得的特權下，把價錢低、品質優的
外國工業產品，大量傾銷於中國市場。

　　這種外國商業競爭的壓力，一直要到第一次世界大戰爆發後，才告
減輕，因為那時西方列強都正專心致力於軍需品的生產。從那時開始，
由於入超量的減少，中國的民族工商業才得到一個喘息和發展的機會。
一九一四年到一九二〇年間，紡織廠、麵粉廠和其他輕工業的國產品有
了顯著的進展。這些年的繁榮景象，後來回顧起來，常被認為是中國工
業史上的黃金時代，至少和以前相比，情形確是如此。[13] 由於這一次的擴
展，和西方資本主義的長期侵入，中國傳統的自給農業鄉村經濟的崩潰更
加速了。土地投資已稍微顯示出轉移為工、商、金融等企業投資的徵兆。

[12]　《大清律例》中有「嫡庶子男，除有官蔭襲先盡嫡長子孫，其分拆家財田產，不問妻
妾婢生，止以子數均分，姦生之子依子量與半分」〔譯者按：出卷七、〈卑幼私擅用財〉條
例〕。由於清朝時大多數的例子都是爵位每傳一代就降一級，或者只限定數目的後代繼
承，因此即使貴族的財產，也不能得到長期的累積。

[13]　見翁文灝，〈近五十年來的中國經濟建設〉，收在潘公展編的《五十年來的中國》一書
中（一九四五年，重慶），頁九。又見龔駿，《中國新工業發展史大綱》（一九三三年，上海），
第七、八章，頁九二—二六二。

培育工業發展的新興組和股份公司比起以前來發展得更快。一九二○年
前的那幾年，中國的國幣「銀圓」已大半取代了墨西哥銀洋，於是國內部
份地區獲得幣制的統一，促使了金融活動的發展，大城市裏開辦了更多的
新式銀行，許多舊式的錢莊也改組織為銀行了。一九一二年、一九一五
年、一九一六年、一九二○年和一九二一年，都是現代中國貨幣與信用
制度發展過程中的里程碑。而資本的集中，和都市經濟的茁長等傾向，也
都開始明顯化。然而，這些經濟的變化仍舊屬於雛形階段，而各處發展不
勻。雖然一些大都市的經濟特色，部份變得與二十世紀的西方都市一樣，
但是內陸遼闊的鄉村地區仍然保持上古和中古時期的經濟特色。中國的
農業經濟制度正在開始分崩離析，但是還沒有被一種現代的經濟制度全
盤取代。在二十世紀初期，中國勢將產生一種社會經濟轉變程序的模式，
從破壞、到廢物清除、到重建和改革，這是早就可以預期到的。但是相
反地，事與願違，第一次世界大戰結束後不久，上述培養了中國經濟躍進
的國際局勢也就宣告結束了。由於日本對華影響的增加，以及其他列強
紛紛重回中國市場角逐，中國的雛形工業遭遇到重重困難，浮沉不定。[14]
中國和外國經濟勢力的利益衝突，日趨尖銳。上述這些依次發生的經濟

---

[14]　第一次世界大戰結束後不久發生的中國國內工業恐慌可以在有關許多主要工業的統計
數字中找到證明。有關這個問題長篇分析，可看 Tse-Tsung Chow 周策縱，*The May Fourth
Movement and Its Influence upon China's Social - Political Development*《五四運動和它對中國
社會政治發展的影響》（一九五五年，Ann Arbor：University of Michigan Microfilms，安・娜
堡：密西根大學縮影膠片公司；出版第一二五五三號；國會圖書館卡號為 MICA 五五—
二一九五），第二章「Economic, Social, and Political Background」〈經濟、社會、政治的背景〉。
關於統計數字可看陳銘勳，《經濟改造中之中國工業問題》（一九二八年，上海）第二章，頁
四八一五一；《華商紗廠聯合會季刊》三卷四號（一九二一年冬季，上海），頁六三；嚴中平，
《中國棉業之發展》（一九四三年，重慶；修訂版，書名改為《中國棉紡織業史稿》一九五五
年，北京，第六章，頁一六三一二○五）；又看濱田峰太郎，《支那的紡織業》（一九二三年，
上海），頁二一。有關此問題的中共著作，見胡華編一九三，《中國新民主主義革命史參考
資料》（一九二三年，上海），頁五七；洪煥椿二三五，《五四時期的中國革命運動》（一九五六
年，北京），第一章，頁四—二○；周秀鸞《第一次世界大戰時期中國民族工業的發展》
（一九五八年，上海）。

蛻變，國內的繁榮、危機，以及國家存亡的掙扎，分別大大地影響了當時每一階段的各種政治、文化活動。

　　與這經濟變遷同時發生的是許多重要的社會變遷。中國舊有的寡頭政治制度之所以能夠維持，是由於三大社會勢力的聯合：在一方面是皇室和軍事集團，在另一方面是地主，在這二者之間則有士大夫集團。可是到了這時候，這一種傳統社會勢力的均勢聯盟，卻大大失去了平衡。科舉制度早已早一九〇五年廢除，而新的、有效的人事銓叙制度尚未建立。有能力和大志的青年男女，大都不能通過正規途徑，獲得公職。以前在危難時期，中國社會通過靠家庭或鄉村的各種自給自足及合作方式來補救，渡過難關；但這次由於危難的無比艱巨，已遠非那些傳統的方式所能解救。再方面，因為新興都市迅速發展，新式商人、工業家、城市工人也隨著增加，勢力開始抬頭。本世紀的前數十年，中國城市擴展的速度是驚人的。例如，一九一九年的「五四事件」發生的事件，北京約有六十萬人口，到了一九二三年，即四年以後，便增至一百一十萬，幾乎是一九一九年的兩倍。[15] 由於內戰（一九一五年到一九二二年間有十次嚴重的內戰，它們前後合起來共有四十八個月之久）[16] 災疫和農村經濟的崩潰，沒有土地的農民和失業者的人數大增。他們成了窮人之後，很多人背井離鄉，變成職業軍人，有些則淪為土匪或流氓。這批不安的人口，滋養了軍閥主義，「五四運動」以前的那幾年，是軍閥主義發展最速的階段。同時，一個基本上長遠而重要的因素，開始在中國社會裏發生巨大作用。由於地主和士大夫勢力逐漸衰微，一群多多少少有現代西方學識的新知識分子出現

---

[15]　阮湘等編《中國年鑑》，第一號（一九二四年，上海），頁五四一五五；龔駿《中國都市工業化程度之統計的分析》（一九三三年，上海），頁一五一二八；又見 Julean Arnold 亞諾德，*Commercial Handbook of China*《中國商業手冊》（一九一九年，華盛頓）頁三二一。

[16]　有關中國在這些年間主要戰爭的簡短分析，看周策縱一二五，〈中國政治一百年〉，《新認識》六卷三一四號（一九四二年二月十五日，重慶），頁一五一一七。

了[17]。自從一九〇七年，新式的西方教育制度開始大規模施行以後，在十年內，大約有一千萬人曾經、或正在接受各種方式的新式教育。他們與現代西方文明的種種接觸，與傳統思想意識及統治階級逐漸背道而馳，使他們能帶領其他不安的群眾，向「救中國」這個目標進軍。「五四運動」正反映了以上各種社會勢力的重新組合。

同時，一九一五年以後，中國國內和國外的政治局勢也是培養革命的一片沃土。第一次世界大戰期間和結束以後，推動民族主義和民主政治的情緒在全世界，尤其是亞洲地區迅速興起。美國總統威爾遜（Woodrow Wilson，1856-1924）的政治理想主義，如他提倡的廢除秘密外交、保障小國的政治獨立、民族自決等，都獲得中國知識分子的擁護。歐洲新起的政治潮流，新興共和國的增加，女子選舉權的爭取，創制權、複決權、罷免權方式的建立，以及工業民主（industrial democracy）等等，都增強了中國人的希望，但是當列強企圖在巴黎和會上重建他們的殖民地政策時，中國人民由空虛的希望墮入失望的深淵，於是愛國情緒就空前地、如火如荼地蔓延開來。另一方面，在這段時期，許多國家都爆發了革命，顯示出藉群眾起義來改變大局的可能性。一九一七年的俄國十月革命，加上芬蘭、德意志、奧地利、匈牙利、屬於德國的巴伐利亞，以及其他各國爆發的社會主義革命，都影響了東方的政治趨向。日本在一九一八年八月出現了「搶米風潮」，朝鮮在一九一九年三月一日發生了也是學生為主的

---

[17]　這裏我所用「知識分子」一詞比西方的 intelligentsia 涵意較廣，我用它來指稍富於流動性的知識分子集團，包括多多少少受過良好教育的人民、教師、學者、中學大學及其他專門以上學校的學生，以及新士大夫階級，並且包括其他職業性的新聞從業員、作家、藝術家和律師等等。在以後的討論裏，我們將採用舊式士紳階級（old gentry）來指擁有土地或沒有土地的、只受過傳統教育的人士，他們形成全國各地地方統治勢力的一部份，或者是官僚職位的候選人；而新知識分子（new intelligentsia 或 new intellectuals）一詞則指那些多少受過形式教育，或有西方學識的人。因為在「五四運動」期間，大約百分之八十的中國人民仍舊是不識字的，所以這些名詞的應用特別富有意義。

「三一運動」。「五四事件」的前兩個月，第三共產國際成立，並且在莫斯科召開了第一次世界代表大會。

　　與這些國外的革命狂潮相比較，中國人當時卻活在一團漆黑的國內政局中，共和政府雖然試行了中國史無前例的政黨政治，而實際上則是完全被軍閥所操縱。一九一四年，軍閥總統袁世凱解散國會，廢除憲法。一九一五年和一九一七年相繼發生了沒有成功的帝制運動和復辟運動。袁世凱的取消共和政體，自一九一六年元旦起到三月二十三日止，改稱「洪憲」帝制，前後共八十三天。安徽省督軍張勳擁立滿清的孩兒皇帝溥儀復辟，由於他的辮子兵在北京被驅散了，只支持了十二天之久（一九一七年七月一日至十二日）。自此之後，全國各地的實權都操在互相對抗的督軍手裏，而中央政府的大權則落在袁世凱的舊部屬段祺瑞手裏。段氏就是那受日本經濟支援的軍閥、官僚政治集團─安福系─的領導人。為了反對這樣的背景政權，孫文便於一九一七年九月一日在廣州組織軍政府。從此以後，發生了一連串勝負不定的南北內戰，舉國為之騷動。「五四運動」之前不久（一九一九年二月二十日起），北京和廣東雙方在威爾遜的鼓勵下，在上海舉行了一連串拖延的、徒勞無功的南北內戰和談，這可以說是第二次世界大戰後美國政府所建議的類似和談的一個諷刺性的預兆。由於上海和巴黎兩處和談的忽起忽落、驚疑不定，在心理上給予中國人社會情緒以極度的干擾。我們應該記住，辛亥革命一方面自然由於皇權的倒塌而提高了民族革命和民主改革可能性的希望；在另一方面，革命以後的那幾年裏，中國人的政治思想活動都是還離傳統的方式不太遠。大部份民眾仍然遭受著專制而極端守舊的官僚的壓迫，他們還是像從前一樣地服從權威，服從武裝勢力，服從傳統的倫理和政治教條。這些政治上的混亂和落後現象，更堅定了新知識分子的信念，就是：為了使古老的中國重獲新生，必需實行大規模的基本改革。同時，段祺瑞

之所以擁護徐世昌做總統，本是皖系想利用他來對付直系和其他軍閥，徐上台後則企圖與南方議和來節制段派，因此當時的新知識分子反對段派親日，不但有南方和國民黨及進步黨的支持，並且有北洋政府裏反段系幸災樂禍的制衡的方便。「五四」成功，可說時機難得。

三、「五四運動」的歷史意義

在中國歷史上，可以找到許多與「五四運動」在某些方面相似的事件。由學生帶頭，批評或干涉政治的例子屢見不鮮。最早見於記載的有關鄭國人民在鄉校裏批評政府的事件，發生於公元前五四二年，即孔子誕生的後九年。鄭國當時的執政者子產不接受別人的建議去摧毀學校，卻虛心容納人民的批評。他說：「毀鄉校何為？夫人朝夕退而遊焉，以議執政之善否。其所善者，吾則行之；其所惡者，吾則改之。是吾師也。若之何毀之？我聞忠善以損怨，不聞作威以防怨。豈不遽止？然猶防川，大決所犯，傷人必多，吾不克救也。不如小決使道，不如吾聞而藥之也。」他這種開明寬容政治政策受到當時及以後歷代許多中國歷史學家（包括孔子在內）的讚美。[18] 在西漢末哀帝元壽二年時，即公元前一年的時候，一千多太學生的學生在博士弟子王咸的領導之下，抗議政府懲處一位剛正的官吏隸鮑宣。這是中國歷史上第一次太學學生直接干涉內政的事件。在第二世紀東漢時，太學生郭泰和其他人聯合了朝臣和思想界的領袖們，大膽批評政府和宦官，後來數百官吏和學生被當做「鈎黨」關入牢獄和處死

---

[18]　《左傳》，卷九，襄公三十一年（公元前五四二年）；James Legge 理雅各的英譯 *Chinese Classics*《中國古典著作集》第五冊，第二部。

刑，造成「黨錮」事件。這是中國第一次主要的黨爭。[19] 在宋朝（九六○——一二九七）。學生運動更趨於空前普遍。徽宗宣和七年（一一二五）大學生陳東（一○八七——一一二八）領導太學學生，請求皇帝處死宰相和一些軍事領袖，控訴他們處理國事失誤；但是奮鬥沒有甚麼結果。第二年，即欽宗靖康元年（一一二六），陳東有率領幾百太學生伏闕上書，當時支持他們的「軍民不期而集者數萬人」。他們要求皇帝懲罰宰相，起用李鋼為相，而且採取強硬的外交政策，以抵抗北方來的金人的侵略。皇帝的內待遭受群眾猛烈的襲擊，被殺死了數十人。結果政府把這次暴力行動有直接關係的民眾數人判死刑，但卻受到民意逼迫，改變了一些外交和內政政策。這是中國有史以來在校的學生領導平民干涉外交政策的第一個顯著例子。後來陳東和許多別的學生也都被處死刑了。然而，在宋朝後期卻發生五、六次類似的學生運動，並且有學生罷課事件的記載。在宋代的歷史裏，也可找到教師們鼓勵或支持學生運動以反抗政府的事例。[20] 依循這些先例，明朝（一三六八——一六四三）的學生運動，更連續不斷地捲入政黨鬥爭的漩渦。[21]

　　這種學生干涉政治的現象為甚麼會在中國發生呢？原來，在君主政體之下沒有真正的立法機構，或一種群眾代議制度，少數受過教育的人

---

[19]　班固，《漢書》，卷七二，〈鮑宣傳〉；范曄，《後漢書》，卷九七，〈黨錮列傳〉；並參江文漢一六六，《中國學生運動》（見上注五），頁八；及柳詒徵，〈學潮徵故〉，《學衡》四二期（一九二五年六月，南京），頁一一一四。

[20]　《宋史》，乾隆四年（一七三九年）版《廿四史》，卷三四六，頁一甲；卷二三，頁二甲；卷四五五，頁一甲一乙；卷二三，頁四甲一五甲；卷三五二，頁四乙；卷三六二，頁十甲；卷三九九，頁八；卷四五五，頁一乙一三甲；卷五八，頁五甲；又見卷三七七，頁一七乙一一八乙；卷三九二，頁九；卷四五五，頁一四乙一一五甲；卷四一八，頁七甲一乙。有關陳東，見《宋代學生陳東盡忠錄》八卷，六冊。又看葉紹翁《四朝聞見錄》（《知不足齋叢書本》，第一函）頁四二乙一四三乙；吳其昌五○七，〈宋代學生干政運動考〉，《清華學報》三卷二號（一九二六年十二月，北京），頁九九九一一○四六。

[21]　《明史》，卷二三一。

要設法表達自己也許是無可避免的事。事實上，中國幾千年來，在危難時期，往往官辦的學校，通過教職員和學生團體，擔當起公意代表人的角色。中國早期和現代的評論家們大抵都贊同這種活動。例如十七世紀，名學者和思想家黃宗羲（一六一○──一六九五）就曾實際上主張過一種政治制度，把學校當作消息靈通的發表公共輿論的場所，或一種立法代表機構。他並且認為這種制度是中國上古的「三代遺風」。[22]

　　「五四運動」的學生們採取了這種學生負有政治使命的傳統觀念，可以由他們的出版物再三強調此一觀念作為證明。[23] 但是二十世紀的學生運動，卻和它們的傳統前輩有一個很重要的區別。「學校」和「學生」二詞在中國古時的用法，不同於「五四運動」時候的一般用法，事實上也不同於十九世紀末二十世紀初學校制度已逐漸改向西洋方式的用法。用現代的制度來比較，傳統的官辦學校大致是從中學階段開始，它們與科舉制度關係密切。這些學校同時具有供給官僚人才的貯備處和學習機構兩個作用。因此，它們比起近日的學校來，入學的成年人似乎較多，年輕的知識分子較少。這些官辦學校的成年知識分子對政治的關切，又超過一般散布各地、在私人教師教導下年紀較輕的學生，換句話說，中國傳統的私塾由於多半是分散獨立的，組織規模也比較小，所以很明顯地，比起公立學校來，不太能夠參加學生運動。不過一些規模較大的私立或半公立的「書院」，有時候卻對民意發生過影響。

　　同樣地，「五四時代」的文學和思想革命，就某方面說，在歷史上也

---

[22]　黃宗羲，〈學習篇〉，出《明夷待訪錄》（W. T. Debary 德巴雷的英譯題目是 *A Plan for the Prince*〔一九五七年，紐約〕）。又看胡適，〈黃梨洲論學生運動〉，作於一九二一年五月二日，重印在二○七《胡適文存》二集（一九二四年，上海），第三冊，頁一一一一五。有關黃宗羲理論的批評，看章炳麟二三，《太炎文錄》第一卷。

[23]　羅家倫三四二，《從近事回看當年》；又看他的三三九，《黑雲暴雨到明霞》（一九四一年，重慶），頁七一。

有先例。周代（公元前一一二二—二一一）的後期，文學和思想都有非常重大的進展，在當時文字的詞彙裏加入了許多新的地方語成分。在唐朝（六一八—九〇七）發生了一次重要的文學改革，就是所謂的「古文運動」。新的詩體和新的散文體的成就都很大，佛教的禪宗也逐漸發展。到後來，在宋朝時，在中世紀主義的對抗下，理學建立起來了。在元朝（一二七九—一三六八），新的戲劇形成發展得欣欣向榮。在明朝時，白話長篇小説的短篇小説大為流行。後來到了清朝（一六四四—一九一一），研究古典學術的考據學興起，以補救過去理學心學的空虛。

　　儘管有上面那些先例，「五四運動」在活動的廣度和意義的深度兩方面説來，仍然是獨一無二的。[24] 第一，這是中國知識分子首次察覺到有徹底改革中國文明的必要。在與現代化西方接觸以前，除了印度佛教的影響之外，中國文明從來不曾嚴重地受到外來勢力的全面挑戰。佛教雖曾密切地接觸中國思想和社會生活的許多面，對中國主要政治和經濟制度的影響卻較小。由於西方在科學和其他方面超前了幾百年，加上許多因為雙方社會殊異而產生的因素，使得西方對中國的影響遠非過去那些外來的影響可比。當一八四〇至一八四二年的鴉片戰爭證明了西方勢力強不可當以後，中國的知識分子領導人物開始覺悟到中國實有學習西方科學技術之必要，儘管他們仍舊認為中國的傳統比西方高明，因此不需要改革。在一八九四至一八九五年「甲午戰爭」中國被日本打敗以後，中國對西方文明的第一反應階段也宣告結束。從那個時候起，中國的年輕知識分子鑒於日本明治維新的成就，認為除了學習科學技術之外，中國還應當效法西方的法律和政治制度。但他們仍然堅持，那些他們心目中認為更基本更實質的中國哲學、倫理觀念和傳統社會的基礎原則不應當改變。

---

[24]　周策縱一二六，〈依新裝，評舊制：論五四運動的意義及其特徵〉，《大公報》（一九四七年五月四日，上海），為五四運動二十八週年紀念而寫的。

張之洞在一八九八年用一句簡單扼要地表達了這個觀念：「中學為體，西學為用。」[25] 可是一八九八年的百日「戊戌維新」無法把倡議的法律和政治制度改革付諸實現，而一九一一年的「辛亥革命」也只能把它們完成了一部份。民國建立以後，軍閥勢力的抬頭和兩次復辟帝制運動的企圖都證明。倘若只改革法律和政治制度，而不作其他方面的變更，一定不會有甚麼成果，於是發展到第三個階段，就是「五四運動」時代。在這一運動期間，新興的知識分子不僅公開主張需要介紹西方科學技術、法律及政治制度，而且也宣稱：中國的哲學、倫理觀念、自然科學、社會學說和制度。都應該徹底重估，參考西方的這些部門，重新創造。這不同於前些時候鼓吹的那種有心無意的改革或是局部革新，它是一種廣泛的、強烈的企圖，要推翻那停滯不前的舊傳統的基本因素，而以一種全新的文化來取代它。[26]

　　「五四運動」也顯示了中國知識分子對個人人權和民族獨立觀念迅速覺悟。它通過思想和行動方面團結群眾的方法，加速了中國循民族國家（nation-state）制度型態而達到統一。當然，中國人的人口是如此之多——就像羅素所說的人類四分之一（a quarter of the human race）[27]——他們想要都達到個人解放，促進民主國家意識和社會平等，就是再過幾十年也不能

[25]　「中學為體、西學為用」這個企圖綜合中西學的口號，可能是與日本的一個類似的觀念互相影響，或並行發展出來的。日本人為了支持說明他們摹習漢學的必要與合理，曾經提出「和魂、漢才」的說法，據說這是菅原道真（Sugawara Michizane，公元八四五—九〇三）首先提議的。後來在十九世紀時，西學的倡導者之一佐久間象山（Sukuma Shozan，一八一一—一八六四）又提議「東洋精神，西洋技藝。」甚至熱心推行西化運動的福澤諭吉（Fukuzawa Yukichi，一八三四—一九〇一）也造了一個可能是由先前那一個推演出來的流行口號，「和魂、洋才。」

[26]　有關此問題，看《新認識》卷六 三、四號（一九四二年十二月十五日，重慶）中，周策縱、李長之、鄒雲亭所寫中國近百年來政治文化運動的論文；又看周策縱與馮大麟一二七，〈論一百年來的大變局〉，《三民主義半月刊》（一九四五年，重慶）。

[27]　Bertrand Russell 羅素七二九，*The Problem of Chinese*《中國問題》（一九二二年，倫敦），第一章，頁一。

完全達到目的。但是，這段期間中國知識分子循這些方面所加強的自覺和活動，仍是一件具有全世界性意義的事件。這是所有歷史學家們都會承認的。

更進一步，由於這個運動在經濟、社會、政治、思想各方面也都提供了或認同了許多新的因素，因此它成為了解現代中國過去四十年（編者按：指本書作者一九五九年執筆時之前的四十年）的首要關鍵。由於隨後幾十年絕大多數激烈的論戰和鬥爭都是由這個運動所觸發，若是不研究它，我們必然會誤解這些論爭的政治淵源和性質。事實上，當今中國的政治局勢可以說是直接或間接由這個運動發展出來的結果。「五四」的餘波並沒有消失，它一直持續到現在，並且可能指向將來。不但如此，近代中國大多數領導人物，從文學、哲學，到經濟、政治等各界，大都受過「五四時代」的教育和鍛煉，而且多因參加這次運動才展開他們一生的事業。這次經驗一直影響他們的思想和心理。雖然一些守舊分子把所有中國後來發生的災禍全都歸罪於「五四」，但是年輕的一代幾乎認為「五四」對他們一直有「深厚」的恩惠。[28] 一位重要的報紙主筆曾說：「我是五四時代的青年。五四開始啟迪了我的愛國心，五四使我接觸了新文化……無論如何，五四在我心靈上的影響是終生不可磨滅的。」[29] 綜合以上所有事實，我們可以合理地斷言，若是不知道運動的主流，決不能充分了解現代中國的資本、精神和情緒。

最後，在我們評述中國與西方的關係時，更不能忽略這個運動。我們都知道，在這段期間對中國傳統倫理觀習俗和制度最大的挑戰，就是以自由主義、民主、科學等觀念的面目出現的西方思想。西方各國的、尤其

---

[28]　王芸生四九九，〈五四，從新使我感到不安〉《大公報》（一九四七年五月四日，上海），頁二。

[29]　同上。

是美國的巨大影響是無可否認的。然而，由於高漲的民族主義情緒，加上
蘇聯迅速成長茁壯的例子，在後來那幾年裏，社會主義便趨於更有影響。
西方的重點在這時從自由主義轉變為社會主義，這個現象可以用以下列
各種原因來解釋：中國需要急速工業化，她多次屈辱戰敗，她有一種權威
主義的政治傳統，加以社會主義的理想主義對一個基於合作、而非基於
個人主義的社會可能產生較大的吸引力，還有國民黨在這個運動期間和
隨後採取的諸種措施。另一方面，西方列強為了爭取中國經濟利益而採
用種種可恨的帝國主義手段，以及中國自由主義者的錯誤政策和缺乏效
率，都證明了西方文明有重大缺點。除此以外，若是仔細研究西方各國對
「五四運動」本身的政策和態度，也可以幫助對這次思潮起落轉變的原因
有進一步的了解。

　　以上我講短地陳述了「五四運動」的範疇和意義，尤其著重它發生的
背景。下面對它種種事件和觀念的評述，希望將能呈現一幅全圖，以顯示
這個曾撼動了中國的根基，而幾十年後仍然餘波激蕩的二十世紀的知識
分子思想革命。

第二章

促成「五四運動」的力量（一九一五—一九一八）

為了要明白「五四運動」的感情和思想的內在因素，我們必須清楚探究日本對華政策所引起中國人的反應，和第一次世界大戰期間中國留學生在國外的種種活動。關於前者，當時代表一般中國人意見而後來形成「五四運動」主要力量的，大致上有不同的兩種人：一種人是由於對近代帝國主義的反感，救國的願望偏重於充滿強烈的愛國熱情；另一種人則是受了西方文化對中國衝擊的影響，注意力著重在提出向種不同的改革計劃來促成中國現代化。前一種人裏面有讀書人也有不識字的人，他們供給「五四運動」感情上的動力較多，後一種人多是年輕的知識分子，他們主要地賦予「五四運動」以深刻的思想內容。

其實一般民眾的救國熱忱和知識分子的亟於改革，在前世紀的末葉就已經開始了。可是直到第一次世界大戰初期，因為受了日本政府對中國的政策和行為的刺激，在中國大多數人民對國恥才開始有強烈的表現。在同一期間，新知識分子也認識到他們自己必須振奮起來，帶領同胞走上徹底現代化的道路。

另一方面，那個時候中國留學生數目激增。他們和西方的密切接觸給他們帶來新的思想。這些新思路後來又啟發了其他新知識分子，幫助激起了「五四運動」。

一、國內愛國分子的國恥感（二十一條的衝激）

「五四」期間的中國人不像清末的中國人，清末的中國人以為他們的重大責任只不外是「富國強兵」，對帝國主義的種種根本性的危險茫無所

知；「五四運動」的中國人卻明白當前急務是把中國從列強的轄制下解救
出來。他們團結群眾的口號是「救國」。這個口號，最初出現在一八九四
年甲午戰爭中國被日本打敗以後，到了「五四」期間就更是廣泛流行了。
這反應出當時的中國人，特別是知識分子，對中國現代世界裏掙扎求生存
所遇到種種危機已經有所覺醒。日本的二十一條要求所帶來的恥辱感和
其後所發生的事件，更大大加速了這個覺醒。

　　那是在一九一五年一月十八日，一個陰冷淒涼的晚上，日本駐華公使
日置益（Hikoki Eki）一反正常外交途徑，在一個私人的會晤中，向中國總
統袁世凱呈遞幾頁寫在有兵艦和機關槍水印的紙上的文件，這便是惡名
昭著的二十一條。日本公使在向袁世凱呈遞這些要求前，警告中國政府
必須「絕對保密，否則須負所有嚴重後果之責。」[1] 在開始談判時，日方也
顯得極端神秘，日本採用這些特別水印的紙，絕對不是偶然的，而是對文
件內容和意圖的一個威脅暗示。這些要求對中國人民自尊心的損失之大，
是真正的堅船利炮也從來未能做到的。

　　從這些要求，日本實際上要控制滿洲、內蒙、山東、中國東南沿海
區域和長江流域的各地。假若中國答應了這些要求，上面所說的這些地
方都要淪為日本的殖民地，整個國家的經濟和行政也都要受日本操縱。
其中第五項要求，日本更是意圖實際上完全剝奪中國政府對內控制權。
所以這項要求的內容，日本最初怕讓其他列強知道。根據這項要求，中國
無論在政治、經濟或軍事上都必須雇用有決定性影響的日籍顧問；日本
在中國土地上有權建立日本醫院、教堂和學校；重要城市的警察必須由
中日合作組織和管理；中國所需軍器的半數或以上更要購買日本出產品，
或准許在中國領土上建立中日合辦的兵工廠。除此之外，還有其他種種

---

[1]　芮恩施七〇七，*An American Diplomat in China*《在中國的一個美國外交官》第十二章；
又王芸生四九八，《六十年來中國與日本》（一九三四年，天津）第六冊。

類似的意圖控制中國的要求。[2]

　　隨著條件提出後而舉行的中日談判，繼續了差不多四個月。最後，在一九一五年五月七日下午三時，日本提出最後通牒，要求中國「不加修改地接納一、二、三、四項內所有要求和第五項內有關福建的要求。」[3]第五項內其他比較苛刻的項目都刪掉了。面對這個威脅，又面對二十一條要求提出以後已經開入中國境內的日本軍隊，袁世凱政府不待國會通過——根據憲法，這類事務必須經過會通過，可是當時國會已經被袁世凱解散——在五月九日下午一時便接受了日本最後通牒中所有的要求，並在五月廿五日簽訂了中日協約。

　　在談判期間，中國政府採取了一個前所未有的政策，就是利用外國和中國的新聞界以爭取道義上的支持。[4]雖然日本吩咐嚴格保守秘密，要求的內容還是逐漸被中國的官員洩漏給新聞界。當中國的報章雜誌輿論一致抗議日本的要求時，政府卻放鬆傳統政策，沒有加以管制和壓制。談判進入第二期的時候，日本的外務大臣加藤高明（Kato Takaaki）男爵要求中國政府對新聞加以審查管制。[5]第三次會議時，日置益向中國新任外交總長陸徵祥（一八七一－一九四九）抗議中國政府一反傳統習慣，不止對報界言論不加管制，更利用這些言論來幫助中國談判。對這個抗議，陸徵祥

---

[2]　二十一條的全文和最後簽訂的「中日協約」並有關文件，可參看 John V. A. Mac Murry 麥慕雷六八八所編的 *Treaties and Agreements with and concerning China, 1894-1919*《中外條約與協定，一八九四－一九一九》（一九二一年，紐約）第二冊，一九一五，八號，頁一二一六－三七；美國國務院，*Paper Relating to the Foreign Relations of the United States, 1915*《美國外交關係文件，一九一五》（一九二四年，華盛頓），頁七九一二〇六。中文的全文參看王芸生四九八，《六十年來中國與日本》第六冊，頁八〇一四〇〇。

[3]　麥慕雷六八八《中外條約與協定》第二冊，頁一二三五，英文本係日本官方公布的原文。

[4]　王芸生四九八，《六十年來中國與日本》第六冊，頁三九八。

[5]　中國駐日大使陸宗輿一九一五年二月三日致中國外交部電報。見王芸生，《六十年來中國與日本》第六冊，頁一二一；一九一五年二月十六日發的另一電報見同書頁一四二一五三。

的回答是：「現在已不再是滿洲人統治的時代了，中國人已經享有新聞自由。」[6] 陸的答辯當然似是而非，在袁世凱的政權下哪裏有真正的新聞自由。袁世凱對這次談判中放鬆輿論的政策，無疑只是要暫時爭取群眾對他個人的支持。事實上當時中國政府也正式承認採取這種政策。[7] 再者，在答覆日本要求共同擁有漢冶萍煤鐵公司時，袁世凱就藉口説該公司是私人企業，中國政府無權干預。[8]

在當時那種政治混亂、社會落後和軍閥統治的情況下，這次事件可説是中國人民在近代史上第一次能夠大規模公開表示他們的意見。新知識分子代表國民表示對「國恥」憤慨的聲音響遍全國。當談判還是在北京進行的時候，中國各地都有激昂的表示，差不多所有中國的報刊雜誌都表現出強烈的反日情緒。中國留美學生聽到報道説「國內各地都有表現出愛國憂國的情緒」，便感覺十分高興。十九省的都督向中央呼籲不要對日本的要求屈服。據説每天總統府「潮水般激進」無數的信件和電報，都是中國人民為了表示他們的憤慨而發出的。[9]

當政府因為最後通牒而接受日本的要求以後，中國民眾的憤慨達到了高峰。「毋忘國恥」的標語全國各處都可以看到，或者塗寫在牆壁上，

[6]　一九一五年二月二十二日中日談判記錄，見同書頁一四五―一五六。
[7]　中國外交次長、實際談判的負責人曹汝霖在一九一五年三月五日給東京中國駐日公使館陸宗輿的信，便承認這個「輿論政策」的負責人是顧維鈞。見王芸生，《六十年來中國與日本》第六冊，頁二一六。當時美國的駐華公使館芮恩施（Paul S. Reinsch，一八六九―一九二三）也這樣説：「中國人是依靠公眾輿論。」他更特別把袁世凱也包括在內。見芮恩施七〇七，《在中國的一個美國外交官》第十二章，頁一四一。袁的「輿論政策」，主要目的顯然是要激起世界輿論對中國的同情，而並非想扶持中國新聞界本身。可是為了他的野心，他也同時希望中國的輿論能支持他的政府。
[8]　參看中國政府檔案，日本要求的中文本上袁世凱親筆所書眉批。又一九一五年二月五日第二次談判記錄，見外交部檔案；又中國一九一五年二月九日第一次對抗提議見中國東京公使館檔案，俱見於王芸生四九八，《六十年來中國與日本》第六冊，頁九四、一三一、一三九。
[9]　「Home News」〈本國通訊〉（胡適主編），《中國留美學生月刊》十卷七期（一九一五年四月，紐約州，伊薩卡）頁四五一―五二。

或者附在商品的商標上，或者印在紙信封上。[10] 五月七日和五月九日立刻被命名為「國恥紀念日」。[11] 蒙受國恥的經過也寫進了教科書。[12]

中國的官吏和人民兩方面對二十一條有不同的反應。就官方而言，中日協約簽訂以後，有好些官吏立刻提出了一個救國計劃，[13] 並且得到袁世凱認可。但是不久以後這計劃便被遺忘於腦後。[14] 就人民方面而言，這協約有兩個必須注意的重要後果：第一，新的民主主義逐漸形成，不少人覺悟到中國人如要生存便必須抵抗外國的侵略。這個感受從日後「外爭國權」改成「外抗強權」的口號可以見出。這個口號是「五四運動」中最流行兩個口號之一。不少西方的觀察家都注意到二十一條對中國民族主義發展的影響。譬如其中一個報道說：「中國的青年眼見他們的祖國要被吞併。日本在二十一條所表現的態度，毫無疑問地顯示出，中國唯一的希望是，採取強烈激進的民族主義政策。」[15]

其次，因為外國勢力被視為侵略，中國全國起碼在那一段時期有團結一致的精神，很多政治派系都聯合起來支持袁世凱。當時最大的反對黨是國民黨，它在一九一四年已在東京改組成為地下革命組織，這時也宣布支持北京政府。一個國民黨的領袖說：「讓我們停止內部鬥爭，團結一致。面對共同的敵人。」[16] 同時。袁世凱正如上面所說，既不干涉當時新聞界

---

[10]　Min-Chien T. Z. Tyau 刁鳴謙七六二，*China Awakened*《覺醒了的中國》（一九二二年，紐約）第九章，頁一四一；第七章，頁一一九。

[11]　朱公謹編，《本國紀念日史》（一九二九年出版，一九三二年第四版。上海）第十四章，頁九二──一二〇；平林編，《紀念日史料》（一九四八年，大連），頁七九──八三。

[12]　一九一五年六月十日陸宗輿致外交部電，見中國駐日公使館檔案。

[13]　〈國內外大事記〉，《東方雜誌》十二卷六期（一九一五年六月十五日），頁三四──三六。

[14]　〈國內外大事記〉，同上，七期（一九一五年七月十五日），頁一──二。

[15]　Acott Nearing 倪陵六九七，*Whither China? An Economic Interpretation of Recent Events in the Far East*《中國往何處去？從經濟觀點看遠東近事》（一九二七年，紐約）第二章，頁四八。

[16]　引文見 W. K. Chung，「Korea or Belgium?」〈朝鮮抑比利時？〉，《中國留美學生月刊》十卷六期（一九一五三），頁三三四，同時參看三三〇──三一、三三五、三四二──四四。

的反日行動，又極力對其他革命領袖表示妥協，想借此增加自己的聲望。
據當時的報道，在中日談判期間，袁世凱政府特赦了孫文、黃興和很多其
他的革命領袖，並且答應只要他們肯回國宣布效忠政府，便給予他們高級
職位。[17] 最後，由於每一次緊急局勢都會提供給野心獨裁者一個崛起的
良好機會，袁世凱受了當時輿論和政府敵對他自發性支持的鼓舞，也滿以
為他當皇帝的美夢已經得到人民支持。[18] 袁世凱企圖恢復帝制的陰謀，
是對中國人民尤其是對當時的新知識分子的一個警告：要救中國必須剷
除所有的軍閥和賣國者。這個觀念逐漸加強，後來便產生「五四運動」期
間第二個最流行的口號：「內除國賊」。

　　雖然民族主義和反軍閥的情緒都是直接或間接地受二十一條激發出來
的，反軍閥的情緒卻一直到好幾年後才變得比較明顯。在當時，民族主義
的熱情是群眾反日運動最主要的動力。中國人民在一九一五年一月廿六日
一發現日本所提的要求。二月底，美國三藩市的中國商人致電廣州的南方
軍政府，建議抵制日貨，但廣州方面當時為了避免使政府在與日方談判時
為難，沒有接納這個意見。可是就在同一時候，「國民對日同志會」已經
在上海組織起來了。一九一五年三月十八日同志會在公共租界召開民眾大
會，參加人數十數萬，通過開始抵制日貨。抵制行動很快便散播到其他城
市；甚至專賣日貨的商人也參加了。這個行動立即震驚了日本政府。在日
方壓力下，袁世凱在三月廿五日下令禁止抵制日貨運動。[19] 可是中國人的

[17]　Frederick Moor 摩爾「Telegram to the Associate Press」〈致美聯社電〉，一九一五年二
月十一日。《美國外交關係文件，一九一五》，頁九二；《中國留美學生月刊》十卷六期，
頁三八〇；關於國民黨領袖在這期間對日本和袁世凱的態度，見 Marius B. Jansen 詹生
The Japanese and Sun Yat-Sen《日本人和孫中山》（一九五四年，麻省，劍橋）第八章，頁
一七五—二〇一，又第九章，頁二〇二—一二。

[18]　李劍農二八九，《中國近百年政治史》第二冊，第十一章，頁四一九—一二〇。英文本
由 Ssu-Yu Teng 鄧嗣禹及 Jeremy Ingalls 英歌爾士合譯，名為 The Political History of China,
1840-1928（一九五六年，普林斯頓），頁三一〇—一二。

[19]　孟世傑，《中國最近世史》（一九二一年，上海）第三冊，第六章，頁一六九；半粟（李

憤怒已經不是一紙禁令所能制止。在四月裏，抵制運動開始傳到長江各口岸和北方各城市。漢口的商人聽到消息說當局已允許日租界舉行提燈遊行以慶祝日方談判的勝利，便於五月十三日開始示威遊行和抵制日貨。所有商店都罷市。三個日本店鋪被搶掠，兩個日本人受了傷。在中國軍隊一團奉命開入漢口但尚未到達之前，英俄的軍隊拿著上了刺刀的槍，已把結集的中國人驅散。日本駐軍也下令開出軍隊，但不久後就撤退了。[20]

　　抵制日貨運動很快就遍及中國南方。從北京到上海、漢口、長沙、廣州，甚至在海外的三藩市的中國人，都成立了特別抵制日貨的組織。[21]東京方面為此大感不安。六月中，日本正式向中國抗議中國境內的反日運動。[22]六月二十九日袁世凱再度命令各省政府禁止抵制行動。[23]結果，商人放棄了「抵制」這個名詞，可是卻提出「振興國貨」的口號，繼續不用日貨，並且成立了「勸用國貨會」。抵制運動從三月一直繼續到年底，最有效期間大概是從四月到八月那五個月。這次抵制日貨是中國有史以來抵制外貨運動的第五次，卻是第一次表現出這手段在相當多人數參加時產生的威力。在最嚴厲的抵制期間，日本對華貿易遭受到空前的損失。

　　這次抵制日貨運動，正發生在中國的民族工業受了第一次世界大戰期間國際貿易失調的刺激而迅速成長之時，因此也成為中國當時工業發展的一個重大因素。五月間在上海成立「知恥社」的時候，另一個叫作「救

剣農筆名），《中山出世後中國六十年大事記》（一九二九年，增訂本，上海），頁一五六。參閱 Charles F. Renner 雷謀七〇八，*A Study of Chinese Boycotts*《中國抵制運動研究》（一九三三年，巴爾提摩）第六章，頁四六─五四。

[20]　「Dispatch from Hankow, May 14, 1915」*The New York Times*《紐約時報》一九一五年五月十四日〈漢口通訊〉（一九一五年五月十六日）第二部份，頁五一二。

[21]　問漁（江間漁）九八，〈二十五年前歷次抵制日貨運動紀略〉，《人文月刊》三卷八期（一九三二年，上海），頁四。

[22]　《紐約時報》，一九一五年六月十六日〈東京通訊〉（一九一五年六月十七日），頁三；又見《中國留美學生月刊》十卷八期（一九一五年五月），頁五一二。

[23]　半粟，《中山出世後中國六十年大事記》，頁一五七─一五八。

國儲備金」的組織也成立了。它的目的是要募集五千萬元幫助發展本國工業。捐款人據報道包括社會各階層人士，從最富到至貧的都有。[24] 抵制日貨運動發生以後，中國很多種輕工業的生產都顯著增加。[25] 中國接受日本的二十一條要求後不久，一個美國通訊記者便注意到二十一條所激起的中國人團結一致的決心，和中國經濟與商業上的潛力。他相信中國這次努力發展工業，特別是棉織工業，可能會「維持久遠」，因此對日本的主要貿易將會給予「致命的」影響。他報道說：「那麼多的中國人內心充滿了國恥感，深切的憤慨，和精神上的苦恨，使抵制日貨運動變得實際上不必要，因為人民已經下定決心盡量不買日貨了。」[26]

　　這個估計可能對當時情況過於樂觀。雖然中國人的確開始覺悟到救國的必要，可是他們對建設經濟的努力還只是初步而不是健全的。而且，像應該採取甚麼步驟去救中國這一類具體問題，就是當時一般知識分子也還很少能面對思索處理，至於普通民眾就更不用說了。當時的危機並沒有使中國人立即完全改變他們傳統一貫對政治、國事漠不關心的態度。一個日本作家當時在一篇題為〈中國民族性和社會組織〉的文章裏就指出這個事實。這篇文章引起了中國作家們如陳獨秀等的痛切感慨。[27]

　　可是少數活躍的中國知識分子，特別是回國或仍在國外的留學生，對中國的基本問題卻變得比從前了解和關心了。他們開始思索，究竟中國

[24]　陸宗輿一九一五年六月十日由東京致中國外交部電，東京中國公使館檔案，孟世傑，《中國最近世史》，又《紐約時報》（一九一五年六月十日）第三部份，頁五；Willard Price 蒲萊士，」China's Fighting Blood Up」〈中國熱血沸騰〉，*World's Work*《世界大事》，卷三十（一九一五年十月），頁七二五；雷謀七〇八，《中國抵制運動研究》，頁四八。

[25]　Chinese Maritime Customs 中國海關，Returns of Trade《進出口貿易統計》（一九一五年，上海），頁一。

[26]　《紐約時報》一九一五年五月十五日〈北京特訊〉（一九一五年六月二十日），第三部份，頁五；又黃遠庸，〈新聞日記〉（一九一五年四月一日、九日），見《黃遠生遺著》（一九二〇年，上海）第四冊。

[27]　陳獨秀，〈抵抗力〉，《新青年》一卷三號（一九一五年十一月十五日，上海），頁二一三。

傳統文明是否在根本上需要一個徹底改革。

二、海外留學生的改革熱忱

　　近代中國的改革運動，是受到各種不同的因素用各種不同的方式激發出來的，這包括從不同國家回來的留學生，和傳統的理論及歷史上的先例。可是在清朝末年，從西方回國的留學生，和後來的情形並不一樣，他們差不多沒有一個參與當時正在發展的改革運動。那時改革的發起人和領袖，通常都是不懂西方語言的。正如梁啟超所說：「晚清西洋思想之運動，最大不幸者一事焉。蓋西洋留學生殆全體未嘗參加於此運動；運動之原動力及其中堅，乃在不通西洋語言文字之人。坐此為能力所限，而稗販、破碎、籠統、膚淺、錯誤諸弊，皆不能免；故運動垂二十年，卒不能一健實之基礎，旋起旋落，為社會所輕。」[28] 可是到了「五四運動」時期，新的思想和行動便往往與歸國留學生有密切關係了。

　　說起十九世紀下半葉，若就西方影響之下產生的中國改革運動而論，它的模式可說大部份是以當時第一號強國大英帝國的社會政治思想為榜樣的。幾乎所有嚴復的著名翻譯都採自英國資料。林紓的翻譯也有差不多三分之二是英國文學。可是在十九、二十世紀交替的時間，大部份中國學生卻是到日本、美國或歐陸，特別是法國去求學。因此這三個國家變成了外國影響最主要的中心，每一個國家在中國都烙下它們各自不同的文化模式，和政治與社會信仰因素。從留學生對中國問題所提出的各

---

[28]　梁啟超三〇六，《代學術概論》（一九二七年，上海），節二十九，頁一六三。本書由 Immanuel C. Y. Hsu 徐中約譯成英文，名為：*Intellectual Trends in the Ch' ing Period*（一九五九年，麻省，劍橋），頁一一四。

種不同甚至相反的答案，便可以看到這三國文化上相異的地方。「五四運動」也反映出這些不同的影響。

三、在美國發展的思想上和文學上的爭論

美國是近代中國正式派遣留學生的第一個國家。遠在一八七二年，三十個中國男孩子便已經被派到美國受教育。可是直到一九〇九年，中國留學生的數目並沒有增加多少。同年，美國政府決定退還庚子賠款，幫助中國遣派留學生赴美。[29] 到了一九一五年，在美國專門學校及大學留學的中國學生，便超過一千二百人了。[30]

日本對中國提出二十一條要求的消息激起了這些留美學生激昂的反應。他們的情緒，從他們所辦的刊物、學生聯合會的喉舌《中國留美學生月刊》（ *The Chinese Student Monthy* ）可以看到。一九一五年三月分的月刊，差不多全部篇幅都用來討論這個問題。有些學生説，中國應該鬥爭，仿效比利時的抵抗，而不應像朝鮮一樣被征服統治。有些人主張中國不應被日本化（ Japanned ）。另外一些人認為，目前國內這個危機，要求各人「放棄自己前途的原定計劃」，作「重大的犧牲」。其中一篇社論説：「我們應該做對國家最有貢獻的事，如果必要的話，甚至犧牲性命。……中國現在需要能幹的人才比需要任何其他東西更為迫切。因此，我們的責任十分

---

[29]　常道直，〈留美學生狀況與今後之留學政策〉，《中華教育界》十五卷九期。
[30]　當時美國官方公布的教育統計數字，估計在美國大學唸書的中國學生有五百九十四人。可是根據中國學生聯合更準確的調查，留美的大學生有八百人，加上專科學校的留學生，總數達一千二百人。見〈中國留美學生月刊〉十卷七期（一九一五年四月），頁四一〇一一一。

簡單──回國去！」[31] 有些中國學生甚至願意利用暑假，到美國軍部主辦的軍事營地受訓。[32]

　　當一般中國留美學生憤怒的情緒高漲的時候，卻有少數人發出警告，呼籲他們維持冷靜。胡適（當時英文署名 Shu Hu）[33]，那時是該月刊的國內通訊版編輯，寫了一封〈給全體中國同學的公開信〉，呼籲大家採取清醒的愛國主義（patriotic sanity）。他說：

　　　　就我看來，我們留學生在這個時候，在離中國這麼遠的地方，所應該做的是：讓我們冷靜下來，盡我們的責任，就是讀書，不要被報章的喧囂引導離開我們最重要的任務。讓我們嚴肅地、冷靜地、不被騷擾、不被動搖地去唸我們的書。好好準備自己。等到我們的國家克服這個危機以後，──我們深信她必能

---

[31] 〈朝鮮抑比利時？〉，同上第六期（一九一五年三月），頁三三三─三四；鄭煦堃，「China Shall not be Japanned」〈不可把中國日本化〉，同上，頁三三五─四一；「Our Duty」〈我們的責任〉（社論），同上，頁三三一。

[32] 「Military Training Camps for Chinese Students」〈為中國學生設的軍事訓練營〉（社論），同上，頁四一三。

[33] 胡適是近代中國一個最有影響力的自由主義學人，一八九一年出生於上海。他被認為是第一個大力提倡白話文的詩人。原籍安徽績溪縣，父親是一個知名的學者，曾在滿洲和台灣做過官。胡適三歲時父親便去世了，從三歲到十二歲，他的叔父和堂兄教他重要的古典著作，同時他自己也看了不少白話文的舊式小說和傳奇。一九〇四年在上海唸書，第一次接觸用白話文寫作。從一九〇六道一九〇八年，當他在中國公學讀書的時候，已有意用白話文寫作。一九一〇年，他通過政府舉辦的庚子賠款甄別考試被派到美國留學，最初是學農科，後來轉學哲學。一九一五年在康奈爾大學（Cornell University）讀完哲學學士。一九一七年在哥倫比亞大學（Columbia University）獲取哲學博士學位。從一九一七年到一九二七年，他在北京大學當哲學教授，後來擔任英文系主任。一九三〇年到一九三七年在同校擔任文學院院長。一九四五年到一九四九年擔任校長。中日戰爭期間，一九三八年到一九四二年，被任命為中國駐美大使。一九四九年以後客居紐約，一九五八年回到台灣擔任中央研究院院長。他獲得三十個以上歐美大學的名譽學位。關於胡適早年生活，見胡適二二〇，《四十自述》（一九三三年，上海；一九五四增訂本，台北），又胡適《留學日記》（一九四七年出版，一九四八年第二版，上海）。

克服這個危機——好去幫助她進步。或者，如果必要的話，去使
她從死亡裏復活過來。……

遠東問題最後解決的辦法，並不在於我們立刻和日本開戰，
或者在於其他列強的干涉。……最後真正的答案，必須向其他地
方尋求——也許比我們現在所想像的答案要深刻些。我並不知道
答案在哪裏，我只知道答案不在這裏。我們必須冷靜客觀地去把
它找出來。……[34]

這封信惹起了激烈的辯論，胡適被他的同學們罵作「賣國賊」[35]。月刊
的總編輯鄺煦堃，當時是新聞系學生（後來改行從事外交），便寫了一篇
長文回答胡適。他認為胡適的不抵抗主義根源於老子、耶穌和釋迦牟尼
的教訓。

在胡適思想某些晦暗的角落裏，他似乎同意我們，認為他自
己說的不抵抗主義在某些情形下並不適當，而必須被放棄。他
在公開信裏說：「如果有必要的話，去使她（中國）從死亡裏復活
過來。」但是用甚麼方法去使中國從死亡裏復活過來呢？難道靠
一手狹著「聖經」，另一手狹著一本同樣有用的書，像是白朗寧
（Browning）詩集（因為胡適對它比任何書本都要熟悉），便辦得
到了嗎？他必得承認，一旦日本佔據了中國，要驅除他們就必須

---

[34]　胡適六四七，」A Plea for Patriotic Sanity: An Open Letter to All Chinese Students」。〈請大
家愛國要清醒：給全體中國同學的一封公開信〉，《中國留美學生月刊》十卷六期（一九一五
年三月），頁四二五─二六。該信復見於胡適二〇五，《留學日記》卷九，頁五九一─九六。
[35]　後來胡適在他的一篇英文自傳裏，回憶這件事說：「我的和平主義和國際主義，往往給
我帶來很大的麻煩；當一九一五年日本向中國提出著名的二十一條時，在美國每一個中國
人都主張立刻向日本宣戰。我寫了一封公開信到中國留美學生月刊，呼籲他們不要急躁，要
冷靜下來好好思考。為了這封信，我受到各方面嚴厲的攻擊，而且往往被詆為『賣國賊』。」
見 Living Philosophies《活的哲學》（一九三一年，紐約），頁二五三─五四。

使用武力。把中國從死裏救活過來，比在日本侵入以前就抵抗要難多了。」[36]

這篇長文的結論認為胡適所提出的並非「清醒的愛國主義」，而是不愛國的胡說八道（unpatriotic insanity）。另一個留學生在一封給編輯的信裏說，雖然他同意學生的責任是讀書，可是卻不同意把一個學生非常留心當前國內的危機當作是疏忽了做學生的責任。只有認真研究國家危機的學生，才能真正盡他的責任──就是解決亟待解決的問題的責任。[37]

從長遠的歷史方面看來，對中國學生在國難時期應有的態度這一問題辯論，可能被認為是無足重視的事件。但是事實上，這個辯論卻接觸到一個極重要的爭論問題。它牽涉到新知識分子在「五四運動」中很多活動的方式，和在某種程度上日後中國教育、政治、社會的發展方向。

值得關注的是，那時辯論雙方所持的原則都本著冷靜思考和嚴肅考慮，而辯論最後，雙方還是以理智為主。

胡適認為中國的解決辦法應該是比建軍更要根本深刻的措施。正如他在一九一五年二月廿一日的日記裏所說：「國無海軍，不足恥也。國無陸軍，不足恥也。國無大學、無公共藏書樓、無博物院、無美術館，乃可恥耳。我國人其洗此恥哉！」[38] 他在寫給一位美國教授的信裏解釋他為甚麼不大願意支持革命，他認為教育才是建立新中國的基礎。正如他所說：「這是由底層做起。」[39] 教育救國這個意見，以前自然有人說過，後來胡適和其他

---

[36]　鄺煦堃六七二，」What Is Patriotic Sanity? A Reply to Suh Hai（甚麼是清醒的愛國主義？答胡適），《中國留美學生月刊》十卷七期（一九一五年四月），頁四二九。

[37]　T. S. Yeh，『Is Our Duty to Study Only?』（我們的責任只是讀書嗎？）（給編者的信），同上，八期（一九一五年五月），頁五一五──一六。

[38]　胡適二〇五，《留學日記》卷九，頁五六六；又卷十一，頁七八四。

[39]　「Letter to Professor H. S. Williams.」（給 H. S. 韋廉士數授的信），一九一六年一月三十一日，同上，卷十二，頁八四三。

受美國影響的新知識分子的領袖們在「五四運動」中曾大力提倡和推行。

在同一時期，另一個有長遠影響的運動也開始成形了。自從上世紀末年，中國文學界人士已經討論到「詩界革命」和「文學革命」這種意見，可是並沒有具體計劃。至於白話文學，也早在二十世紀初年就有人提倡了。遲至一九一五年九月十七日，胡適提到「文學革命」時曾說：「新潮之來不可止，文學革命其時矣。」[40] 但他所謂「文學革命」也不過仍是「詩國（亦作界）革命」，它的第一步就是用散文詞彙去寫詩，「要須作詩如作文」而已。[41] 根據胡適的說法，「文學革命」廣泛的意義，就是所有文學作品都以白話取代文言，還是較後的事——這是他於一九一六年夏季，在康奈爾和哥倫比亞大學的宿舍和同學們討論這個問題時才形成的。[42] 他們討論的結果，使他對用白話作詩文的信仰更為堅定。因此在十月裏寫信回國給陳獨秀，在《新青年》上發表他的所謂「八不主義」。[43] 可是這些主張並沒有引起讀者任何特殊的反應。一直要到一九一七年一月《新青年》發表他的〈文學改良芻議〉，並且由陳獨秀在二月號裏發表他自己的激烈主張〈文學革命論〉一文，這個意見才被人熱烈討論。（關於這些詳細經過，參看本書下文第三章及第十一章文學革命。）

中國的文學革命是以詩的革命為開端。「詩界革命」在中國已經被提倡了好些年。差不多所有參與一八九八年（戊戌）百日維新的政治改革者，[44] 都是年輕的詩人。他們當中有些同時也是「詩界革命」的倡導人。胡適的改革計劃，只是把這個運動推廣到一個新階段。正如他在

---

[40]　同上，卷十一，頁七八四。

[41]　同上，頁七九〇。

[42]　同上，卷十三，一九一六年七月五日條，頁九三八；一九一六年九月六日條，頁九三九—四五。又胡適六五二，*The Chinese Renaissance*《中國的文藝復興》第三章，頁五〇。又見《中國留美學生月刊》，一九一六年四、五、六月胡與趙元任諸文。

[43]　胡適二三三，《新青年》二卷二號（一九一六年十月一日），〈通訊〉，頁一一三。

[44]　陳子展七六，《中國近代文學之變遷》（一九二九年，上海）第二章，頁六—二九。

一九一九年的回憶，他對「詩界革命」的意見主要是基於他自己的實驗主義和文學進化的理論。這些理論是從中國文學史和歐洲文藝復興所得來的教訓。[45] 我們應該留意胡適可能也受了本世紀十年代美國文學運動的影響。自從哈麗葉‧孟羅（Harriet Monroe，一八六〇──一九三六）的《詩雜誌》（*Poetry: A Magazine of Verse*）在一九一二年開始刊行以後，新詩運動震撼整個美國文學界。到了一九一七年，有些人甚至認為新詩是「美國的第一國家藝術」。[46] 在這些年間，草原詩人（Prairie poets）、意象派詩人（the imagists）、新抒情詩人（the new lyricists）和實驗主義者（experimentalists）開始紛紛出版他們的重要作品。[47] 這期間出現的美國新詩，最獨特的風格便是擺脫了傳統詩中矯揉造作的浮誇詞藻，而用自然口語寫詩。一九一二年到一九一八年這段時間，被稱為美國「詩歌的文藝復興」（poetic renaissance）。[48] 二十一世紀的第二個十年代確乎不止是美國詩的新紀元，也是美國文學和思想上的新紀元。正如一個美國歷史學家所說：「這是美國文藝復興時代，正像龐德（Ezra Pound）說的：『相形之下，意大利的文藝復興不過是茶杯裏的風波而已。』這是一個甚麼都是新的時代，新女性、新人文主義、新藝術、新民主主義、新自由，甚至如羅賓遜（Robinson）和比爾德（Beard）所說的新歷史。」[49] 胡適和其他「五四

---

[45]　胡適一九六，《嘗試集》〈自序〉，寫於一九一九年八月一日，重印於胡適二〇七，《胡適文選》（一九三〇，上海），頁二一七─一四一；又胡適二一六，〈逼上梁山──文學革命的開始〉，見趙家璧編三三，《中國新文學大系》（一九三五，上海）第一集，頁三一七。

[46]　Louis Untermeyer 安特邁歐編 *Modern American Poetry*《美國現代詩選》〈編者自序〉（一九五〇年，紐約），頁一二一一三。

[47]　Henry Steele Comsmager 康馬覺，」He Sings of America's Plain People」〈他歌唱美國平民〉，見 Francia Brown 布朗編 *High-lights of Modern Literature*《現代文學的光華》（一九四九年，紐約），頁一七六一七七。

[48]　Horace Gregory and Marya Zatuarenska 谷雷哥利和查特仁思卡，*A History of American Poetry, 1910 - 1940*《美國詩史，一九一〇──一九四〇》（一九四六年，紐約），頁一四一。

[49]　康馬覺，〈他歌唱姜國平民〉，頁一七六。

運動」時文學教育改革的倡導者們，便是在這個充滿創造性和啟發性的時代留學美國。[50] 這種革命的精神，在「五四運動」期間也在中國融匯成了一個新紀元。

當然，我們無從判斷美國這個運動對胡適的新詩和新文學理論的形成，到底有多大影響。胡適固然對華茲華斯（Wordsworth）和白朗寧的詩更有興趣，可是在留美最後三年，大抵沒有問題，他曾留意到那些文學上的新發展。他和那些在文學見解上反對他的人所爭論的問題，其中之一是俗語應否入詩和用在文學作品之內。[51] 一九一六年七月二十二日，他發表第一首嘗試創作的新體詩。他的一個反對者梅光迪便攻擊他的作品是「剽竊」歐美毫無意義的「新潮」作品。在寫給胡適的信裏，梅光迪說：「新潮流者，乃人間之最不祥物耳。有何革新而言。」寫信的人解釋他所説的新潮主義包括文學上的未來主義（Futurism）、意象派（Imagism）、自由詩體（Free Verse）；藝術上的象徵主義（Symbolism）、立體主義（Cubism）、印象派（Impressionism）；宗教上的巴哈主義（Bahaism）、基督教科學派（Christian Sciense）、震教派（Sharkerism，作震動舞，主張不婚）、自由思想（Free thought）、社會革命教會（Church of Social Revolution）和比利・孫德（Billy Sunday，一八六二——九五三，美國的福音主義傳道者）。[52] 胡適對這一攻擊只有簡潔了當的答覆説：「老夫不怕不祥，只怕一種大不祥。大不祥者何？以新潮為人間最不祥之物，乃真人間之大不祥已。」[53]

---

[50]　胡適從一九一〇年八月到一九一七年六月留學美國。蔣夢麟留美是從一九〇八年九月到一九一七年六月，他的博士論文也是杜威（John Dewey）指導下於一九一七年在哥大寫成的。後來在中國發展，題為〈中國教育原理之研究〉（一九二四年上海商務）。關於蔣夢麟在「五四時期」的思想，可參看 Albert Borowitz 鮑羅維茲五七三，」Chiang Malin: Theory and Practice of Chinese Education, 1917 - 1930〈蔣夢麟：中國教育的理論與實踐，一九一七——九三〇〉，《哈佛有關中國論文》（一九五四年，麻省，劍橋），第八冊，頁一〇七——三五。

[51]　胡適二〇五，《留學日記》卷十四，頁九七九。

[52]　見〈梅覲莊致胡適信〉，一九一六年七月廿四日，同上，頁九八一。

[53]　〈胡適的答書〉，一九一六年七月三十日，同上，頁九八二——八三。

　　攻擊胡適採用西方的新潮思想也許有部份真實性。他最出名的為
中國新文學而提出的「八不主義」，大概是受龐德在三年前發表在《詩雜
誌》上那篇〈幾個不〉一文的影響，[54] 二十年後胡適出版他的日記，其中在
一九一六年他寫了幾句話，提及他對意象派的認識，說意象派詩人的原則，
很多和他自己對詩和文學的意見很接近，這從他的〈文學改良芻議〉一文也
可以看得出來。[55] 再方面，他的新詩是本於他的實驗主義，而這種實驗主
義便是受當時西方文學潮流啟發而來的。誠然，他的《嘗試集》（一九二〇
年）作為第一本用白話文寫成的新詩集，書名便是受了這種影響。

　　同樣地，在哲學、教育理論、科學方法這幾方面，中國的新知識分
子主要也受了留美回國學生的導引。胡適的《中國哲學大綱》第一冊，
也是唯一寫完的一冊（一九一九年二月上海商務印書館出版），便是在
章炳麟以後對中國哲學和邏輯重新評價的先驅作品。這本書是根據他在
哥倫比亞大學由杜威指導，從一九一五年九月到一九一七年四月間寫成
的博士論文《古代中國邏輯方法發展研究》（*A Study of the Development of
Logical in Ancient China*）改寫的。這篇英文論文後來在一九二二年經上
海亞東圖書館（Oriental Book Company）印行，題做《先秦名學史》（*The
Development of the logical Method in Ancient China*）。杜威的實驗主義和他
的教育哲學在中國新文化運動中有突出的影響，那是因為他的學生胡適、
陶知行、蔣夢麟、鄭曉滄等的努力和他親自來華講學的結果。杜威和他
的太太一九一九年五月一日——「五四事件」爆發前三天——抵達上海，
一九二一年七月十一日離開中國。他的文章和講稿在中國新知識分子圈

[54]　龐德，」A Few Don'ts〈幾個不〉，《詩雜誌》一卷六期（一九一三年三月，芝加哥）；又
見 Henri Van Boren 范博文七六六，*Historie de la Litterature Chinoise Moderne*《中國近代文學
史》（一九四六年，北平），頁二一及以下。

[55]　胡適二〇五，《留學日記》卷十五，頁一〇七〇一七三。

裏流傳很廣。[56]

四、日本對軍事、文學和革命的影響

　　中國留美學生比較注重文化和教育方面的問題。留日學生卻有不同的傾向。這些不同的活動，對中國也產生了不同的效果。近代中國第一次派遣學生到日本留學，是一八九六年第一次中日戰爭（一八九四至九五年）以後的事。直到義和拳事件的時候，留日學生的數目還是很多。可是在一九〇一年到一九〇六年之間，卻有急劇的增加。一九〇六年留日的中國學生已經有一萬三千人。[57] 事實上從一九〇三年開始包括「五四運動」那一段時期在內，中國留學生中留日的佔最多數[58]。這些留學生不少成為了「五四運動」的領袖人物。他們包括運動中的激烈分子、新文學作家的多數領袖人物以及許多革命極端分子如民族主義者（Nationalists）、社會主義者（Socialists）、無政府主義者（Anarachists）等；同時也包括反對「五四運動」的軍事方面和民政方面的官吏。

　　自從一九〇四年以後，中國每年都派遣相當多的學生到日本學習軍

---

[56]　參看本書第七章第六節「大眾教育」項下；又見杜威致胡適的信和蔡元培有關杜威訪華的信，刊於《北京大學日刊》，一九一九年三月廿八日和一九一九年五月十八日。

[57]　舒新城四一二，《近代中國留學史》（一九二七年出版，一九三三年第三版，上海）第四章，頁二一一二七；第六章，頁四六一七一。實藤惠秀（Saneto Keishu）三九七，《中國人日本留學史稿》（一九三九年，東京），該書第一、二章由張銘三譯成中文刊於《中國留日同學會季刊》（一九四二年九月、一九四三年一月，北平）。

[58]　根據這段時間的統計數字，百分之四一·五一的留學生留學日本。百分之三三·八五留學美國。百分之二四·六四留學歐洲各國，其中以德國、法國、和英國占多數。參舒新城四一二，《近代中國留學史》第十五章，頁二二四一三一，特別留意頁二三〇一三一；又第九章，頁一四七一一四八。

事技術。[59] 在二十年代有一個中國作家曾經誇張地説：中國「現在執軍權之軍人，十之八九可從日本士官學校丙午（一九〇六年）同學錄，與『振武學校一覽』（光緒三十三年，一九〇七年）中求得其姓名。軍閥如此橫行，留日陸軍學生自應負重大責任。」[60] 事實上，某些留日回國的學生和軍閥與舊官紳是反對「五四運動」的中堅分子。日本軍事訓練導致這個結果，是十分自然而不難理解的事。日本的軍校紀律森嚴，軍校學生對他們的長官奉如神明。他們不能批評校方行政執行人員，也不能干預政府的策略。[61] 這和「五四運動」的新知識分子把這種批評和干預看成學生和一般青年的道德責任，是截然相反的。

　　同時，「五四」期間中國新文學的創作，也得歸功於回國的留日學生。固然，現代中國文學在技巧和主題方面，都曾大量地模仿俄國和西方作品。可是「五四」時期，中國讀者能夠看到這些作品，卻多半是從日文轉譯過來的。[62] 其次，日本對當時中國新文學的風格發生過影響，也很明顯。譬如在「五四」初期作家中仍然相當流行梁啟超的《新民報》體，就有受日本影響的痕跡。很多在建設中國新文學領導地位的文學家，如魯迅（周樹人的筆名）和他的弟弟周作人，都是留學日本的。郭沫若曾説：「中國文壇大半是日本留學生建築成的。」[63] 事實上日本只早中國沒幾年，開始經歷她本身的文學改革，特別是新詩和新思潮的改革。[64]

---

[59]　同上，第六章，頁五六—六四。

[60]　同上，第十五章，頁二一二。

[61]　看振武學校 —— 東京士官學校的預備學校 —— 入學學生誓詞，刊於《掘武學校一覽》（一九〇八年四月）；又舒新城四一二，《近代中國留學史》，第六章，頁六三—六四。

[62]　實藤惠秀，《日本文化之中國的影響》，張銘三中譯（一九四四年，上海），頁四一三七。

[63]　郭沫若，〈桌子的跳舞〉，《創造月刊》（一九二八年一月）。

[64]　見中村忠行（Nakamura Talayuki），〈日本文藝對中國文藝的影響〉，《台大文學》七卷四期（一九四二年十二月），頁二一四—一四三；七卷六期（一九四三年四月），頁三六二—八四；八卷二期（一九四三年八月），頁八六一——一五二；八卷四期（一九四四年六月），頁二七一—八五；八卷五期（一九四四年二月），頁四二一——一一；同一作者的其他著作列

　　留學生從日本帶來的第三個主要影響，是無政府主義和社會主義的輸入。在一九一九年，這兩種思想都在中國青年中十分流行。[65] 從一九〇二年到一九一一年，中國保皇黨（君主立憲黨）和國民黨的前身同盟會，都曾在某種程度上宣傳社會主義。關於這方面的討論，可見於他們雙方在日本印行的文字宣傳工具。[66] 一九〇二年，梁啟超在他辦的《新民叢報》裏首次提到麥喀士（Karl Marx，馬克思）的名字。在最早把社會主義傳入中國的一些書籍之中，有一種是一九〇三年趙必振翻譯的日人福井準造（Fukui Junzo）所著的《近世社會主義》。同年在上海出版了幾本其他從日文譯過來的有關社會主義和無政府主義的書。一九〇六年「同盟會」的朱執信（一八八五──一九二〇），在它的機關報《民報》上首次發表〈共產主義宣言〉裏十項建議的譯文。[67] 一九〇六年二月組成的日本社會黨，對中國留日學生發生過很大的影響。這些學生經常參加日本社會

於 John K. Fairbank and Masataka Banno 費正清與板野正高合編，*Japanese Studies of Modern China*《日本近代中國研究書目》（一九五五年，東京），頁一六一──一六二。

[65]　蔡元培，〈社會主義史序〉，《新青年》八卷一號（一九二〇年六月一日，上海），這書是李懋猷譯自 Thomas Kirkup 寇卡勃，*A History of Socialism*《社會主義史》（一八九二年出版，一九一三年第五版，倫敦）。

[66]　看《新民叢報》第十八號（一九〇二年，橫濱），頁二二；又看四二與四三號合訂本（一九〇三年）所載梁啟超的文章：《民報》二號（一九〇六年一月廿二日，東京；一九〇六年四月十日第二版），又四號（一九〇六年四月廿八日）朱執信（筆名：蟄伸、縣解）的文章；又孫文在十號（一九〇六年十二月二十日）的講詞。又看 Robert A. Sealapino and Harold Schiffrin 司卡拉賓諾與施復人，「Early Socialist Currents in the Chinese Revolutionary Movement」〈中國革命運動中的早期社會主義潮流〉，*The Journal of Asian Studies*《亞洲研究季刊》十八卷三期（一九五九五月，密芝根，安娜堡），頁三二一──四二。

[67]　福井準造，《近世社會主義》（一九〇三年，上海）。「共產主義宣言」摘譯見朱執信，〈德意志社會革命家小傳〉，《民報》二期（一九〇六年二月，東京）。有關清末國家主義、社會主義、無政府主義其他革命思想的中文刊物見張於英，〈辛亥革命書徵〉，《學林》第六號（一九四一年四月，上海），重刊於張靜廬編九，《中國近代出版史料》初編（一九五三年，上海），頁一四〇一──八三；又張於英，〈辛亥革命雜誌錄〉，《學林》第六號，重刊於張靜廬編九，《中國近代出版史料》初編（一九五三年，上海），頁九七一──一〇三；關於一九一一年前國內外出版的中文刊物見馮自由，《革命逸史》第三章，重刊於張靜廬一〇，《中國近代出版史料》二編（一九五四年，上海），頁二七六──一九六。

黨主辦的公眾集會，大約在一九〇七年間，他們當中甚至自己組織了社會主義討論小組。[68]一般相信，當時很在日本的中國留學生都和日本社會主義領袖們如安部磯雄（Abe Isoo）、片山潛（Katayama Sen）、大杉榮（Osugi Sakae）、幸德傳次郎（Kotoku Denjiro，即幸德秋水 Shushi）及堺利彥（Sakai Toshihiko）等發生過接觸，並且從他們那裏吸收到社會主義思想。一九〇〇年，一個留日的十七歲青年江亢虎，因為他們的影響而接受了社會主義。他受了日本和西方的社會注意，以及中國在日本的無政府主義者如張繼（溥泉）、吳稚暉、李石曾、褚民誼等和古代中國理想主義的啟發，於一九一一年七月十日在上海張園召開了一個社會主義同志會。同年九月二日在上海創立社會主義宣傳協會，印行《社會主義明星報》。辛亥革命後一個多月，就是十一月十五日，江亢虎把協會改組成中國社會黨，在上海舉行第一次全國代表大會。[69]據江氏自己說：「先後二十個月內，支部成立四百餘處，黨員加入，都五十餘萬人。」這自然過於誇張，但這確是中國有社會主義黨出現的第一次。無政府主義在一八九九年至一九二三年間本是日本社會主義的主力，在「五四」初期也同樣流行於中國。

由於上述種種影響，中國留日學生對二十一條的反應和留美學生迥然不同。大約為數四千或以上的中國青年，在聽到日本要求這個消息以後，竟然能夠立刻集體離開日本回國，以表示最強烈的抗議。[70]留日的中國學生通常對中日關係特別敏感，也特別感情衝動。一來因為在地裏上他們離開祖國不遠。二來因為在客居日本的環境下，個人不愉快的感受很容易對國仇家恨火上加油。集體回國的事情前後發生了好幾次：[71]

---

[68] 景梅九，《罪案》，頁七二──七六。

[69] 江亢虎，《近世三大主義與中國》（一九二四年，北京），頁三七──三八；又《鳴鶴記》（一九二七年，北京），頁二一。

[70] 實藤惠秀，《日本文化之中國的影響》，頁一〇五──一〇六。

[71] 舒新城四一二，《近代中國留學史》，頁二七八──七九，實藤惠秀，《日本文化之中

（一）一九〇五年為了抗議日本文部省（相當於教育部）宣布的「清韓留學生取締規則」，全體留日學生罷課。一個傑出的中國學生、同盟會的重要會員陳天華（生於一八七五年），為了這事投海自殺。

（二）一九一一年為了參加辛亥革命。

（三）一九一五年抗議二十一條。

（四）一九一八年抗議中日軍事互相協定。

一九〇五年的事件，有幾個當時不能預見得後果值得我們留意，因為對於「五四運動」有間接的影響。當時回國的學生約有一千人。他們在憤慨的怒潮下，於次年在上海成立了一個中國公學。公學有幾個學生（如胡適、朱經農、任鴻雋）後來成為新文化運動中重要角色。[72] 這個學校是當時談新學最先進的幾個中心之一。

除了中國公學以外，從日本回國的學生在一九〇六年還聯合所有在上海讀書的學生，組織了一個「各省旅滬學生總會」。總會的目的，根據所定的簡章是要聯合所有學生團體以求達到將來建立「國會」的準備。[73] 這個總會雄心勃勃的工作計劃是前所未見的。就某方面而言雖然迹近夢想，然而可以反映出當時愛國學生對國家的抱負，很值得我們仔細研究。由於這個總會可說是現代中國學生大聯合的創始，我們不妨把它的「第一次簡章」全部抄錄在下面：

一、定名：本會為中國二十二行省留學生滬上之學生，組一機關部，固定名曰「各省旅滬學生總會」。

國的影響》，頁六五—八四、一〇六—一六一；半粟，《中山出世後中國六十年大事記》，頁一八八；《教育雜誌》十卷六期（一九一八年五月），頁四五；李劍農二八九，《中國近百年政治史》第二冊，十二章，頁五一七。

[72]　余家菊等合編，《中國教育辭典》（一九二八年出版，一九三〇第三版，上海），頁四六；舒新城四一二，《近代中國留學史》，頁二七九；又《教育雜誌》十卷六期，頁四五。

[73]　〈各省留滬學生總會第一次簡章〉刊於《江寧學務》（一九〇六年，南京），轉載於舒新城四一〇，《近代中國教育史料》第四冊，頁一六九。

二、宗旨：以破除省界，融結各校園團體，以為他日敷設國會之權輿。

三、職員：正副會長各一員，書記、會計、幹事各一員，代表每省一員，評議每省二員，調查每省四員，均就各省學界中公推。

四、經費：（甲）開辦費（如登告白、刊會員錄、章程、郵費等，及開會一切布置），應由發起贊成諸人暨會員酌量捐助。（乙）入會後每期納義務捐一元，以備會中度支。（丙）如有會員及非會員擔任特別捐補助本會者，除登報表彰外，本會應予以相當之名譽。

五、應辦條件：（一）組織各省雜誌及白話報。（二）設國語練習，以齊一各省之方言，交換會員之知識。（三）調查各省內地社會之情形。（四）贊助各省速辦地方自治。（五）研究法政，以備各省議紳之顧問。（六）興辦迻譯事業，以輸進外界之文化。（七）調查印刷、工藝、繅絲、紡織、機器舂米、製藥水、造冰、造紙、造肥皂、玻璃、乾麵、磷寸（編者按：日本人稱火柴為燐寸）等新法，以為內地振興實業之預備。（八）設青年介紹所，以期遊學之人日多。（九）設學界通信部，以為東西洋留學生及各省學界通信之樞紐。（十）集古今圖書，藏庋總會，以供會員之展覽。（十一）組織美術俱樂部，以發揚國粹。（十二）設置大女學校，期為各省造就多數女學堂，及幼稚園教師。（十三）普勸各州縣多設小學，並監督其辦法。（十四）為內地各學堂介紹教員。（十五）研究學務上各種問題，以為各省教育會之助力。（十六）保持各省路礦權，勸鄉人亟起自辦，以救瀕國之禍。

六、會期：（甲）本會成立後，須假本埠最適中處，訂期開一特別大會，以後即永為本會紀念日。（乙）每月開會一次，分提議通函二項，以期會務之進步。（丙）每歲春秋佳日，開懇親會一次，以聯同會之情誼，而資外界之觀感。（丁）遇有特別事件，可開臨時會議。

七、會所：俟會員眾多，經費集足，再賃房屋，以為本會辦事處。現

暫時通信可寄靶子路同昌里安徽雜誌社。

　　八、公約：（一）尚公德。（二）惜名譽。（三）重實踐。

　　附則：草創之初，章程姑從簡易，成立後共同研究，隨時修改。[74]
這個會的組織並不健全，不久便銷聲匿跡了，計劃中沒有幾項真個被實
踐的。可是這是近代中國學生第一次努力嘗試成立一個全國性的組織，
也是他們第一次留心中國的社會、文化、政治問題。[75] 同時這可算是
一九一九年「五四事件」以後各種熱心而活躍的學生團體的序曲。而且在
這樣早期已經知道提倡「白話」和「國語」，實在是一件了不起的事。

　　一九一五年中國留日學生集體回國，從某方面看來不外是一九〇五
年學生對日政策反應的重演。只是構成這次事件的原因比前次的政治性
和外交性都要濃厚些。而且在留日學生中，激起了強烈的民族主義和反
日情緒。有些學生甚至因此對比整個日本文化形成了不合理的偏見和歧
視。[76] 至於一九一八年五月十二日集體回國的事件，對九天後在北京發
生的學生遊行和請願產生了相當的影響，同時也幫助了日後幾個政治團
體和政黨的組成。

---

[74]　原件末載：「（發起人）胡耀華，（贊成人）王搏沙、陳佩忍、于右 、何寓塵。」同上，
頁一六八―一七〇。

[75]　另一個學生組織，是一九〇五年在上海成立的「環球中國學生會」，是個留學生的組
織。直到一九一一年，這個組織還沒有這樣擴展他們的計劃，也沒有像學生總會那麼雄心
勃勃，但卻較切實際。可是這個組織，事實上往往由職業教育家領導。參看朱經農等合編
《教育大辭書》（一九三〇年，上海）頁一五四九―一五〇。「五四」期間，它設有自己的日夜
校。作為「上海學生聯合會」和「全國學生聯合會」的一個成員，它直到一九一九年六月九
日為止，把它在上海公共租界內的辦事處供作上述兩個學生聯會的辦事處。曹汝霖本來是
這會的永久成員，但「五四事件」發生後一個星期被革了會籍。

[76]　胡適二〇五，《留學日記》，卷四，第四十二條，〈一個留日中國學生對日本文化的看
法〉，一九一五年五月二日，頁六二一―一二二；實藤惠秀，《日本文化之中國的影響》，頁
八五―一〇五。平江不肖生（向愷然筆名）著的小說《留東外史》，雖然不算是好小說，卻
也描述了留學生的實際情況。陳獨秀認為一班留日學生「別的學問絲毫沒有學得，只學
得賣國和愛國兩種主義」。見〈隨感錄〉，《新青年》七卷二號（一九二〇年一月一日），頁
一五五―一五六。這個看法無疑是把事實太簡單化了。

　　第一次世界大戰後期，國民黨的領導分子把民族主義的熱情在留日的中國學生和知識分子當中重新激勵起來。從一九一三年秋季到一九一六年秋季，很多國民黨的領導，因為「二次革命」反對袁世凱的緣故流亡日本。一九一四年六月，孫文在東京把國民黨改組成革命政黨中華革命黨，並在世界大戰期間鼓吹反對北京的軍閥政府。在大戰末期，國民黨再一次倡議自從一九一二年以來差不多已經被放棄了的民族主義。

　　總的來說，留日的中國知識分子受軍事主義、民族主義的影響，較其他地方的學生所受的影響為多。

五、在法國成長的革命政治意識和活動

　　這時期內，法國對中國影響之大實在是無法形容。[77] 自跨入二十世紀以來，法國大革命的政治思想在中國青年革命者和維新者中間的風行可說一時無兩。在二十世紀開始的二十年間，它影響了許多中國知識分子和政治領袖，如梁啟超、陳獨秀和不少國民黨的領導人物。陳獨秀二十多歲時就攻讀法文，後來十分羨慕和讚揚法國文明。[78] 在《新青年》（《青年雜誌》）的創刊號裏，他發表了一篇文章〈法蘭西人與近世文明〉，宣稱法國是近代西方文明的創始者。他沒有引據充分確切的史實，就認為法國人「創造」了近世三個最重要的學說。他説：拉飛耶特（Lafayette）在他的〈人權宣言〉（La declaration desdroits de I' hommie）一文裏提出了人權學説（陳更認為美國的獨立宣言是拉飛耶特起章的）。拉馬爾克（Jean

---

[77]　見杜威六二〇，「New Culture in China」〈中國新文化〉，*Asia*《亞洲》廿一卷七期（一九二一年七月，紐約），頁五八三。

[78]　胡適一九八，〈陳獨秀與文學革命〉，載於陳東曉編七四，《陳獨秀評論》（一九三三年，北平），頁五三─五四。胡適説：「他（陳獨秀）深受法國文化影響，又看得懂英文和法文。」

Baptist de Monet de Lamarck）在一八〇九年，比達爾文（Darwin）早了五十年，在他的《動物哲學》（*Philosophie Zoologique*）中已發表了進化論。而近代的社會主義則是源出於法國作家巴布夫（Babeuf）、聖西孟（Satni-Simon）和傅里耶（Fourier），至於德國的拉薩爾（Lassalle）和馬克思，只不過把它發揚光大罷了。[79] 更值得注意的是陳獨秀的中國文學革命理論，實是他研究法國文學史的結果。後來有些人還把「五四運動」看作中國的法國啟蒙運動（Chinese French Enlightenment）。

在很多情況下，「五四運動」中的中國知識分子受十八、十九世紀法國民主思想和自由主義的影響，遠超過於受其他西方國家思想的影響。「五四」中國知識分子的氣質，往往流露出法國浪漫主義（Romanticism）的痕跡。法國的烏托邦社會主義（Utopian Socialism）和無政府主義，尤其是它們純理論的方面，也傳入了中國。遠在一九〇七年，在巴黎的中國留學生創辦了《新世紀》周刊，宣傳社會主義和在法國流行的俄國人巴枯寧（Michael Bakunim，一八一四——一八七六）與克魯泡特金（Peter Kropotkin，一八四二——一九二一）的理論。[80] 以後十五年間由中國知名的無政府主義者領導的留法運動，吸引了很多有大志向而十分能幹的青年學生的注意。一九一二年，李石曾、吳稚暉、蔡元培（當時任教育總長）這些無政府主義者和汪精衛共同在北京組織了留法儉學會，鼓勵和幫助學生留法。他們招集了約莫一百二十個學生到法國去。[81] 不久以後，在總統袁世凱壓迫之下，這個儉學會才解散了。

---

[79] 《新青年》一卷一號（一九一五年九月十五日，上海），頁七一一〇。

[80] 《新世紀》週刊在一九一〇年夏天停刊。週刊上的文章後來收集重印為《新世紀叢書》和《無政府主義粹言》。見文定，〈劉師復傳〉，刊於鐵心編《師復文存》（一九二七一二八年，第二版，廣州）頁三一四；綦孟源，〈辛亥革命前中國書刊上對馬克思主義的介紹〉，《新建設》五四號（一九五三年三月，北京），頁七；又見杜威，〈中國新文化〉，頁五八五。

[81] 留法儉學會八七，〈北京留法儉學會簡章〉，《新青年》三卷二號（一九一七年四月一日）；又見舒新城四一二，《近代中國留學史》第八章，頁八六一八八。

可是一九一四年，李、蔡、汪和其他儉學會的領導人物如吳玉章等，鑒於留學生中有些是工人出身，就把他們的計劃擴展成「工讀」運動。一九一五年六月，他們在巴黎組織了一個勤工儉學會，目的是要鼓勵和幫助窮苦學生工作來維持他們自己在法國留學。大戰期間，勤工儉學學生的數目開始增加，為了照顧他們，蔡元培和他的一些中、法朋友於一九一六年三月在法國成立華法教育會（Societe Franco - Chinoise d'Education），蔡元培被選做會長，一九一九年底，在法勤工儉學的學生已達四百人。第二年增加了一千二百人。這些學生大部份在離開中國以前便已經受過大學或中學教育。有些則是教師、商店店員、技術人員或者新聞從業員。事實上，這些學生到了法國以後，只有小半進了學校，大半是受雇於工廠或其他地方。[82]

除了這勤工儉學運動之外，大戰期間中法之間還發展了一個史無前例的移民協定。一九一六年初，英法政府因為欠缺勞工，也許看見了華工在俄國的成績，就和中國政府達成協議，招募中國工人到法國和其他地方工作。根據這個為期五年的合約，普通一個華工每天工作最多十小時，可以獲得五法郎（約合中國銀圓零點九六五元）的日工資。除半數被扣除支付食宿、醫療外，工人每天實得二 · 五法郎（零點四八三元）。依照這個協定，第一批為數約八千的苦力，在一九一六年冬季抵達法國。[83] 到一九一七年時，法國政府雇用了四萬中國工人，英國十萬，美國的援外軍團向法國借用了一萬。一九一八年底，法國、英國、美國政府雇用了共十四萬中國工人，分散在一百多個營地工作。[84] 根據一九一八年中國駐

---

[82] 同上，頁八六—九一；〈留法勤工儉學的歷史〉，《工學》第二號（一九二一年，北京），油印本。

[83] 佚名一四八，〈法國招致輩工〉，《東方雜誌》十四卷二期（一九一七年二月十五日）；陳達五九〇，Chinese Migration with Special Reference to Labour Condition〈中國移民—特別關於勞工情況的研究〉，《美國勞工統計局公報》，三四〇號（一九二三年，華盛頓）第九章，頁一四三。

[84] 同上，頁一四三—四六。

華盛頓公使館所得的報告，替協約國軍隊在法國、埃及、法屬殖民地、美素不達米亞、巴勒斯坦工作的華工總數達十七萬五千人。這些人數分布如下：替英軍工作的有十二萬五千，替法軍工作的四萬，替美軍工作的六千，在美索不達米亞和非洲工作的四千。[85] 到了一九一九年初公布的數目已經達到二十萬人[86]。這樣多的工人被派到西方國家工作，在中國歷史上這是破天荒第一次。

我們必須注意，招募華工這個協定，是靠留法儉學會的幫助才達成的。招募的工作在政府指導下，大部份由中國各地方的教育行政人員和村鎮的小學教員負責。[87] 起初招募所得的都是目不識丁的勞工，後來卻包括了很多學生和教師。[88] 再加上四百名學生參加作通譯員。因此，一九一八年，在法國的華工中，約有二萬八千人已有機會受到教育而能識字，他們應該被同時列入知識分子範圍之內。

這些中國工人被派到公路、鐵路、礦場、工廠、農田、森林、製造大炮坦克的軍火工廠、廢彈場、鑄鐵廠、船塢或築兵營的地盤去工作，

---

[85]　W. Reginald Wheeler 韋勒，*China and the World War*《中國與世界大戰》（一九一九年，紐約）第八章，頁一五〇―五一。蔡元培四五六，在〈勞工神聖〉，《新青年》五卷五號（一九一八年十一月十五日），頁四三八，說大戰結束時在法國替盟軍工作的華工約有十五萬人。

[86]　美國國務卿藍辛（Robert Lansing，一八六四―一九二八）在「十國委員會」（Council of Ten）中報告說：「中國供應了二十萬人」。見美國國務院，《巴黎和會》（一九一九年，華盛頓）第三章，頁五六，〈十國會議，一九一九年一月十五日上午十時半〉；崔書琴在「The Influence of the Canton - Moscow Entente upon Sun Ya -Sen's Political Philosophy」〈廣州與莫斯科友好協定對孫中山政治哲學的影響〉，*Chinese Social and Political Science Renew*《中國社會政治科學評論》（一九三四年，北平）一文中，也提出同樣的數目。H. F. MacNair 麥奈爾在 *Chinese Abroad*《海外華人》（一九二四年，上海），頁二三五，則認為替法國工作的華人有五萬，替英國工作的有十五萬。有關其他估計數字參看刁鳴謙七六二，《覺醒了的中國》，第十三章，頁二三九；又見「China at the Peace Conference」〈中國在和會〉，見 The Diplomatic Association 外交協會，*Far Eastern Political Science Review*《遠東政治評論》，特刊（一九一九年八月，廣州），頁一一三；Judith Blick 卜麗克五七二，「」The Chinese labour Corps in World War l」〈第一次世界大戰中的華工團〉，《哈佛有關國論文》（一九五五年，麻省，劍橋）第九冊，頁一一一―一四五。

[87]　佚名一四八，〈法國招致華工〉，《東方雜誌》十四卷二期；陳達五九〇，〈中國移民―特別關於勞工情況的研究〉，頁一四二一―一四三。

[88]　余家菊等合編，《中國教育辭典》，頁三五三―五四。

還有不少甚至被派去當仵工——發掘並埋葬因戰事而死亡的屍體。[89]

這些中國工人，很明顯地和海外華僑的性質不大相同。他們當中包括知識分子，可是差不多每一個都要幹粗重的工作，而且他們在外國只是暫時性質，預定只要戰爭一結束就都得回中國去。同時他們組織得很好，每一個工作營約有二千五到三千名中國工人。根據合約，他們有權組織工會，並且和其他公民一樣享有法國法律所保障的自由。[90]

西方政府雇用前所未有的大量中國工人到西方工作，對中國日後的群眾運動產生很重大的後果。最主要的是，這次雇用，使中國知識分子有機會和工人一起生活並負擔起領導責任。從前中國留學生大多出身於富裕的家庭，很少做過粗重的工作。比對之下，這次的「學生工人」出身於貧苦或中等家庭，他們第一次大規模打破了屬於有閒階級的學生傳統。[91] 在這種學生協助下，大戰期間在法國的中國工人組織了很多工業性和社會性的機構，如職業介紹所、中法貿易公司（Franco - Chinese Trading Co. ）、工會、工人社、中國勞工社，還有其他很多的儲蓄會、讀書會、自治會（self - government clubs）等。其中一個最重要的組織，是一個大部份由永久留法的中國人所組織的華人協會（Chinese Federation）。這是由六個戰時在法國組成的中國會社所合組而成的總會，目的包括幫助中國留法學生，和改善中國留法工人的福利。他們所支持的「中華出版社」，幫助引發所有巴黎和會中國代表團的中文文件，同時又在經濟上補助一家專為中國工人利益而辦的中文周刊。

在法國的中國工人和「學生工人」的福利和教育工作，開始於大戰初

---

[89]　陳達五九〇，〈中國移民——特別關於勞工情況的研究〉，頁一四七－四八。

[90]　「Hui Min Contract for Common Laborers」（Articles 13 ， 17）〈有關普通勞工的惠民協定〉（第十三及十七條），同上，頁二〇七－一〇。

[91]　見陳春隨（陳登恪），《留西外史》（一九二七年出版，一九二八年第二版，上海），這是一本仿傚平江不肖生《留東外史》的小説。

期。當時留法知識分子領導人物之一的蔡元培，在一九一六年主持編撰華
工學校的教科書。（顯然由於參與教育留法工人這件工作所獲得的經驗，
使他後來在主持國立北京大學時也鼓勵學生倡辦同樣的工作。）一九一六
年以後，教育留法工人的工作，便大部份由擁有超過一百五十名中、英、
法、美、丹麥、荷蘭籍書記的國際基督教青年會（International Y. M. C. A.）
主持。主要經費來源是協約國戰時工作團（United War Work Campaign）在
中國籌募所得的一百四十一萬六千元基金。很多職員，如蔣廷黻等，是
留美的中國大學生志願參加的。他們試用了一些在實驗中的教授中國語
文的方法。到一九二一年底，識字的華工已由百分之二十增加到百分之
三十八。[92] 一九一八年，曾在青年會工作的晏陽初，便利用他在法國教育
工人的經驗，去推進他在「五四運動」後期頗為風行的平民教育運動。[93]

　　同時，留法的華工和「學生工人」，由於工作的社會環境關係，對種
族和階級觀念也逐漸培養出他們自己的立場。到了戰爭結束的時候，他
們當中的領導人物，已經有信奉民族主義的，有信奉無政府主義的，也有
信奉馬克思主義的。一九一六年十一月至一九一八年七月之間，在法國
工廠的中國工人一共罷工二十五次。（在英、美軍中工作的華人罷工記錄
卻找不到。可是據說華工對法國官兵比對英國官兵要滿意些，因為法國
人種族觀念較少，紀律拘束也沒有那麼嚴。）這些罷工事件大多由於合約
上某些部份沒有履行、苛刻的待遇、欠薪、過嚴的軍事控制、危險的工

[92] 陳達五九○，〈中國移民——特別關於勞工情況的研究〉，頁一五二一五四；又刁鳴
謙七六二，《覺醒了的中國》，頁二三九。基督教青年會全國戰時工作理事會，*Summary of
world War work of the American Y. M. C. A.*《美國基督教青年會世界大戰工作簡》（一九二○年，
紐約），頁二三九；又青年會，Service with Fighting Men《為參戰人員服務》（一九二二年，
紐約）第二章，頁三六五一六六。

[93] 〈時事紀要〉，《教育雜誌》十九卷九期（一九二七年九月），頁二；Pearl S. Buck 賽珍珠，
「*Tell the People - Mass Education in China*」《告訴人民——中國的平民教育》（一九四五年，
紐約），頁八一九。

作環境、對小錯失過苛的懲罰或語言誤會所引發的糾紛。[94] 戰爭結束後，法國立刻發生經濟不景氣現象，造成大量華工和學生失業。一九二〇年時，一千七百多名留法中國學生只有靠接受不同的救濟才得過活。這些救濟工作，在當時學生圈引起了政治上的爭論，許多人攻擊國內的政客利用公費收買學生以取得政治上的擁護。大多數工人和許多學生都買棹回國，不少工人在回到中國時口袋連一個錢也沒有了。[95]

可是，第一次世界大戰以後從法國回來的工人和學生，卻帶回來了新經驗和新思想。很多工人學懂了看書寫字，而且體驗到西方較高的生活程度，又接觸到當時歐洲的勞工運動。他們的民族主義意識變得十分強烈，很多人在歸途中為了山東問題而拒絕在日本港口登岸，這些工人所得的經驗，對「五四」時期上海的工會組織和活動都有幫助。一九二〇年秋季前，就有人埋怨說：「曾經和歐洲最近的鬥爭有所接觸而回國的勞工，可說是中國工運的發難者。」這些回國的工人，當時就被認為是可能的布爾什維克（Potential Bolshenviks）。[96] 平心而論，這些回國的工讀生和工人當中，確實有很多是在二十年代把「五四運動」推向極端民族主義和社會主義的主要分子。中國共產黨的創建人和領導人物，不少就是大戰期間或結束後留法勤工儉學的學生。[97]

---

[94]　國務院僑工事務局編，《調查在法華工情形書》第三號（一九一八年十二月，北京），頁二九—三一；第五號（一九一九年四月），頁二三—二五；第七號（一九一九年九月），頁二七—二八；又陳達五九〇，〈中國移民——特別關於勞工情況的研究〉，頁一五〇—五一。

[95]　同上，頁一五七；余家菊等合編，《中國教育辭典》；舒新城四一二，《近代中國留學史》，頁九〇—九九。有些資料說是一九一九年，但似乎應該是一九二〇年。又見《勤工儉學學生與教育會生死關頭》，油印小冊，由七十四名留法學生在一九二〇年五月八日簽名發表。

[96]　刁鳴謙七六二，《覺醒了的中國》），頁二三八—一四一；又見 Harold R. Issacs 艾撒克思六六一，*The Tragedy of the Chinese Revolution*《中國革命的悲劇》（一九五一年修訂本，史丹福）第四章，頁五五。

[97]　只消列舉其中幾個就夠了，例如：周恩來、蔡和森和他的妻子向警予、吳玉章、李立

　　就這樣，中日衝突在國內激起了中國人民無比的民族主義狂熱；而留學生則提供從國外涉取來的許多新思想。這些學生回國以後，就開始肩負起正在形成中的巨大革新運動的領導責任。

三、張昆弟、羅學瓚、李富春和他的妻子蔡暢、王若飛、徐特立、羅邁（李維漢的假名）、陳毅、鄧小平。見吳玉章五三二，〈紀念蔡孑民先生〉，《中國文化》第二號（一九四〇年四月）；又見週末報社所編的《新中國人物誌》（一九五〇年，香港），頁三〇及以下；又 Edgar Snow 史諾七三九，*Red Star Over China*《紅星照臨中國》（編者按，中譯本書名為《西行漫記》）（一九三八年及一九四四年，紐約）第四編，第四章，頁一五七—一五八。

第三章

運動的萌芽階段：

早期的文學和思想活動（一九一七—一九一九）

就在日本提二十一條要求事件過後不久，中國政治局勢越演越沉重的那一段期出間，「五四運動」前期文學和思想兩方面的轉變也開始了。從一九一五年冬天到一九一七年夏天，兩次帝制運動使全中國都騷動不安起來。舊派官僚們忙著準備即位復辟事宜；舊式士紳們還不免牽強附會地傳播過去官方闡揚的正統儒家教條，替帝制運動建立慣有的理論根據。在沒受教育、不識字的群眾當中，到處傳布著「真命天子」就要重出的謠言。因此，新建的民國不但對外遭受國恥，同時還由於國儒軍閥、舊式官僚和士紳的陰謀計劃，而險象環生。處於這個混亂的局面裏，年輕一代的中國知識分子憂慮重重地開始尋求拯救中國的方法。

　　就在這個時候，數目相當大的海外歸國知識分子帶回來了新的觀念。陳獨秀在一九一五年由日本回國，那年秋天他創辦了《青年雜誌》，這標誌著一個基本改革運動的起點。又由於一九一六年蔡元培從法國回國，在一九一七年及以後所從事的北京大學改組，使這種改革運動的實力大大增強。一九一七年夏天，胡適、蔣夢麟也從美國回國，加入了這群新知識分子領導人物的陣營。在改革的過程裏，他們與舊士紳和舊文人集團的論戰，只遭到微弱而消極的抵抗。雖然如此，由於軍政方面的權貴固守傳統的倫理教條和制度，新知識分子們仍深受軍閥政府的壓制。

　　一九一六年冬天，日本開始實施新的對華政策，企圖用收買中國的方式來增加自己的影響力。由於當時北京政權蓄意想用武力統一控制全國，日本的活動恰好和他們的需要相符合。但民間的反日情緒依然堅持不變，而日本和新起的中國工商業之間的經濟衝突，也隨著世界大戰的進展而更形尖銳化。在這種情況下，日本寺內正毅（Terauchi Masatake）政權和段祺瑞政權之間起先發生財政聯繫，後來又建立軍事方面的密切關係，這自

然很快引起一般中國民眾，尤其是知識分子的疑懼。因此，當知識分子逐漸開始運用這些外交事件作為攻擊政府的利器時，他們所倡導的新政改革運動也就得到正在高漲的反日情緒的鼓舞和支持，成為年輕愛國分子努力的集中點。

一、《新青年》的雜誌的創辦

一九一五年夏天，在中國留日學生因反對日本二十一條要求而紛紛回國之際，曾經參加過革命工作而流亡日本的陳獨秀[1]也回到了上海，創

---

[1]　陳獨秀（一八七九——一九四二），字仲甫，筆名陳仲、陳仲子、隻眼，安徽省懷寧縣人，與後來同他的名字常聯在一起的托洛斯基（Leon Trotsky）同年。在家鄉，陳的家庭被當作富戶。他的父親曾在滿清政府做過官，在陳幾個月大的時候便去世了，因此家道中落。他在五歲到十六歲（西法計算）之間，從祖父和兄長那兒受到嚴格的古典教育。一八九六年他十七歲的時候，以第一名通過清政府的縣府院試，成為秀才；次年，在南京的「江南鄉試」中了舉人以後，進入著名的杭州求是書院，研讀用法文教的航海工程學。一九〇一年他在安慶發表反對清廷的演說，遭受政治的通緝，逃到南京。在南京他結識了後來有名的政論作家章士釗，幾年以後與章士釗從事於報刊的編輯工作。一九〇二年他二十三歲的時候，赴日本就讀於東京的高等師範學校。在日本時，他和馮自由及其他的朋友創辦中國青年會。但就在同年，他便回到了上海。一九〇三年，與章士釗、張溥（後改名繼，字溥泉）、蘇曼殊、何梅士等在上海創辦《國民日報》，鼓吹革命。不久之後回到安徽，於一九〇四年創辦《安徽俗話報》。一九〇五年到上海，一九〇六年他再去日本，同行的是詩人蘇曼殊。同年又回國，和章士釗、劉師培（他與章士釗一樣，後來轉為保守，不贊成新文學和新思想運動）一同在安徽蕪湖的皖江中學教書。同時，陳又創辦了另一個雜誌《白話報》。由於不十分贊成民族主義，他在留日期間，曾拒絕加入孫文領導的同盟會（有人說他可能加入過）。據某些報導說，在一九〇七年陳獨秀曾去過法國（陳任職北大時的履歷曾如此說，但有許多人認為這點不真確），深受法國政治和文學思想，以及法國文明的影響。一九一〇年回國執教於杭州的陸軍小學。次年，參與辛亥革命。辛亥革命以後，由安徽省都督、同盟會會員柏文蔚任命為安徽省都督府秘書兼教育委員，民國元年（一九一二年）復兼任安徽高等學堂教務長。一九一三年陳獨秀與柏文蔚一同參加討伐袁世凱的「二次革命」，同年革命失敗後不久逃到日本。他在日本一直逗留到一九一五年才回到上海。看陳東曉編七四，《陳獨秀評論》（一九三三年，北平），頁一七六—一七九、二〇三、二四七。陳獨秀，〈實庵自傳〉，見宇宙風社編五六二，《自傳之一章》（一九三八年，廣西桂林），頁一四一—一三三。何之瑜編一六九，」《獨秀叢著清 本》（一九四八年，上海），第一冊。王森然四八八，《近代二十家評傳》（一九三四年，北平，頁二四九—一七六。Benjamin Schwartz 史瓦茲七三四，，『Ch』

辦《青年雜誌》。這個雜誌在「五四運動」期間，扮演過一個極其重要的角色。陳獨秀曾參加過一九一三年反對袁世凱而沒有成功的「二次革命」。隨後他就幫助章士釗編輯有名的《甲寅雜誌》。[2] 然而，由於袁世凱的壓力，這個雜誌一九一五年被迫停辦了。由一九一三年開始，袁世凱一直壓制反對他的報章雜誌，唯一例外的是那些在中日二十一條要求談判期間對他的聲望有利的報刊。在談判結束以後，許多反對帝制的報紙雜誌便都被查禁了。

　　陳獨秀創辦這雜誌的時候，環境是頗為不利的。出版自由受到不少嚴格的法律限制。名義上，一九一二年的「臨時約法」規定有言論、著作、刊行、集會、結社的自由。[3] 但是這條約法是根據日本憲法（第二十九條）而訂的，它也在另一條內規定，如果為了增進公益、維持治安或非常緊急必要時，人民的權利就可以受到法律的限制。[4] 由於這種變通條款可以作各種廣泛的解釋，而且當時總統和他一手操縱的國會可以任意通過頒布法令，在一九一二年到一九一四年間，政府公布了一連串的法律和命令，以限制人民的權利；這包括「戒嚴法」[5]、「治安警察條例」[6]、「豫備戒嚴條

en Tu – hsiu and the Acceptance of the Modern West' 〈陳獨秀與現代西方的接受〉（ *Journal of the History of Ideas* ）《思想史雜誌》卷十二，一期（一九五一年一月）頁六一－六二。胡適曾告訴本書作者說，他不相信陳秀曾去過法國。他也許是對的。不過我們可以找到一九一九年或一九二〇年出版有關這事的記載。

[2] 這是在一九一四年（甲寅）五月，章士釗在東京創辦的一個月刊。這個雜誌提倡一種比較自由的立憲政府，反對袁世凱的帝制運動。章氏是一位在日本和英國受過教育的法學家，他受英國思想家白芝皓（Waltar Bagehot）等政治理論的影響。他評論政治的文章被認為是中國首次能表現相當程度現代邏輯思維的政論。一九一六年後不久，他改變立場，開始不大支持在中國採用西方制度；提倡傳統的中國文學和文明，反對新文學和新思想運動。一九四九年以後支持中共政權。

[3] 《中華民國臨時約法》第二章第六條第四款。

[4] 同上，十五條。

[5] 這條法律在一九一二年三月十一日公布。部份原文可查李劍農二八八，〈憲法上的言論出版自由權〉，《太平洋二卷一號》（第二版，一九二〇年五月五日），頁三。

[6] 參看高一涵二五六，〈對「治安警察條例」的批評〉，《新青年》七卷二號（一九二〇年

例」[7]、「報紙條例」[8]、和「出版法」。[9] 根據這些法律和條規，總統或地方的軍事首領可以宣布「戒嚴」；可以干涉人民的人身自由，以及居住、言論、集會、結社、通信、遷徙、財產、企業等自由權利；警察有權控制所有政治性或社會性的結社，以及各出版物；可以禁止女子參加政治團體，或出席任何涉及討論政治的集會；此外諸如鼓勵工人「同盟解雇」、罷工、要求增加工資或「妨害善良風俗」等都在被禁之列；還有缺乏明確界定的「破壞社會道德」或「妨害地方利益」等行動，也都被定為罪行；所有出版物一定要向警察局備案，繳保證金，並且必須得到他們的同意才能發行。若是觸犯了以上這些規定，就要受嚴重的處分。

　　所有以上這些法規，在袁世凱統治時期，以及「五四運動」的差不多整個期間都是生效的。由於政府的高壓，中國的出版業在一九一五年以後不幸大為萎縮。實際上一九一一年的辛亥革命後，中國出版業曾一度發展極迅速。那時出版有約莫五百家日報，北京就有五十家，上海有十五家，漢口六家。但是在袁世凱的帝制運動期間，北京報紙的數目減到二十家左右，上海的減到五家，漢口則只剩下兩家了。一九一二年以後的兩年

一月一日），頁一五一二三。這個規定先由袁世凱在一九一四年三月二日公布，為教令第二十八號，後來由他所控制的參政院通過。

[7]　這規定是在一九一四年三月三日公布的。看胡適、蔣夢麟等二七七，〈爭自由宣言〉，轉載於《東方雜誌》廿七卷六號（一九二〇年八月廿五日），頁一三四。再參看高一涵〈報律私議〉，《甲寅月刊》（一九一八年）。

[8]　「報紙條例」於一九一四件四月二日公布。看胡適、蔣夢麟等二七七，〈爭自由宣言〉，頁一三四。若要查看一九〇一到一九一五年間中國出版的原文，看戈公振二六〇，《中國報學史》（二版，一九二七年、一九二八年，上海）第六章十七節，頁三三二一七一。重印於張靜廬九與十，《中國近代出版史料初編》（一九五三年，上海），頁三一——三三；「二編」（一九五四年，上海），頁三九七一四一八。

[9]　一九一八和一九一九年，許多報紙和學生刊物，都在這些法規管制之下遭受查禁，藉口是說這些出版物公開洩漏中國政府與日本簽訂的秘密條約，或說他們批評政府的政策。這條法律公布於一九一四年十二月四日。看李劍農二八八，〈憲法上的言論出版自由權〉，頁三一五。

之中，全國報紙發行總數也由四千二百萬份減到三千九百萬份。[10]

　　這就是《新青年》開始出版時的背景。陳獨秀從一開始就一直是熱心的反袁分子。但是他由不成功的「二次革命」經驗中體會出，只有在中國人民，尤其是青年人覺醒之後，只有在舊社會和舊文明有了基本的改變之後，中國才有解脫軍閥桎梏的可能。他覺得若沒有一種新的出版物，這種解放是不可能達成的。後來，他和汪孟鄒（他的侄兒即汪原放）商討這件事，汪孟鄒是陳獨秀的舊友，是上海群益書社和亞東圖書館的經理。[11] 在這位出版家和其他人士的支助之下，陳獨秀於一九一五年九月十五日在上海出版《青年雜誌》，這個月刊一年後改名為《新青年》，法文名稱叫做 *La Feunesse*。[12] 陳獨秀是這雜誌唯一的編輯人，而許多早期的撰稿作家，

[10]　戈公振二六〇，《中國報學史》第五章，頁一八一—一八四。

[11]　王森然四八八，《近代二十家評傳》，頁二五〇—五一。

[12]　這月刊的第一卷都以《青年雜誌》為名，第一卷包括六期，第六號出版於一九一六年二月十五日。然後由於「種種原因，不克按期出版」（見第二卷第一號頁七；這正是袁世凱已宣布自己做皇帝的時期），停刊了半年。接著第二卷一號在一九一六年九月一日出版，刊名改為《新青年》。頭七卷都是由上海棋盤街群益書社印行。一直到一九一七年一月，陳獨秀都是唯一的編輯人。一九一八年以後成立了一個編輯委員會。委員會由六人組成，除了陳獨秀自己，還有錢玄同、胡適、李大釗、劉復（半農）和沈尹默（高一涵等後來才加入）。第四卷第一號開始（一九一八年一月十五日），每個月由委員會中的一人輪流擔任編輯。每個月有一個討論會，參加者有六個編輯和主要撰稿人，如魯迅、周作人、沈兼士和王星拱。從一九一八年一月開始，雜誌中所有的文章幾乎全是用白話寫的了。法文刊名在創刊號上就有的。一九一九年六月由於「五四事件」而被迫停刊，一直到十一月才恢復出版。（因此第六卷第五號在一九一九年五月 版，而第六號直到十一月一日才出版）。同年九月陳獨秀一出獄就組織「新青年社」，並在十二月一日的七卷一號裏發表〈雜誌宣言〉和〈社章〉。所有編輯和大多數的主要作家都加入了這個社。從一九一七年初到一九一九年冬，陳獨秀在北京，這雜誌就在北京編輯，在上海出版。一九二〇年夏天以後，這個社分裂了，編輯委員會也解散了，陳獨秀又重任唯一的編輯人。同年五月那期（七卷六號）刊物又被查禁。由剛到中國來的共產黨「第三國際」秘密代表吳廷康 Gregory Voitinsky 幫助，陳於一九二〇年八月在上海組織「社會主義青年團」。九月一日，《新青年》復刊（八卷一號），由重組過的「新青年社」自行印刷發行。從此以後這雜誌成為共產黨的機關刊物。發展至此，胡適、錢玄同、劉復、魯迅、周作人及其他自由主義者都脫離了這個組織。八卷六號（原定一九二一年二月一日出版）的稿件被上海的警察所攫取沒收。於是雜誌搬到廣州，八卷六號於一九二一年四月一日在廣州出版。「新青年社」在一九二一年十月解散。月刊最後一期，即九卷六號，

例如李大釗和高一涵，都曾為當時剛被查禁了的《甲寅雜誌》投過稿。

　　《新青年》的創辦恰巧是現代第一份中文雜誌出現後的一百周年。[13]
由於困難的政治情況，陳獨秀避免直接的政論。他宣稱這個雜誌的目的
是改革青年的思想和行為，而非發動政治批評。在第一期的〈通信〉中，
一位署名王庸工的讀者建議說這雜誌應當警惕民眾、反抗帝制運動，陳
獨秀沒有採納他的建議；而事實上，反抗帝制的尖銳評論卻隨處可見，尤
其〈通信〉、〈國外大事記〉、〈國內大事記〉三欄。

　　當時陳獨秀和胡適的意見是，中國政治問題的根本所在，要比一般人
平常所想的深刻得多。胡適主要致力於學術、教育和文學等方面的改革，
陳獨秀卻強調必須推翻腐敗的傳統和喚醒中國青年的思想，因為建設新
中國的希望是在青年們的身上。第一期發刊詞〈敬告青年〉是由陳獨秀執
筆，他在這裏開頭就說：

　　　　竊以少年老成，中國稱人之語也；年長而勿衰（Keep young
　　while growing old），英美人相勖之辭也：此亦東西民族涉想不同
　　現象趨異之一端歟？青年如初春，如朝日，如百卉之萌動，如利
　　刃之及於硎，人生最可寶貴之時期也。青年之於社會，猶新鮮活

出版於一九二二年七月一日。其後有瞿秋白編輯出《新青年季刊》，出版了四期（一九二三年
六月十五日到一九二四年十二月十五日），頭二期由廣州平民書社印行，後二期由廣州新青
年社印行。還有一種不定期的《新青年》出了五期（一九二五年四月二十二日到一九二六年七
月二十五日），兩種都在廣州出版。看楊之華編五三五，《文壇史料》（一九四四年，上海）頁
三六一一六二；《新青年》九卷一號，〈編輯室雜記〉；再看傅斯年論陳獨秀的文章，見陳東曉
七四，《陳獨秀評論》一書。若要參考最近中共對《新青年》的看法，看中共中央馬恩列斯著
作編譯局五五六，《五四時代重要期刊介紹》（一九五八年，北京），第一冊，頁一一四〇。

[13]　大家認為中國第一份非官辦的現代雜誌，是《察世俗每月統紀傳》。在一八一五年八
月五日，由英國基督教傳教士 William Milne Robert, Morrison 和一位中國人梁亞發在南洋馬
六甲創辦的。這個月刊在廣州和東南亞諸島的華僑社會秘密發行。看戈公振二六〇，《中國
報學史》第三章，頁六七一七〇。

潑細胞之在人身。新陳代謝，陳腐朽敗者無時不在天然淘汰之
途，與新鮮活潑者以空間之位置及時間之生命。人身遵新陳代謝
之道則健康。陳腐朽敗之胞充塞人身則人身死；社會遵新陳代
謝之道則隆盛，陳腐朽敗之分子充塞社會則社會亡。

　　準斯以談，吾國之社會，其隆盛也？抑將亡耶？非予之所忍
言者。彼陳腐朽敗之分子，一聽其天然之淘汰，雅不願以如流之
歲月，與之說短道長，希冀其脫胎換骨也。予所欲涕泣陳詞者，
惟屬望於新鮮活潑之青年，有以自覺而奮鬥耳！

　　自覺者何？自覺其新鮮活潑之價值與責任，而自視不可卑
也。奮鬥者何？奮其智能，力排陳腐朽敗者以去，視之若仇敵，
若洪水猛獸，而不可與為鄰，而不為其菌毒所傳染也。[14]

陳獨秀繼續說，中國所需要的，是要青年人能夠「發揮人間固有之智
能，抉擇人間種種之思想──孰為新鮮活潑而適於今世之爭存，孰為陳腐
朽敗而不容留置於腦裏。」[15]他建議說，要處理這個問題，該不妥協、不
猶疑，要像「利刃斷鐵，快刀理麻」；又提出六項青年行動的大原則：「自
主的而非奴隸的」、「進步的而非保守的」、「進取的而非退隱的」、「世界
的而非鎖國的」、「實利的而非虛文的」以及「科學的而非想像的」（二頁至
六頁）。這篇文章的根本目的就是為了攻擊守舊主義，並提倡打倒沒有價
值的傳統。他接著用達爾文主義的論調說：

---

[14]　陳獨秀四九，〈敬告青年〉，《新青年》一卷一號（一九一五年九月十五日），頁一一二
（標點符號改依《獨秀文存》）；全篇英文譯文，見鄧嗣禹與費正清七四五，*China's Response
to the West, a Documantory Survey, 1839- 1923*。《一八三九到一九二三年間中國對西方的反
應，文獻選譯》（一九五四年，麻省劍橋）第七章五十九號文件，頁二四○一四一。在陳獨
秀六七，〈吾人之最後覺悟〉，《新青年》一卷六號（一九一六年二月十五日），頁一一四，此
文中也強調知識分子覺醒之必要。看江文漢六六六，《中國學生運動》（一九四八年，紐約）
第一章，頁二三。

[15]　陳獨秀四九，〈敬告青年〉，頁二。

　　於此而言保守，誠不知為何項制度文物，可以適用生存於今世。吾寧忍過去國粹之消亡，而不忍現在及將來之民族不適世界之生存而歸消滅也。嗚呼！巴比倫人往矣，其文明尚有何等效用耶？「皮之不存，毛將焉附？」世界進化，駸駸未有已焉。其不能善變而與之俱進者，將見其不適環境之爭存，而退歸天然淘汰已耳，保守云乎哉！（頁三）

　　陳獨秀作打倒傳統偶像的努力時，也明白地申述了他的理由。他認為：由於帝制運動與其他守舊集團利用傳統的教條，尤其是利用儒家理論來支持他們的看法，如果僅只批評他們政治認識的淺薄，那是不夠的；更重要的乃是摧毀他們的根基，因為不通過破壞的階段，在這個社會和經濟制度已腐化了數百年的中國，不可能有積極的建設。《新青年》的讀者常乃惪後來是少年中國黨的領導人之一，曾詢問陳獨秀，為甚麼他不乾脆鼓勵中國人實行西方小家庭制度，而只鼓吹傳統大家庭制度的崩潰？陳回答他說，由於大家庭制度不是基於儒家的倫理觀念，因此要是儒家的教條不被推翻，小家庭的觀念根本不可能生根。儒家的教條認為：若是兒子離開父母自組小家庭的話，他就是不孝、不德。[16] 陳獨秀所要攻擊的實在是以這些傳統倫理觀念為基礎的許年多中國社會制度和風俗；家庭制度和帝制運動只不過是其中兩個例子罷了。

　　這些批評傳統、喚醒青年的龐大計劃在一九一七年以前，都是由陳獨秀和幾位撰稿人來推動的。一九一五年到一九一六年年底之間，陳秀獨的活動中心是在上海，當時新知識分子領導人物之間的關係並不明確，也沒有甚麼組織，他們包括國內外的吳稚暉、胡適、李大釗、高一涵和

---

[16]　陳對常乃惪的答覆，見《新青年》三卷一號（一九一七年三月一日），〈通信〉，頁一五──六。

劉復。但到一九一七年初，文學革命就逐漸成形了。一九一六年十二月
廿六日，繼袁世凱做大總統的黎元洪，任命蔡元培[17]為國立北京大學校
長；[18]蔡元培可説是新知識分子的精神領袖，他是現代中國最偉大的教育
家和自由主義者之一。在蔡元培的鼓勵和庇護之下，新知識分子的領導
人物於是雲集北京大學，而改革運動也因此能大有進展。

二、北京大學的改革

　　蔡元培在國立北京大學從一九一七年（蔡於一月四日就職）開始推動
的各種改革，他在「五四運動」中發揮的重要作用，不下於陳獨秀之創辦

---

[17]　蔡元培（又名卿、字子民）（一八六八一一九四〇），浙江省山陰縣人。一八八三年
十五歲時中秀才，一八八九年通過鄉會試，一八九二年二十四歲時通過殿試中二甲進士，
授翰林院庶吉士。一八九四年升補翰林院編修，但在一八九八年戊戌變法失敗後，辭職致
力於教育事業。一九〇一年任上海南洋公學特班教習。次年赴日，幾天後即回國，在上海
創辦愛國女學，並任愛國學社教員，宣傳革命及俄國的虛無主義，而內心亦相信社會主義。
一九〇三年與章炳麟等籌組光復會，後來合併為同盟會。一九〇五年（光緒三十一年）他和
章士釗、陳獨秀等在上海一個秘密小組裏學習製造炸彈。次年到北京任譯學館國文西洋史
教習。一九〇七年隨駐德公使孫寶琦赴德國柏林。次年至來比錫大學就讀。一九一一年辛
亥革命後回國。民國成立，在孫中山的內閣裏任教育總長。袁世凱出任總統後不久，蔡即
辭職，於一九一二年秋重回德國，入來比錫大學研究現代文明史。一九一三年夏天回國。
但這年秋天又和吳稚暉等同赴法國研究，並從事對在法中國工人的教育和社會服務，以及
推行留法中國學生的工讀計劃。一九一六年冬，北京政府採納了一些浙江省國會議員的建
議，任蔡為浙江省省長，他在法國回電請辭。隨後不久，政府即任命他為北京大學校長。原
任校長胡仁源辭職赴美。胡是蔡在南洋公學時的學生。據説，這次蔡之被任命是由湯爾和
推薦的，湯爾和是國立北京醫學專門學校的校長，也是蔡元培的朋友。看蔡元培四六二，
〈我在教育界的經驗〉，見宇宙風社編五六二，《自傳之一章》，頁一一一三；程俊英，《中國
大教育家》（一九四八年，上海）第十六章，頁八九一九一；賈逸君編，《中華民國名人傳》
（一九三二年，北平）二冊一章，頁二一一四七；蔡尚思四四七，《蔡元培學術思想傳記》
（一九五〇年，上海）；Robert K. Sakai 雷伯特・酒井七三二，Ts; ai Yuna P´ei: As a Synthesizer
of Western and Chinese Thought〈蔡元培，西方與中國思想之綜合者〉《哈佛有關中國論文》
（一九四九年五月，麻省劍橋），三冊，頁一七〇一九二。
[18]　《教育雜誌》九卷一期（一九一七年一月），頁五，〈國內外大事記〉。

《新青年》。這間大學起源於康有為及其弟子梁啓超在一八九五年創辦的
強學會。但是一直到一八九八年八月，這間大學才以京師大學堂之名實
際成立（一八九六年雖有旨成立該校，但因受人反對而未成立），以大學
士吏部尚書孫家鼐為總監督，吏部侍郎許景澄為總教習，在中國傳教多
年的美國浸禮會傳教士丁韙良（W. A. P. Martin）任西學總教習。那時全部
學生都是從中上級官吏或通過科舉考試者中選拔出來的。一九〇〇年新
任總監督許景澄因反對義和團事被處死刑，學校也停辦了兩年。一直到
一九〇一年底才恢復開課。一九一二年民國成立，大學的名稱改國立北
京大學，嚴復擔任了七個月的校長。[19]

　　一九一九年初以前，這間大學是中國僅有三間官辦大學之一，而且
是在首都的、由中央政府供給全部經費的唯一公立大學。它是公認的全
國最高學府。北京大學包括四個學院：文學院由中文、哲學、英文、法
文、歷史等系組成，理學院由物理、化學、數學、地質等系組成，法學
院由政治、經濟、法律、商學等系組成，工學院由土木工程和礦冶兩系
組成。在一九一一年以前，這大學每年的預算都不超過十萬海關兩銀子，
在一九一六年也只有四十三萬銀圓。在蔡元培任校長後，學校大為擴充：
一九一八年的預算達六十七萬六千八百圓，幾乎是其他公立大學每年平
均預算的六倍之多。它在一九一九和一九二〇年的預算分別七十九萬
二千四百五十九圓及九十五萬七千五百七十九圓。[20] 在一九一九年初，

[19]　公時（筆名）二七〇，〈北京大學之成立及其沿革〉，《東方雜誌》十六卷三號（一九一九
年三月十五日），頁一六一—一六三；羅敦融，〈京師大學堂成立記〉，見舒新城編四一〇，
《近代中國教育史料》（一九二三年，上海）一冊一章，頁一五七—一六一；《國立北京大學
一覽》（一九三五年，北京），頁一一二 W. A. P. Martin 丁韙良，*The Awakening of China*《中
國的覺醒》（一九〇七年，紐約），頁一二〇；又看 Renville Clifton Lund 龍德六八五，*The
Imperial University of Peking*《京師大學堂》，華盛頓大學一九五六年博士論文。
[20]　靜觀（筆名）一一二，〈國立北京大學之內容〉，《東方雜誌》十六卷二號（一九一九
年三月十五日），頁一六四；Paul Monroe 孟祿六九一，A Report on Education in China（for
American Educational Authorities）〈中國教育報告（致美國教育界負責人士）〉，*Bulletin of the*

全校約有五十名辦理行政事務的職員，二百零二名教授及教員。教授與任教人員中，除了英國人四名，美國人三名，德國人三名，日本、法國、丹麥各一人外，其餘全是中國人。

　　從一九一二到一九一八年，北京大學畢業的學生共有六百一十二名：其中二百三十三名屬文學院、四十名屬理學院、二百零九名屬法學院、一百二十名屬工學院。北大在一九一二年後十年入學者的增加，及一九一九年春季班的入學情形，可以由下列數字中窺見一斑：[21]

國立北京大學歷年在學學生數目（一九一二——一九二一）

一九一二	八一八人
一九一三	七八一人
一九一四	九四二人
一九一五	一，三三三人
一九一六	一，五〇三人
一九一七	一，六九五人
一九一八	二，〇〇一人
一九一九	二，二二八人（二，四一三）[22]
一九二〇	二，五六五人
一九二一	二，二五二人

Institute of international Education《國際教育學院會報》第三編四號（一九二二年十月二十日），頁三四。又佚名三八六，〈北京國立學校「教育經費獨立運動」記〉，《教育叢刊》二卷二、三、四號（北京），又見舒新城編，《近代中國教育史料》，三冊二十章。

[21]　兩個圖表中的數目字都採用公時二七〇，〈北京大學之成立及其沿革〉，頁一六二；又看靜觀一一二，〈國立北京大學之內容〉，頁一六四，以及 Tsi C. Wang 王苴章七七一，The Youth Movement in China，〈中國青年運動〉（一九二八年，紐約）第七章，頁一〇九。

[22]　括弧中的數字是根據靜觀的統計而稍加修正，一一二，《國立北京大學之內容》。這個數目字大概包括了一些旁聽生與特別生。

一九一九年春季在學學生數目 [23]

	本科	預科	總計
文學院	三四一人	四一五人	七五六人
理學院	一三四人	三六二人	四九六人
法學院	五三二人	四一五人	九四七人
工學院	六〇人	一五四人	二一四人
總計	一，〇六七人	一，三四六人	二，四一三人

在一九一六年底蔡元培被任命為校長的時候，北京大學以它守舊的傳統而出名。學生們把這間大學當作是在政府中升官騰達的踏腳石，而不把它當做求學研究的地方。教授們也大多來自官場，品評教授不全是依據他們的教學和學問，而往往是依據他們的官階。他們被稱為「中堂」或「大人」；學生們則被稱為「老爺」。在道德方面，教授和學生們多聲名狼藉，他們時常放縱於賭博或嫖妓。當時北京大學一般人加上的惡名雅號有「探艷團」、「賭窟」、「浮艷劇評花叢趣事之策源地」等。[24]

從蔡元培接任校長開始，北京大學起了極大的變化。蔡元培在他一九一七年的就任演說中指出，學生進入大學的目的應是求學，不應當是升官發財。[25] 過後不久，他又公布一項辦好這間大學的三種方針。第一，大學是一種學術研究的機構。「研究」不僅是指介紹西方文明「輸入歐化」，而且要創造一種新文明；不僅只是保存「國粹」，而且要以科學方

---

[23]　大學每個學院包括「本科」和「預科」。「本科」大致相當於美國的研究院，「預科」大致相當於大學部，但不全同。一九一二年以後，高中畢業生通過入學考試後可以進入預科。讀了三年，由預科畢業以後可以後進入本科；本科要讀三年才能畢業，法學院要讀四年。一九一八年以後，預科的年限改為兩年，本科改為四年。同時也採用了美國制度的學分制。

[24]　蔡元培四六二，〈我在教育界的經驗〉，見宇宙風社編五六二，《自傳之一章》，頁一一一三，以及蔡元培四六三，〈我在北京大學的經歷〉，《東方雜誌》（一九三四一月），頁五一七；又羅敦偉三四六，《五十年回憶錄》（一九五二年，台北）第四章，頁一八；又蔡元培四五七，〈北京大學之進德會旨趣書〉，收在他四六一，《蔡子民先生言行錄》中（一九二〇年，北京）第二冊，頁三一〇——一一。

[25]　蔡元培四五〇，〈就任北京大學校長演説詞〉，書名冊名同上，頁二九二——二九六。

法來揭開國粹的真相。第二，學生不應當「專己守殘」，把大學當作是舊
科舉制度的代替品，而「應於專精之餘，旁涉種種有關係之學理。」第三，
大學裏應保持思學術自由。各種分歧的理論——只要是它們都有嚴格的學
術立場——在大學裏都應該得到兼容並收和自由發表。不管是哲學裏的唯
心論或唯物論，文學美術裏的理想派或寫實派，經濟學裏的干涉論或放任
論，倫理學裏的動機論或功利論，以及宇宙論裏的樂天觀或厭世觀，都可
以「樊然並峙於其中」。他並且說：「此思想自由之通則，而大學之所以為
大也。」[26]

　　根據這些自由而進步的原則，蔡元培推行了很多實際的改革。許多
觀點分歧的教授都同時被聘任教於北京大學。在教授團裏成立了各種研
究與輔導學生的社團。大致上說來，大學是由教授們來控制，而不是行政
人員或官員控制。學生也允許以個人身分參加政治活動。蔡元培的意見是，
一個在校學生最重大的責任是讀書。他認為政治集團和學校之間不應該有
甚麼關係。然而，二十歲或二十歲以上對政治有興趣的學生，可以以個人
身分加入任何政治集團。學校可以對他們加以勸告，但不可干涉他們的自
由選擇。這個觀點與當時北京政府的政策恰好相反。政府時常禁止學生參
加政黨，他們的理由就是：學生「唯一」的任務就是讀書。[27] 蔡元培又鼓勵
學生自治，於是各種學生組織都成立了，包括讀書、演說、討論、出版、
娛樂、社會服務、體育等社團，以及其他活動，例如一間學生銀行、一家
消費合作社、一座博物館等。一種類似曾在法國試行過的「工讀」制度也

---

[26]　蔡元培四五八，〈北京大學月刊發刊詞〉（一九一八年二月，北京），重刊於他四六一
《蔡子民先生會行錄》第一冊，頁一二六—一三〇；又看江文漢六六六，《中國學生運動》第一
章，頁二六；以及蔡元培致林紓的信，見下註，頁七一一七二。

[27]　一九一七年二月六日教育總長對所有學校重申這個禁令。一九〇七年十一月清政府更
曾飭令禁止學生有任何組織，或作公開演說。見《教育雜誌》九卷三號（一九一七年九月），頁
一八。若要參考此令的原文，看國務院，《法令輯覽續》（一九二〇年，北京一），三冊十二部
一章，頁三——四；又看阮湘等編，《中國年鑑》，一號（一九二四年，上海），頁二〇〇一。

在北大建立了起來。平等的精神輸入了這間大學。以前存在學生和教授之間的界限，或學生與工人之間的界限，得到相當程度的解除。[28]

學生的道德水準也大大地提高了。一九一八年成立了「進德會」，模仿一九一二年由吳稚暉、李石曾和汪精衛在上海成立的一個類似的組織。所有會員都接受不嫖、不賭、不娶妾等戒條。這個會的乙種會員進一步同意，除了遵守上列的戒條外，還不作官吏、不作議員。他們通過了懲罰的規則，並由會員選出監察人員。當時的會員在一千人左右。[29] 不作官、不作議員這兩項約法充分反映出無政府主義和虛無主義的影響，同時也反映出新知識分子對舊官僚的輕視。[30] 在新知識分子的眼中，舊官僚和軍閥是所有罪惡的泉源。

三、新知識分子的聯合與《新潮》雜誌的創辦

蔡元培在北京大學的各種改革之中，最重要的大概是他實行了兼容各家不同的意見。儘管他自己是國民黨前身同盟會的最早會員之一，在他選聘教職員的時候，從不讓自己受到黨派和政治立場的影響。一九一二

---

[28] 如一九一八年一月，北大有二十五個學生寫信給蔡元培說，有一個校役自修很勤，而且成績斐然；蔡元培立刻把他升任為職員，並回信說，在學校中的教授們與其他工作人員地位是沒有甚麼不同的。就中國學校裏那種傳統的守舊社會階級形態來說，這當然是不尋常的。隨後不久，北大又成立了一間為工役設立的夜校。見蔡元培四六一，《蔡子民先生言行錄》第一冊，頁二七六—八〇。

[29] 蔡元培四五七，〈北京大學之進 會旨趣書〉，書名同上，第二冊，頁三〇三——〇；又見蔡四六二，〈我在教育界之經驗〉；頁九一——〇一；王莒章七七一，《中國青年運動》第七章，頁一〇九。若要參考此會的起源，看《民立報》（一九一二年二月二十七日）。

[30] 在一九一二年中國無政府主義者宣布了「十二戒約」：（1）不吃葷，（2）不飲酒，（3）不吸煙，（4）不雇用僕役，（5）不乘人力車與不乘轎，（6）不結婚，（7）不用姓，（8）不做官，（9）不做議員，（10）不參加政黨，（11）不當兵，（12）不信神。看鐵心編，《師復文存》（二版，一九二七、一九二八年，廣州），頁一，〈導言〉；又看同書頁四，文定的〈師復傳〉。

年孫中山政府任命他為教育總長時，他曾說明他對教育的看法。他理想的教育制度是「超軼政治之教育」，而不是「隸屬於政治之教育」。有關教育的目的，他提出五項原則：（一）實施「軍國民主義」，以避免軍國主義者獨操軍隊勢力；（二）以「實利主義」來改良民生；（三）實施基於互助原則的「德育主義」；（四）用「世界觀教育」來提升一種宇宙觀；（五）最後，以康德哲學的「美感教育」，通過美感的鑑賞，把人民由現象世界帶領到實體世界的領域。這項基本原則的最終目的就是要以美學來代替宗教。在論及世界觀的教育時，蔡元培強調說：「循思想自由言論自由之公例，不以一流派之哲學、一宗門之教義梏其心，而惟時時懸一無方體無終始之世界觀以為鵠。」[31]

隨後他到北京大學任職，又重申主張思想自由的立場，他堅持說，凡在理性基礎上自成一家的理論，在大學裏都應有傳布的完全自由。因此，北大的教授團便包括許多意見極為分歧的人物，由著名的保皇黨、守舊派、復古論者，到自由主義者、激進派、社會主義者、無政府主義者，都包括在內。有位中國作家曾大膽地說：「於是很自然地，所有最富於生氣和天才的年輕一代中國知識分子都群集在他的領導之下。結果在幾年之內創造出一種令人難以置信地多產的思想生活，幾乎在世界學術史上都找不到前例。」[32]

這種教育方面的自由政策，使北京大學成為舊派保守學者和新知識分子之間的一個公開論戰場所，而且新知識分子也因此得到聯合的機會。一九一七年初蔡元培就職校長的時候，他任用陳獨秀為文科學長（即文學

---

[31]　蔡元培，〈對於教育方針之意見〉，見蔡四六 一，《蔡子民先生言行錄》，頁一八九—二〇三，特別是頁一九七——一九八。原文全文英譯見鄧嗣禹和費正清七四五，《中國對西方的反應》第二十四章，頁二三五—二三八。

[32]　T'ang Leang Li 湯良禮七四三，*The New Social Order in China*《中國的新社會秩序》（一九三六年，上海）第九章，頁一四三。

院長）。[33] 約在那時前後，其他許多新思想人物也都應邀加入北大教授團。其中有文字學家兼聲韻學家的錢玄同 [34]、語言學家兼詩人的劉復 [35] 和詩人

---

[33]　蔡元培於一九〇五年左右在上海辦《警鐘日報》的時候，便和陳獨秀共事過。當時陳獨秀用陳仲甫的名字，由章士釗的介紹，和蔡元培一同在一個實驗室秘密製造炸彈。由於陳獨秀堅毅地支持他自己和他朋友在安徽蕪湖辦的一種白話雜誌，蔡對他印象更深。隨後不久，陳去日本，蔡往歐洲。一九一六年年底，陳離開上海往北京。一九一七年一月，新任北大校長的蔡元培請國立北京醫學專門學校校長湯爾和推薦一位文科學長人選。湯爾和推薦陳獨秀，並告訴蔡說陳獨秀和陳仲甫實為同一個人，並拿幾冊《新青年》給他看。然後蔡元培去訪陳獨秀，並徵得他同意出任新職。很有趣的是：幾乎在聘任的同時，一九一七年陳獨秀出版的《新青年》一月號，登出了蔡元培兩篇攻擊以儒教為國教運動的演說。蔡對此登載的事並不知道。同一期裏，有一位讀者向陳獨秀建議，應該請蔡元培常替《新青年》撰稿。看蔡元培，〈獨秀文存序〉在陳獨秀六二，（一九二二年出版，一九三九年上海第十二版），頁一一三；蔡元培四六三，〈我在教育界的經驗〉，頁三一八；又看郭湛波二七一，《近五十年中國思想史》（一九三五年出版，一九三六年北平第二版），頁一〇〇─一〇一。胡適會 訴本書著者說，有一次他在湯爾和家裏談天，湯拿出自己的日記來查推薦陳獨秀的日期，查了很久還沒查得，倒被胡適眼快一下就看到了。

[34]　錢玄同（原名錢夏）（一八八七─一九三九），生於江蘇蘇州（吳縣），祖籍浙江湖州（吳興縣）。他的父親是蔡元培的老師，他的哥哥是清朝的外交官和政治改革者。七歲時他就開始學中國聲韻學和文字學。十歲以前能背誦儒家經典。十三歲的時候，他的遊伴們有很多加入了義和團，錢受到這些遊伴們的影響，變得很守舊，並且刻苦用功以應考科舉。但是後來他讀到康有為和梁啟超的作品，就開始變成改革派和今文經學派的信徒。一九〇三年之後，主要因為受到章炳麟和劉師培作品的影響，轉變成反清的革命派。一九〇四年他和朋友合辦了《湖州白話報》。次年赴日本在早稻田大學研讀日語和教育學。一九〇六年加入同盟會。一九〇八年錢玄同、魯迅、周作人、許壽裳、龔寶銓（未生）、朱希祖、朱宗萊、錢家治等八人在東京組織一個「國學振起社」，邀請《民報》主編章炳麟（一八六七─一九三六）講解《說文解字》，並教授中國語言學和文學。約在同時，受到在日本的劉師培和張繼，以及留法學生的「新世紀社」的影響，錢開始學世界語（Experanto），並且傾向無政府主義。一九一〇年他回國，一九一三到一九一五年間在北京高等師範學校教語言學，一九一五年以後在北大任教。在袁世凱的一帝制運動以前，那些年他對當代的思想和文學問題都採取有點冷淡的態度。事實上錢玄同加入北大教授團比陳獨秀早些。據說錢與沈尹默向蔡元培推薦陳獨秀作文科學長。大概向蔡推薦陳的人，可能不止一人。在「五四時代」和以後，錢出版了不少論文，討論語文改革、古代史和音韻學。

[35]　劉復（字半農）（一八九一─一九三四）生於江蘇省江陰縣。一九一二年以後他常向各報刊投稿，並擔任上海《中華新報》的編輯。這段期間，他撰寫當時流行的通俗小說。一九一六年到北京，次年在北大「預科」任教。新文學運動的早期，他寫了許多通俗、輕鬆的詩和散文去提倡白話文學。後來他專注於語音學和辭典編彙的研究。一九一一〇年到倫敦大學學語言學，一九二五年在巴黎大學獲得文學博士學位，成為巴黎語言學學會（Societe Linguistique de Paris）的會員。那年他回國在北京各大學教書，並從事語文改革運動。

兼書法沈尹默——他們都是白話詩和文學革命的先驅人物。這年夏天，剛由美國回國的胡適也來文學院當教授，他所擔任的中國哲學史課程，與傳統的見解大不相同。新散文和新詩作家周作人於一九一七年四月十六日開始在北大附設的國史編纂處任編纂，九月四日改任文學院本科教授，仍兼原職。反對儒家的學者吳虞自一九一六年年底就與陳獨秀有聯繫，他由一九一九年開始受聘北大任教。魯迅雖然到一九二〇年才加入北大教授團，但自從一九一二年教育部由蔡元培主持之後，他就一直在該部工作，這期間與不少北大的自由主義派教授保持著密切的關係。[36] 一九一八年二月李大釗由北大邏輯學教授兼圖書館主任章士釗的推薦，接替他出任

---

[36]　魯迅（原名周樹人）（一八八一——一九三六），出生於浙江省紹興縣一個有地位的家庭。在他幼年時，進士出身在清廷任官的祖父因事入獄，因此他父親的經濟情況極端拮据，魯迅當時常常跑當鋪典當度日子。十七歲時在南京江南水師學堂就讀，約半年後轉入礦路學堂攻讀礦學。畢業以後，一九〇二年獲得政府獎學金赴日本求學。一九〇三年九月開始在仙台學專門學校學醫，一九〇六年中途放棄，改行從事新文學。一九〇七年回到東京，同他的弟弟周作人計劃創辦一種雜誌《新生》，但後來流產了。這期間他學會了日文與少許德文，並廣泛地閱讀東歐與北歐文學。一九〇九年七月他回到中國，這年秋天在杭州師範學校教化學和生理學；一九一〇年九月在自己家的中學教同樣的課程。一九一二年一月赴南京在蔡元培任總長的新建民國政府教育部裏出任次要職員。五月隨政府北遷到北京。他在教育部任職一直到一九二五年，終被當時的總長章士釗免職。一九一七年夏，魯迅受到錢玄同的鼓勵，加入《新青年》雜誌的改革運動。他的諷刺短文和短篇小說擁有很多的讀者，對新文學和新思想運動的傳布有很大的貢獻。一九二〇年「五四運動」分裂以後，他和《新青年》的關係便中斷了，一直到一九三〇年以後才成為左翼作家的領導人物。有關魯迅生平和著作的書和論文非常多，這裏原應遍舉。內容較豐富的傳記有：曹聚仁四六八，《魯迅評傳》（一九五六年，香港），和他的四六七，〈魯迅年譜〉，《文藝世紀》第一號（一九五七年六月，香港），頁二六—二七，及隨後期。又有王士菁四九一，《魯迅傳》（一九四八年，上海和香港），和 Huang Sung K´ang 的英文論文六五六，*Lu Hsun and the New Culture Movement of Modern China*《魯迅與現代中國新文化運動》（一九五七年，阿姆斯特丹）。以上所有資料多少都是左翼的觀點。又看小田嶽夫 Oda Takeo 三七九，《魯迅傳》（一九四六年，上海，范泉有中文譯本）。若要參考由一位曾被認為是「托洛斯基派」所寫貶魯迅的傳記，可看鄭學稼八二，《魯迅正傳》（一九四二年，重慶）。相反地，周作人（一八八五年生）後來成為著名溫和派的極富於風格的散文作家。他和一位日本女子結婚。一九三七年後留在北京擔任傀儡政府下北京大學的校長，同時任教育部長。一九四六年抗戰勝利以後，國民政府判他十年徒刑，住在監獄裏。周作人於一九六六年冬去世，他的回憶錄《知堂回想錄》於一九七〇年在香港出版。

圖書館主任，後來也兼任歷史、政治學、經濟學和法律方面的教授。[37]（同
年十月，陳獨秀與李大釗在北京創辦《每週評論》）。其他教授還包括政治
學家高一涵、社會學家陶履恭（即陶孟和）、先進心理學及邏輯學者陳大
齊、經濟學家馬寅初，以及最先在中國研究科學方法的學者之一王星拱。
在蔡元培的領導之下，這些傑出的知識分子在北大學生群裏發揮了深遠
的影響。

　　一九一八年冬天，北京有一群才能卓越的學生，因為受到當時潮流
的影響，熱烈支持新思想和新文學運動，便合作創辦《新潮》雜誌。這個
月刊的英文名字是 Renaissance（文藝復興）。這雜誌最初是由北大學生傅
斯年、顧頡剛和徐彥之所創議，後來羅家倫、潘家洵、康白情等也加入
了籌備。他們大多數是對歷史和文學有興趣的學生。由於陳獨秀和李大
釗的幫助，他們從北大獲得了出版這月刊的經濟和物質方面的支援。胡

---

[37]　李大釗（字守常），一八八八年生於河北省樂亭縣，早年父母去世，由祖父的撫養，
家境清寒。一九〇七年夏考入天津北洋法政學堂。畢業後參加《政言報》和社會黨工作。
一九一一年春以後到日本早稻田大學學習政治學和經濟學。一九一六年夏回國，任進步黨
領袖之一湯化龍的秘書，並任《晨鐘報》副刊的編輯。一九一八年二月受聘為北京大學圖
書館主任，一九二〇年九月以後兼任聘為教授。他成為陳獨秀的密切合作者，幫助他編輯
《新青年》和《每週評論》。一九二一年九月他辭去圖書館主任的職位，繼續任教授，並受聘
為校長的秘書。在北大他曾教授現代政治學、史學思想史、唯物史觀、社會主義、社會運
動史、社會立法等課程，他還在北京女子高等師範學校教過女權運動史、社會學等課程。
在「五四事件」期間，學生們常在他圖書館辦公室附近集會。一九二〇年他與陳獨秀合作
參加成立中國共產黨的準備工作，在一九二一年陳獨秀往廣州以後，他就成為共產黨在北
方的實際領導人。當時有「南陳北李」的說法。在一九二四年一月，當他熱心提倡的國共
合作運動成功時，他被選為國民黨的中央執行委員會委員。一九二七年四月六日，他在北
京蘇聯大使館被張作霖的軍警逮捕，二十八日在獄中被絞死。一九一八年毛澤東是李大釗
主持下的圖書館的職員之一，並曾深受李大釗的影響。參考勞榮〈五四運動的領導者李大
釗〉，見「五四」卅周年紀念專輯，「五四」卅周年紀念專輯委會編（一九四九年，上海）頁
一三九─一四九；金毓黻一一一，〈李大釗與五四運動〉，《觀察》六卷十三期（一九五〇年五
月一日，上海），頁一二─一四；李龍牧，〈李大釗同志和五四時期馬克思主義思想的宣傳〉，
《歷史研究》第五期（一九五七年五月，北京），頁一─一八。若要參考李大釗的作品，看
三〇一，《守常文存》（一九三三、一九四九、一九五〇年，上海）。

適做他們的顧問。胡和陳獨秀、李大釗、周作人等在這個新論壇形成的過程中發揮了鼓舞的影響。學生們提出了他們出版物應採用的三種「原素」──「批評的精神」、「科學的主義」和「革新的文詞」──自然而然地他們就支援《新青年》和《每週評論》所提倡的種種改革。這個雜誌的第一期出版於一九一九年一月一日，很快地就大受全國愛好文學思想青年的歡迎。

　　出版這月刊的新潮社是個非常小型的組織。當它在一九一八年十一月十九日正式成立的時候，只有二十一個會員，他們全都是北京大學的學生。而登記入會的會員好像從不曾超過四十一名。大多數會員後來都成為「五四事件」時的學生領袖，並且從那時候起，在近代中國思想和社會的發展方面都扮演過重要的角色。[38]

―――――――――

[38]　根據傅斯年說，《新潮》的創辦「純是由覺悟而結合的」。一九一七年秋，傅斯年、顧頡剛和徐彥之最先設想成立一個雜誌社的念頭。次年秋天，徐彥之和陳獨秀討論這個想法。傅斯年回憶說，學生們得到陳獨秀意外而熱烈的支持；陳說：「只要你們有辦的決心，和長久支持的志願，經濟方面，可以由學校擔負。」因此這些學生就開始著手成立他們的組織。他們與羅家倫及康白情研究辦法，其後有十多位同學加入。那時胡適成為他們的顧問。第一次預備會議在一九一八年十月十三日舉行，會中決定了那三種原素。同時徐建議用英文刊名 Renaissance，羅建議中文刊名《新潮》。按日本人也曾用此作過刊名。（日本的《新潮》雜誌在一九〇四年創辦，是當時提倡自然主義文學的雜誌之一。一九〇七年以後，由東京帝大的學生繼續辦一連串以《新思潮》為名的文學雜誌。一九一四年和一九一六年，活躍而著名的作家，像久米正雄（Kume Masao）、菊池寬（Kikuchi kan）、芥川龍之介（Akutagawa Ryunosuke）等辦一些雜誌在日本鼓吹自然主義和寫實主義文學。北大的中國學生必然曾受過這些類似日本雜誌的影響。）這些學生認為那英文刊名和中文刊名「恰可以互譯」。十一月十九日開第二次會，選出職員。圖書館主任李大釗分配了圖書館中一間房子作該社的辦公室。他們的章程規定北大的學生或校外人士（後者需要有社中兩會員的推薦）在此雜誌中登出三篇以上作品就可以成為會員。社的組織分為兩部：編輯部和幹事部。傅斯年被選為主任編輯，羅家倫是編輯，楊振聲是編輯部的書記；徐彥之被選為主任幹事，康白情是幹事，俞平伯是幹事部書記。一九一九年十一月十九日改組，廢除兩部制，羅被選做編輯以接替傅，因為傅即將刊英國執留學。孟壽椿接替徐作經理，而顧頡剛、高尚德、李小峰和其他二人各被選擔任贈閱、交換、廣告、記錄及校對等事務。同一會議還決定把雜誌社改為一學會，擴充組織和社務。由徐彥之主持出版了幾本叢書。一九二〇年五月周作人加入該社，成為唯一的教授社員。八月十五日的會議又正式決定改組，恢復兩部舊制。十月二十八日周作人被選為編輯部主任編輯，毛子水、顧頡剛、陳達材和孫伏園為編輯；孟任幹事部主

現在簡單列舉一部份會員和他們後來的成就如下：

傅斯年：極有影響的史學家和言論家之一；後來擔任中央研究院歷史語言研究所所長，二次世界大戰後，任國立台灣大學校長。

羅家倫：史學家、教育家及言論家；後來擔任北京的清華大學及重慶的國立中央大學校長；國民黨政府中的高級官員。

顧頡剛：著名的中國古代歷史學家及民俗學家。

康白情：浪漫派的抒情詩人。

毛準（子水）：教育家及國學家。

江紹原（源）：教育家及宗教歷史學家。

汪敬熙：短篇小說家、生理學及心理學教授。

吳康：哲學史家、教授。

何思源（仙槎）：教育家，後來擔任山東省主席和北京市市長。

李榮第（小峰）：出版家（他的北新書局出版了不少重要的新文學作品）。

俞平伯（原名銘衡）：著名的散文作家、詩人、「紅樓夢」專家（俞樾之曾孫）。

郭希汾（紹虞）：中國文學批評史的專家、教授。

孫福源（伏園）：著名的《晨報》副刊編輯和作家。

孫福熙（春苔）：短篇小說家。

張崧年（申府、張赤）：基爾特社會主義者；精羅素哲學、數理邏輯，有一段時期，是辯證法唯物論的詮譯者。

任幹事，六名社員，包括高尚德、李小峰、孫伏園和郭紹虞被選為幹事。這年的年底，新潮社衰謝了，部份因為大多數重要會員都出國留學，部份因為有些人忙著成立「文學研究會」（看第四章）。《新潮》的最後一期（三卷二期）在一九二二年三月出版。看傅斯年一五七，〈新潮之回顧與前瞻〉，《新潮》二卷一期（一九一九年十月），頁一一九一二〇五；徐彥之一八三，〈新潮社紀事〉，同上，二卷二期（一九一九年十月），頁三九八一四〇二；孟壽椿三七二，〈本社紀事〉，同上，二卷五期（一九二〇年九月），頁一〇七三一七六。

譚鳴謙（平山）：中共領導人之一。

高尚德（君宇）：中共領導人之一。

楊振聲（金甫）：中國文學教授、作家，曾任國立青島大學校長。

劉秉麟（南陔）：經濟學教授。

孟壽椿：上海國立暨南大學文學院院長。

馮友蘭：著名的哲學史家和哲學家。

朱自清：著名的散文作家及詩人。

高元（承元）：語言學家。

潘家洵（介泉）：作家、教育家。

在《新青年》集團和北大發生了關係以後，新知識分子的意見受到高度的推崇和廣泛的注意，一方面是因為北大在中國有學術領導的地位，一方面是因為有學生數量日趨壯大的支持。

但是我們也必須知道，這次新知識分子在北大的聯合只是暫時的。那些領導人物的見解和興趣本來就不相同，這可以用陳獨秀和胡適二人作為很好的例子。就陳獨秀而論，即使他當時覺得在政治方面作改造之前必須先破壞舊傳統觀念，他的興趣卻主要偏重在政治和社會方面；可是，胡適和許多大學裏的其他教授則對文學與教育改革具有更大的興趣。當他們在一九一七年因提倡新運動，反抗舊文人、舊士紳集團而聯合起來的時候，他們之間有一種籠統的相互諒解：即他們的改革運動將著重於非政治性的各種活動。這次聯合實際上是基於一些一般性的、不曾精密界定的觀念，像「自由主義」、「人道主義」、「民主」、「科學」等。後來陳獨秀對段祺瑞政府的種種活動漸覺忍無可忍的時候，他就不由自主地批評起政府來了，一九一八年以後，他變得更加激烈，並且開始傾向於群眾運動。他之所以創辦《每週評論》，成立一種小型而尖銳的抨擊政治的利器，實際上是為了達成他的政治目的。相反地，其他自由主義者則逐漸

變得更加保守，或更加溫和，並且避免捲入政治漩渦之中。然而，這次聯合直到「五四事件」以後才分裂。胡適在一九三二年對這次發展作如下的回憶：

> 在民國六年，大家辦《新青年》的時候，本有一個理想，就是二十年不談政治，二十年離開政治，而從教育思想文化等等非政治的因子上建設政治基礎。但是不容易做得到，因為我們雖抱定不談政治的主張，政治卻逼得我們不得不去談它。民國六年第二學期陳先生來到北大，七年陳先生和李大釗先生因為要談政治，另外辦了一個《每週評論》，我也不曾批評它，他們向我要稿子，我記得我只送了兩篇短篇小說的譯稿去。[39]

四、新知識分子的改革觀點

儘管新知識分子的聯合在性質上有分歧，一九一七年到一九一八年期間，他們曾切實地把精力專注在思想文化改革方面。陳獨秀在就任文科學長之前，已經與易白沙和吳虞形成了他們反孔教的看法，並已與胡適合作發展文學革命的觀念。這些人都是他《新青年》雜誌的供稿者。所以在他就職北大的時候，他就曾經宣稱：

> 僕對於吾國國學及國文之主張，曰百家平等，不尚一尊；曰提倡通俗國民文學。誓將此二義遍播國中，不獨主張於大學

---

[39] 胡適一九八，〈陳獨秀與文學革命〉，當陳獨秀被捕入獄，在南京受國民政府審判時，胡適於一九三一年十月三十日在北京大學所作的演說，見陳東曉七四編，《陳獨秀評論》，頁五一。

文科也。[40]

　　他這項計劃同時著重於社會倫理的改革和文學的改革。為了達成這些目的，新知識分子不但嘗試介紹西方思想和制度，而且也嘗試重估和批評中國的傳統。這個方針並非由某一人策劃而成，也不是受某一人督導。事實上，這個方針代表一群意見分歧的人們的共同立場。

　　這些新觀念的詳細探討將留在本書下編的幾章，這裏先列出「五四事件」以前《新青年》中所討論的重大問題的一些項目，大致上按照登出先後安排，以顯示「五四運動」第一階段裏知識分子的思想感情趨勢。一般而論，這個雜誌反對各種舊的思想和習慣形態；提倡新學。它反對君主專制政體，反對少數人物享有政治特權；提倡民主、自由主義和個人主義，後來還重視社會主義。這雜誌反對傳統的倫理，像對政權掌握者盡忠、對父母盡孝，以及對男子女子應用兩種貞操尺度；主張社會裏個人的平等。它反對傳統的大家庭制度（父母與成婚的子女及後代生活在一起組成一家庭單位）；提倡西方的小家庭制度，提倡女性的平等和獨立，以及戀愛和婚姻自由自主，不受父母的安排。這刊物在隨後的幾期裏，提倡文學革命，鼓勵語文改革，討論國語羅馬字化和推行世界語的問題，並且介紹標點符號的用法。《新青年》反對舊迷信和舊宗教；擁護科學、技術和不可知論。為了要反抗從來很少受質疑過的傳統儒家哲學，《新青年》建議重估有的經典著作。這雜誌裏的作家呼籲說，教育應當鼓勵發展人性；而不是只顧教育者的權威。最後，這個雜誌企圖通過社會、政治、文化的改革，來達成思想界領導力量的大聯合，以反抗軍閥的統治。

　　這些新思想領袖所主張的基本原則可歸納成兩項，依照他們所加的綽號，就是「德莫克拉西先生」（民主）和「賽因斯先生」（科學）。這兩

---

[40]　陳獨秀，答程演生信，〈通信〉，《新青年》二卷六號（一九一七年二月一日）。

項原則由陳獨秀在一九一九年一月發表的一篇文章中作了一個扼要的概說，這篇文章是為了慶祝《新青年》創刊三週年而寫的，並且替《新青年》答辯一些反對者對這雜誌的非難。陳獨秀說：

> 他們所非難本誌的，無非是破壞孔教，破壞禮法，破壞國粹，破壞貞節，破壞舊倫理（忠孝節），破壞舊藝術（中國戲），破壞舊宗教（鬼神），破壞舊文學，破壞舊政治（特權人治），這幾條罪案。
>
> 這幾條罪案，本社同仁當然直認不諱。但是追本溯源，本誌同仁本來無罪，只因為擁護那德莫克拉西（Democracy）和賽因斯（Science）兩位先生，才犯了這幾條滔天的大罪。要擁護那德先生，便不得不反對孔教、禮法、貞節、舊倫理、舊政治。要擁護那賽先生，便不得不反對舊藝術、舊宗教；要擁護德先生又要擁護賽先生，便不得不反對國粹和舊文學。大家平心細想，本誌除了擁護德、賽兩先生之外，還有別項罪案沒有呢？若是沒有，請你們不用專門非難本誌，要有氣力、有膽量來反對德、賽兩先生，才算是好漢，才算是根本的辦法。[41]

由於受到教授們和《新青年》雜誌的激發，北京大學與其他大學的學生獲得了對新思潮更明確的了解，並且在新思想運動中變得更加活躍了。新潮社的會員都是先鋒分子。他們把這個運動當作是一種「思想革命」或「社會革命」，並且策勵讀者在中國介紹和開展世界的「新思潮」。他們指出這個運動的精神應當是批評精神，應用尼采的警語，就是重新估價一切（transvaluation of value）。更重要的是，他們「發願協助中等學校之同

---

[41] 陳獨秀五六，〈新青年罪案之答辯書〉同上，六卷一號（一九一九年一月十五日），頁一〇一一一。

學，力求精神上脫離」前代人物道德思想上的「感化」。傅斯年起草的〈新潮發刊旨趣書〉中，除了要喚起中國學術思想在世界思潮中的地位之自覺外，就強調過這一點：

　　中國社會，形質極為奇異。西人觀察者恆謂中國有群眾而無社會，又謂中國社會二千年前之初民宗法社會，不適於今日。尋其實際，此言是矣。蓋中國人本無生活可言，更有何社會真義可說。若干惡劣習俗，若干無靈性的人生規律，桎梏行為，宰割心性，以造成所謂蚩蚩之氓；生活意趣，全無領略。猶之犬羊，於己身生死、地位、意義，茫然未知。此真今日之大戚也。同仁等深願為不平之鳴，兼談所以因革之方……。

　　……不曾研詣學問之人恆昧於因果之關係；審理不瞭而後有苟且之行。又，學術者深入其中，自能率意而行，不為情牽。對於學術負責任，則外物不足縈惑；以學業所得辛勞疾苦莫大之酬，則一切犧牲盡可得精神上之酬償。試觀吾國宋、明之季甚多獨行之士，雖風俗墮落，政治淪胥，此若干「阿其所好」之人終不以眾濁易其常節。又觀西洋 Renaissance 與 Reformation 時代，學者奮力與世界魔力戰，辛苦而不辭，死之而不悔。若是者豈真好苦惡樂，異夫人之情耶？彼能於真理真知灼見，故不為社會所征服，又以有學業鼓舞其氣，故能稱心而行，一往不返。中國群德墮落，苟且之行偏於國中。尋其由來：一則原於因果觀念不明，不辯何者為可，何者為不可；二則原於缺乏培植「不破性質」之動力，國人不覺何者謂「稱心為好」。此二者又皆本於群眾對於學術無愛好心。同仁不敏，竊願鼓動學術上之興趣……。

　　……觀察情實，乃覺今日最危險者，無過於青年學生。邇者

惡人模型，思想厲鬼，遍於國中，有心人深以為憂。然但能不傳謬種，則此輩相將就木之日，即中國福利之年。無如若輩專意鼓簧，製造無量惡魔子；子又生孫，孫又生子；長此不匱，真是殷憂。本誌發願協助中等學校之同學，力求精神上 離此類惑化。於修學立身之方法與徑塗，盡力研求，喻之於眾。……總期海同學去遺傳的科舉思想，進於現世的科學思想；去主觀的武斷思想，進於客觀的懷疑思想；為未來社會之人，不為現在社會之人；造成戰勝社會之人格，不為社會所戰勝之人格。[42]

　　新潮社領導人物所主張的社會革命觀念，顯然是部份地受到俄國「十月革命」的影響。在創刊號裏，羅家倫論及當代世界的潮流，他說，在世界上每一重要的時期，幾乎都有它阻擋不住的潮流。文藝復興（Renaissance）是黑暗世紀（The Dark Ages）之後的大潮，宗教改革（Reformation）是歐洲十六世紀的大潮；十八世紀的大潮是把民主精神傳布到許多國家去的法國大革命；十九世紀的大潮則是一八四八年的革命，其結果是推翻了德國、奧國、意大利暴君惡相的壓制政策。根據羅家倫的看法，二十世紀的世界新潮流就是俄國的十月革命：「現在的革命不是以前的革命了！以前的革命是法國式的革命，以後的革命是俄國式的革命。」[43]他認為法國大革命是屬於政治性的，然而自此以後的革命都會是俄國革命的類型，即會發生許多社會革命，在這些革命裏，民主會戰勝君主，平民會戰勝軍閥，勞動者會戰勝資本家。[44]同期雜誌中，後來像羅家倫一樣變為激烈反共分子的傅斯年，也發表了類似的意見，他認為俄國將

---

[42]　傅斯年一五八，〈新潮發刊旨趣書〉，《新潮》一卷一期（一九一九年一月一日），頁一一三。英文譯文見王茞章七七一，《中國青年運動》第七章，頁一一一一一二。
[43]　羅家倫三三六，〈今日之世界新潮〉《新潮》，一卷一期（一九一九年一月），頁一九。
[44]　同上，頁二〇。

會兼併全世界，不是在領土方面，也不是在國權方面，而是在思想上。[45]
在以後出版的一期《新潮》中，一位讀者建議説，此後的革命會效法「美
國革命」的形態，但這個見解受到編輯們的反駁。就大體而論，這些學生
們的意見似乎要比教授們的意見還要激進，包括陳獨秀、胡適，甚至是李
大釗等教授。

　　然而，若是斷言這些學生領導人物都是布爾什維克主義者，或都是馬
克思主義者，那卻是不正確的。他們的主張是社會主義與民主主義二者的
模糊混合體。羅家倫在上述一文中説：「革命以後，民主主義同社會主義，
必定相輔而行。」而且會更加接近。他又認為社會主義與個人主義是相關
的，而不是對立的，而且「此後的社會主義並不是要以雷厲風行的手腕，
來摧殘一切的個性；乃是以社會的力量，來扶助那班稚弱無能的人，來發
展個性。」[46] 他相信這即是新一潮流的真正意義。羅家倫對這些政治觀念
的研討相當受兩本書的影響，一本是威爾（Walter Edward Weyl）的《新民
主主義》（*The New Democracy*, 1912），這書名的副標題是〈有關美國某些
政治經濟趨勢的論説〉（An essay on certain political and economic tendencies
in the United States）；另一本是李卡克（Stephen Bulter Leacock）的《政治學
原理》（*Elements of Political Science*, 1906）。羅家倫反對用暴力來達到改
革。他著重於全體人類與平民的利益，他説：「我們與其崇拜大彼得（Peter
the Great），原如崇拜華盛頓。與其崇拜俾士麥（Bismarck），不如崇拜佛
蘭克林（Benjamin Franklin）。與其崇拜雷揭奴（Richelieu）的理財，不如崇
拜馬克思（Karl Marx）的經濟。與其崇拜克虜伯（Alfred Krupp）的製造，
不如崇拜愛狄生（Thomas Edison）的發明。」[47] 這段話恰恰説明當時的學

---

[45]　傅斯年一五九，〈社會革命，俄國式的革命〉，同上，頁一二八─二九。

[46]　羅家倫三三六，〈今日之世界新潮〉，頁二〇─二一。

[47]　同上，頁二二。

生如何喜好籠統的 括説法。但是他們對學習的渴望和傳布他們觀念的熱
情，卻給改革運動提供了新動力。他們宣布説，要想阻止潮流，或逆流而
行，會帶有極大危險性，只有順著潮流而進才能確保安全。「現在世界的
新潮來了，我們何妨架起帆槳，做一個世界的『弄潮兒』呢！」[48]

五、反對派的批駁和答辯

在新知識分子聯合的形成期間，北京大學出現了一個反對集團。這
個集團包括一些保守派的教授、研究員和學生。清朝末年北大文學院教
授團包括為數頗多的桐城派文人，一部份則屬於「文選」派[49]。（在法學院
裏大部份教職員都由留日學生擔任，一般來説，他們比留法和留美的學
生都要保守些。）一九一一年辛亥革命以後，江蘇、浙江兩省的學者（因
此被稱作「江浙派」）繼桐城派而起，成為北大文學院的一大勢力。江浙
派學者大多是章炳麟（太炎）的門生和朋友；而林紓可以説是與桐城派有

---

[48]　依照與著名的杭州「錢江潮」有關的一種古俗，成群的人攜著彩色繽紛的旗幟，在錢
塘江口游泳，戲弄起伏的浪潮。這種活動是為了迎接伍員（伍子胥）的靈魂；伍員是紀元前
五世紀吳國的名將，他被吳王夫差賜死自殺後，屍體被拋入錢塘江中。後人相信這潮水乃
是伍員的憤氣所致。那些游泳的人通常被稱為「弄潮兒」。這個名辭常出現在中國古典文學
中。另參看宋末吳自牧《夢梁錄》卷四「觀潮」條。在五十年代後期羅家倫和本書作者談到
他這篇文章時，大感惶悚不安，自認過於「幼稚」，但同意作者所指出的它對新思潮運動的
時代作用。

[49]　桐城是縣名，屬於安徽省。清朝有許多著名的古文作家都是桐城縣人，包括方苞
（一六六八——一七四九）、姚鼐（一七三一——一八一五）、劉大櫆（一六九八——一七八〇）等。
由於這些著名的桐城文人在文體表達上相近，而且全國各地的作者往往仿效他們的文體，
這個文派就以縣為名了。十九世紀時，湖南的曾國藩（一八一一——一八七二）及其門徒、友
人又重振光大了桐城文派。（陳獨秀、胡適、段祺瑞也來自同一的安徽省份。）「文選」派的
名字出自蕭統（昭明太子，五〇一——五三一）所編的《文選》，這書收了公元前二四六年到
公元五〇二年間所寫可作範本的詩賦和文章。這個選集主宰了近千年的傳統中國文學的文
體。

關。在校內，江浙派的教授們便形成新知識分子的主要反對勢力。[50]

　　這群舊文學的提倡者是以劉師培為領導人物，黃侃（季剛）、林損、辜鴻銘、馬敍倫和國史館的一些比較年老的學者們為後盾[51]。他們公眾宣傳的媒介物是提倡文言文、儒家和舊倫理的《國故》雜誌。這些學者受到大學裏保守派學生以及文人的擁護。[52]

---

[50]　靜觀一一二，〈國立北京大學之內容〉，頁一六五。

[51]　劉師培（原名光漢）（一八八四──一九一九），江蘇儀徵人，生於一個今文學派的學者世家。一九〇四年他和章炳麟、鄧實、黃節、馬敍倫以及其及同盟會作家等創辦了「國學保存會」。次年此會在上海出版了《國粹學報》。劉曾與陳獨秀同事，在同一間中學裏教書，直到一九〇六年。一九〇六年至一九〇七年間，劉與一些中國學生在日本創辦了《天義報》，是為首先宣揚社會主義的中國雜誌之一。在辛亥革命以前，像章炳麟一樣，劉師培是位反清的革命家。其後他為保守的文人，並曾是主持一九一五年與一九一六年袁世凱帝制運動的「籌安會」的「六君子」之一。由於他那篇〈君政復古論〉的文章，他在自由主義者中間落得聲名狼籍。他是章炳麟、嚴復和楊度的密友。楊度也是籌安會的創辦人之一，嚴復也被列名。劉是由章炳麟推薦到北京大學任教授的。他在一九一九年十一月二十日去世。劉師培精通古文經典、歷史和文學，他的作品中有《中古文學史》、《論文雜記》、《左盦外集》等。

　　黃侃（一八八六──一九三五），是章炳麟的大弟子。一九一五年他介紹錢玄同到北大教書，但後來他們兩人在古文典的研究方面，意見常常相左。

　　林損（一八九一──一九四〇），字公鐸，浙江瑞安人，是另一位舊式的文人學者。

　　辜鴻銘（一八五七──一九二八），字湯生，生於馬來亞的檳榔嶼，他的祖籍是福建廈門，母親是西洋人。辜在艾登堡大學研究英、德古典哲學，又在德國一工程學院就讀之後，於一八八〇年左右回到中國。他回國之後，任張之洞的秘書和顧問達二十年。作為一個假西洋（imitation western man），他能讀英、法、德、意、拉丁及古希臘文。雖然留著辮子和穿著長袍馬褂，卻不能說流利的北京話。他痛恨西人的殖民主義與民國共和政府，不時用古怪的言論為所有的傳統中國倫理習俗而辯護。他認為娶妾的風俗是可保有的，因為這個習俗就像一把茶壺有幾隻茶杯配成一套茶具一般地自然。沒有人見過一隻茶杯配幾把茶壺。雖然他固執地反對進步、改革等觀念，他在一九一〇年以前卻推動所謂「中國新牛津運動」，就是說，中國和全世界都要推行「思想上的門戶開放」和「心靈擴張」政策。他引用聖保羅的話：「證明一切：固執於善。」在「五四」時期「民主」在中國漸受重視之際，他把「德莫克拉西」（Democracy）謔稱為（Demo-crazy）（也許可中譯為「德魔克亂西」或「民瘋」）。他又嘲弄自然主義派的新文學，把新文學所推崇的俄國小說家陀斯妥耶夫斯基（Dostoyevsky）稱作（Dosto-Whisky）（也許可中譯「多死拖──威士忌」）。

　　有關馬敍倫，見第五章註 21。

　　「國史館」是當時屬於北京大學的機構之一。館中的學者都是老一點的歷史學家，包括屠寄一（敬山，屠孝實的父親）、張相文（蔚西）、薛閬仙、童亦韓、徐貽孫等。

[52]　看《公言報》（一九一九年三月十八日，北京）。這日報是軍閥所辦的。又看李何林

然而，這保守的反對集團，在思想方面並不很見功效。他們的出版物，因缺乏可讀性，並且有時很不合邏輯，對大部份的中國青年沒有多大吸引力。他們有些文章堆滿了難解的古文僻字，就是一位基礎很好的學者也不一定懂。結果，他們的《國故》雜誌只出了四期便早夭了。[53] 至於軍閥政府的出版物，由於通常只包括官方的言論，在這場論戰中對他們並沒有多少幫助。這與新知識分子領導人物的寫作能力成一大對比。他們大多是卓越的散文作家。陳獨秀那種熱情有力的論說文，一直吸引著年輕人。胡適清晰流利的文體，當時可說是無與倫比。魯迅的諷刺短文和小說，像是一把雙鋒的利刃，尖銳而致命。周作人常寫生動的散文，使讀者感覺像是與家人娓娓交談。其他推動新文學和新思想運動的教授和學生領袖，也大部份是文筆流暢有力的作家，例如錢玄同、劉復、羅家倫、傅斯年、顧頡剛、朱自清等。此外不必說，還有在這次運動中崛起的其他一大群光芒四射而年輕的散文家、小說家、劇作家和詩人。這些新知識分子領袖們不僅在西方語言和文化的知識方面凌駕那些舊學者，就是在中國古典學術的研究上有時也超越他們（那些好的學者卻不懂西學；除了嚴復和辜鴻銘等少數兼通中西者是例外）。許多新知識分子領袖不但能寫流利的白話文，還能寫暢美的古文，而舊學者要不是只精通古文，就是過於高傲而不屑於用白話文，而白話文當時已成為更有效的寫作媒介了。

在大學圈子之外有兩位頗負盛名的文學界領袖支持這反對派，即名翻譯家嚴復和林紓。這時候嚴復已轉為保守，反對學生運動，及新文學和新思想運動，儘管在二十年前他曾建議過「五四」時期年輕知識分子倡導的許多改革。他現在認為只有回歸古代中國倫理和文化，只有排斥西方

二九二，《近二十年中國文藝思潮論》（一九三八、一九四八年，上海與香港，第三版）第一章，頁一〇。

[53]　王荳章七七一，《中國青年運動》第九章，頁一四四。

的影響，才能救中國。這恰與他在一八九〇到一九〇〇年間的看法背道而馳。他還宣揚說，古文比白話文更富暗示性，更典雅，並且在自然淘汰的原則下，由於新文學運動不合理，它自然不久就倡消聲匿跡。因此他認為積極的反對是多餘而沒有必要的。[54] 於是跡剩下林紓一人是大學圈子外唯一具有影響力而支持反對派的發言人了。

　　雖然林紓除了懂中文外不懂任何外國文字，在本世紀的頭二十年裏，他是最受歡迎的歐美小說中文翻譯家。[55] 由十六位以上通曉西方語言的

---

[54]　嚴復（一八五四──一九二一）字又陵，他的早期，尤其是一八九五到一九〇二年間，實際上是主要的自由主義改革家，是最先提倡西化，介紹現代科學方法、民主思想制度到中國來，和較先改革中國語言的人。他也曾較先反對科舉制度和傳統的儒家控制。但是在一九〇二年以後，他逐漸轉變為溫和保守，贊成以教育方式來改革，而不贊成革命，並排斥自由主義和國家主義。他相信中國古代思想與現代西方思想有相近之處，因此應該好好保存。由於在西方一般人對資本主義社會的批評激增，他早期對西方文明的樂觀看法也動搖了。辛亥革命以後，袁世凱任命嚴復為北京大學校長，後來他就成為袁世凱的政治法律方面的顧問。他多少被迫支持袁世凱的帝制運動，而在運動失敗、袁世凱去世之後，他對國民政府以及對所有政黨的厭惡日見增長。他認為第一次世界大戰是西方文明崩潰的徵兆。結果他晚年自然地提倡恢復中國古代文明，並稱蔡元培為「神經病一流」。然而儘管嚴復和年輕一代有思想上的衝突，他的翻譯所介紹的社會達爾文主義、實用主義、和邏輯學，對「五四」時期知識分子的重大影響絕非誇張（看第十二章）。他在譯文裏精巧鑄成的許多中文辭句，像「物競天擇，適者生存」和「優勝劣敗」等，自二十世紀的頭十年開始，就被大家當作是原有的中文成語一般運用，而他意料不到，也不會贊同的是，後來新起的改革家和革命家竟用這些名辭作為他們的衝鋒口號。例如，革命軍閥陳炯明的別號「競存」，以及根據胡適的自傳，他在一九一〇年為自己起的名字「適」，都是出自嚴復的譯文。許多熱心的救國運動分子也都用這些社會達爾文主義的概念來支持他們的觀點。陳獨秀在《新青年》創刊的第一篇文章〈敬告青年〉中就用這些觀念來反駁保守主義。嚴復的翻譯，尤其是《天演論》(*Evolution and Ethics*) 一書，在毛澤東讀高中期間，就對他發生過極大的影響。看嚴復五五二，〈與熊純如書札節鈔〉，《學衡》第二十期（一九二四年八月，南京）頁一──五；這些書信沒有註明日期，但顯然是在一九一四到一九二〇年間寫的。又張若英編二〇，《中國新文學運動史資料》（一九三四年，上海）第二章，頁一一〇。又看周振甫，《嚴復思想述評》（一九四〇年，上海）第三部份，頁二五一──三一〇，尤其參看三〇一──一一〇；王遽常，《嚴幾道年譜》（一九三六年，上海）。

[55]　林紓（字琴南，號畏盧）（一八五二年──一九二四），福建閩縣人；嚴復是福建侯官縣人，民國後此兩縣合併為閩侯縣。林紓十九歲間染上了嚴重的肺病，他全家都遭了這災難。在他二十到三十歲間，他過著相當放縱的生活，被他的同鄉人當作是異端「狂生」。一八七八年考中秀才，一八八二年中了舉人，而一八八三年到一八八八年的一連串京試卻都

助手協助，他把一百八十種小說及其他作品譯成二百八十一冊文言文，總共有二千萬字。他的助手先把原文口譯為白話，林紓再把白話轉譯為文言文，他對桐城派和「文選」派的古文推崇備至。在北大時他一直是反對江浙國學派的重要人物。江浙派主要研究文字學、聲韻學和考證學，他們瞧不起桐城派的古文，覺得桐城派膚淺、不夠水準。林紓卻認為經學派的崛起，在一九一一年以後取代北大桐城派的學術地位，實是中國文學走下坡的象徵。可是面臨新文學運動的興起，除了少數例外，這兩派的舊學者和舊文人就有好些人多半捐棄前嫌，攜手聯合反抗外來的共同威脅。

　　然而，這些保守派的反抗相當消極，林紓加入他們的陣營也姍姍來遲。早在一九一七年錢玄同就出面支持胡適的文學改革建議，並且攻擊

落了榜。他三十歲出頭的那幾年閱讀了四萬卷左右的古書。一九〇〇年他到北京的一間中學裏教書，後來（一九〇五年前後）在北京大學前身的京師大學堂裏任教，一九〇九年任該校文科學長。江浙派興起後，他於一九一三年辭職離開北大。後來在「五四」時期，他出任段祺瑞左右手的徐樹錚所創辦的正志中學的教務長。該校嚴禁學生參加學生運動。晚清期間，林紓提倡過許多社會、政治和文學方面的改革，在一八九八年的時候就寫出平白語言的詩，但是他像多數人一樣，跟不上時間的快速前進步伐。他翻譯的文字是流利而古雅的文言。替他口譯的助手包括王子仁、魏易、王慶通和陳家麟。林紓翻譯的速度一天可達六千到八千字。（他每小時可以翻譯一千五百到二千字，但他自己創作的一篇的古文有時要花上幾個月。以胡適作比較，據他自己說，他一小時能寫九百字自己的作品，翻譯卻只能到四百字。）林紓譯的一百八十種書中，有十七種沒有出版過。這些翻譯中，一百零五種譯自英國作家，三十三種法國作家，二十種美國，七種俄國，兩種瑞典，七種不知名的作者，比利時、西班牙、挪威、希臘、日本各一種。此外，他還譯了十五個短篇，還寫了相當數目的中文散文、小說和詩。他最受歡迎的翻譯是《茶花女遺事》（即小仲馬的 *La Dame aux Camelias*，一九八二）—— 這是他的第一部翻譯，完成於一八九三年 —— 以及《塊肉餘生述》（狄更司的 *David Copperfield*）、《撒克遜劫後英雄略》（司各脫 Walter Scott 的 *Ivanhoe*）、《黑奴籲天錄》（斯陀女士 Harriet Beecher Stowe 的 *Uncle Tom´s Cabin*）和《附掌錄》（歐文 Washington Irving 的 *The Sketch Book*）。他有些早期的翻譯在文學革命後由新的翻譯所取代了。然而林紓一直是中國產量最多的翻譯家，在數量上沒有人超過他，而有些翻譯作品已自成有價 的文學。可惜的是，除了四十種巨作小說，許多他譯的原文都是二流作品，因為林助手很少有文學修養的，而他只有依賴他們的選擇。看寒光一六五；《林琴南》（一九三五年，上海）第四章，頁六五一一三五；楊蔭深，《中學文學家列傳》（一九三六年，上海），頁四八五 —— 八六。又看周策縱，《林紓年譜》（手稿）。

林紓。[56] 林紓當時只間接而緩和地答覆他，只簡單地說不應當廢棄古文文學，而應當好好保存它，效法西方之保存拉丁文。[57] 其他反對新文學、新道德的文人和學者，也都在論戰裏採取消極的態度。因此，當《新青年》編輯想用爭論來引起讀者興趣的時候，他們只好登出一封由自己的編輯錢玄同以假名用文言寫的捏造的讀者投書。這封信登在一九一八年三月十五日的那一期裏，署名「王敬軒」；信中用種種荒唐可笑的理由控訴《新青年》。隨後由雜誌的另一位編輯劉復對這封信作長篇而流暢的答辯。雖然錢的信是一封捏造信，但在文體上和大部份舊文人對儒家、舊倫理，和對文學的見解上，都模仿得相當巧妙。[58] 這個插曲引起了讀者很大的興趣，同時也引起舊派學者的憤怒。

　　不久之後，林紓對新文學運動的反感逐漸增強。一九一九年二月和三月，他在上海著名的《新申報》上發表了兩篇短篇小說，譏刺新思想和新文學運動的領導人物。在這些小說裏，他用一些假名字來影射蔡元培、陳獨秀、胡適和錢玄同，並用侮蔑的言語來描繪他們。這些小說大致上是用「偉丈夫」懲處異端那樣的主題。現在把他的小說〈荊生〉摘錄如下：

　　　　辛亥國變將兆，京城達官遷徙垂空。京師陶然亭遊客絕稀。有荊生者，漢中之南鄭人，薄遊京師，下榻陶然亭之西廂，書一簏，銅簡一具，重十八斤，懸之壁間，寺僧不敢問其能運此簡與否。然鬚眉偉然，知為健男子也。亭當同光間，京僚恆置酒延涼於是，以亂故，寂然無復遊客。時於五月十八日，山下有小奚

---

[56]　錢玄同一〇七，〈通信〉，《新青年》三卷三號（一九一七年三月一日），頁六一七。

[57]　引用於胡適，〈通信〉，見同上，三卷一號（一九一七年五月一日），頁四一五。

[58]　鄭振鐸八〇，〈文學論爭集導言〉，見於趙家璧編三三，《中國新文學大系》（一九三五年，上海）第二章，頁五一六；王敬軒一〇八，〈文學革命之反響〉，《新青年》四卷二號（一九一八年三月十五日），頁二六五一六八；又劉復的編者答覆，見同上，頁二六八一八五。

奴，肩蠻檯載酒，其後轆轆三車，載三少年，一為皖人田其美，一為浙人金心異，一則狄莫，不知其何許人，[59] 悉新歸自美洲，能哲學，而田生尤穎異，能發人所不敢發之議論，金生則能「說文」，三人稱莫逆，相約為山遊。即至，窺荊生室，頗輕蔑，以為武夫不知風雅，漠然不置念。呼僧掃榻，溫酒陳餚，坐而笑語，與荊生居處，但隔一窗。田生中坐，嘆曰：「中國亡矣，誤者均孔氏之學，何由堅言倫紀，且何謂倫紀者，外國且妻其從妹，何以能強？天下有人種，即有父母，父母於我又何恩者？」狄莫大笑曰：「惟文字誤人，所以至此。」田生以手抵几曰：「死文字，安能生活學術，吾非去孔子滅倫常不可！」狄莫曰：「吾意宜先廢文字，以白話行之，俾天下通曉，亦可使人人咸窺深奧之學術，不為艱深文字所梗。唯金君欲何以默守『說文』，良不可解。」金生笑曰：「君知吾何姓，吾姓金耳。姓金者亦嗜金，吾性但欲得金，其講『說文』者，愚不識字之人耳。正欲闡揚白話以佐君。」於是三人大歡，堅約為兄弟，力掊孔子。忽聞有巨聲，板壁傾矣，撲其食案，杯盤均碎。

　　一偉大夫趫足，超過破壁，指三人曰：「汝適何言？中國四千餘年，以倫紀立國，汝何為壞之！孔子何以為時之聖？時乎春秋，即重俎豆；時乎今日，亦重科學。譬叔梁紇病篤於山東，孔子適在江南，聞耗，將以電報問疾，火車視疾耶？或仍以書附郵者，按站而行，抵山東且經月，俾不與死父相見，孔子肯

---

[59]　按田其美是影射陳獨秀。根據中國古史，田氏是陳氏的分支，「秀」與「美」二字意義相近。田其美一名大概也是模仿民初革命黨人陳其美的名字。金心異影射錢玄同。「金」與「錢」同義，而「異」「同」則為相反詞。狄莫影射胡適。「胡」與「狄」都可指野蠻民族。以「莫」代「適」是據《論語》〈里仁〉篇：「無適也，無莫也，義之與比。」或《左傳》昭公三十年：「楚執眾而乖，莫適任患。」荊生影射徐樹錚將軍，因為荊、徐是古代關係密切的兩州。

如是耶？子之需父母，少乳哺，長教育耳。乳汝而成人，教汝而
識字，汝今能噪吠，非二親之力胡及此！譬如受人之財，或己命
為人所拯，有心者尚且唧恩，汝非二親不舉，今乃為傷天害理之
言。余四海無家，二親見背，思之痛絕。爾乃敢以禽獸之言，
亂吾清聽！」田生尚欲抗辯，偉丈夫駢二指按其首，腦痛如被錐
刺。更以足踐狄莫，狄腰痛欲斷。金生短視，丈夫取其眼鏡擲
之，則怕死如蝟，泥首不已。丈夫笑曰：「爾之發狂似李贄，直人
間之怪物。今日吾當以香水沐吾手足，不應觸爾背天反常禽獸之
軀幹。爾可鼠竄下山，勿汙吾簡。……」三人相顧而（無？）言，
斂具下山。迴顧危闌之上，丈夫尚拊簡而俯視作獰笑也……。[60]

在這篇小説的結尾處，林紓認為田其美這些人「禽獸自語，於人胡
涉？」原可置之不理，荊生懲罰他們，實亦「多事可笑」。他又嘆道：「如
此混濁世界，亦但有田生狄生足以自豪耳，安有荊生？」

在另一篇小説〈妖夢〉中，林紓又用類似的描述。故事説，他有一個
門人夢遊陰曹，發現那兒有個「白話學堂」。蔡元培任校長，陳獨秀任教
務長，胡適任副教務長。後來看見他們都被那佛經裏説的曾吞食過太陽
和月亮的大王羅睺羅阿修羅活吃了。[61] 雖然林紓本人並不完全同意軍閥
政府的各種內政外交政策，但許多人都相信這些故事的目的是向軍閥求
援，要他們干涉北大行政，尤其是隱含向徐樹錚求援，因為他是安福系最
能幹的領導人物，又是極崇拜林紓的人。[62] 林紓後來為了澄清別人的指
責，在《新申報》上道歉，對故事中的侮辱詞句表示悔意，他的歉悔贏得

---

[60]　林妤三一五，〈荊生〉，重刊於趙家壁編三三，《中國新文學大系》第一冊，頁一七四——
　　　一七五。
[61]　林紓三一九，〈妖夢〉，重刊，見同上，第三冊，頁四三一——三三。
[62]　看劉復，〈初期白話詩稿編者序〉（一九三三年，北京），頁三——四。

了陳獨秀的稱讚。

　　但林紓更嚴肅的反對卻表現在一九一九年三月十八日他寫給蔡元培的那封著名的信，控訴北大以「覆孔孟，剷倫常」和「盡廢古書，行用土語」的罪名。在這封信的前面林紓認為當前「名教之孤懸，不絕如縷」，希望蔡元培「為之保全而護惜之。」而尤其告誡他的是：「大學為全國師表，五常之所係屬。……若盡反常軌，侈為不經之談，則毒粥既陳，旁有爛腸之鼠；明燎霄舉，下有聚死之蟲。何者？趨甘就熱，不中其度，則未有不斃者。方今人心喪蔽，已在無可救挽之時，更侈奇創之談，用以譁眾。少年多半失學，利其便己，未有不糜沸鬩至而附和之者。而中國之命如屬絲矣。」接著他陳述了好些反對新思潮和白話文學的理由。現摘要列舉如下：

　　一、過去的改革並無成效可言：「晚清之末造，慨世者恆曰：去科舉，停資格，廢八股，斬豚尾，復天足，逐滿人，撲專制，整軍備，則中國必強。今百凡皆遂矣，強又安在？」

　　二、而民國的新改革家「更進一解，必覆孔孟，剷倫常為快。嗚呼！因童子之羸困，不求良醫，乃追責其二親之有隱瘝，逐之，而童子可以日就肥澤，有是理耶？」這就是說，中國今日的貧弱，不應追究既往及倫常。

　　三、並且外國人也遵守倫常：「外國不知孔孟，然崇仁、仗義、矢信、尚智、守禮，五常之道，未嘗悖也，而又濟之以勇。弟不解西文，積十九年之筆述，成譯著一百廿三種，都一千二百萬言，實未見中有違忤五常之語，何時賢乃有此叛親蟻倫之論，此其得諸西人乎？抑別有所授耶！」

　　四、文學革命是不必要的，因古文讀者會越來越少。「前年梁任公倡馬班革命之說，弟聞之失笑。任公非劣，何為作此媚世之言？馬班之書，讀者幾人？殆不革而自革，何勞任公費此神力。」

　　五、古文並不妨礙科學與學術，且亦不能被消滅。「若云死文字有礙生學術，則科學不用古文，古文亦無礙科學。英之迭更，累斥希臘拉丁羅

馬之文為死物，而今仍存者，迭更雖躬負盛名，固不能用私心以巇古。矧吾國人，尚有何人如迭更者耶！」

六、常道不可因一時的方便而變更，而且孔子也是會適應時代需要的。「須知天下之理，不能就便而奪常，亦不能取快而滋弊……孔子為聖之時，時乎井田封建，則孔子必能使井田封建一無流弊；時乎潛艇飛機，則孔子必能使潛艇飛機不妄殺人：所以名為時中之聖。時者，與時不悖也。衛靈問陣，孔子行；陳恆弒君，孔子討，用兵與不用兵，亦正決之以時耳。」

七、強權不必成功，且中國弱敗亦不能歸罪於孔子。「今必曰天下之弱，弱於孔子。然則天下之強，宜莫強於威廉。以柏靈一隅，抵抗全球，皆敗衄無措，直可為萬世英雄之祖。且其文治武功，科學商務，下及工藝，無一不冠歐洲，胡為憸憸為荷蘭之寓公？若云成敗不可以論英雄，則又何能以積弱歸罪孔子？」

八、孔子學說注重人與人相處之道，連莊子也沒有完全反對他。「彼莊周之書，最擯孔子者也。然〈人間世〉一篇，又盛推孔子。所謂『人間世』者，不能離人而立之謂。其托顏回，托葉公子高之問難，孔子陳以接人處眾之道，則莊周亦未嘗不近人情而忤孔子。乃世士不能博辯為千載以上之莊周，竟咆勃為千載以下之桓䲴，一何其可笑也！」

九、只會說土話的人並不就有真學術。「天下唯有真學術，真道德，始足獨樹一幟，使人景從。若盡廢古書，行用土語為文字，則都下引車賣漿之徒，所操之語，按之皆有文法，不類閩廣人為無文法之啁啾，據此則凡京津之稗販，均可用為教授矣。」

十、過去優秀的白話作家，也曾向古文學習，且曾採用古文。「若《水滸》《紅樓》，皆白話之聖，並足為教科之書；不知《水滸》中辭吻，多採岳珂之《金陀萃篇》，《紅樓》亦不止為一人手筆，作者均博極群書之人。總之，非讀破萬卷，不能為古文，亦並不能為白話。

　　十一、白話可用來譯解古書，但不能取代古書。「若化古子之言為白話演說，亦未嘗不是。按《説文》：『演，長流也。』亦有延之廣之之義。法當以短演長，不能以古子之長，演為白話之短。且使人讀古子者，須讀其原書耶？抑憑講師之土語，即算為古子？若讀原書，則又不能全廢古文矣。矧於古文之外，尚以《説文》講授，《説文》之學，非俗書也。當參以古籀，證以鐘鼎之文，試思用籀篆可化為白話耶？果以篆籀之文，雜之白話之中，是引漢唐之環燕，與村婦談心；陳商周之俎豆，為野老聚飲。類乎不類？弟閩人也，南蠻鴃舌，亦願習中原之語言，脱授我者以中原之語言，仍令我為舌鴃之閩語，可乎？蓋存國粹而授《説文》，可也。以《説文》為客，以白話為主，不可也。」

　　十二、新派説，父母自因情慾而生育，對子女無恩。這是禽獸的話。「近來尤有所謂新道德者，斥父母為自感情慾，於己無恩。此語曾一見之隨園文中，僕方以為擬於不倫，斥袁枚為狂謬。不圖竟有用為講學者！人頭畜鳴，辯不屑辯，置之可也。彼又云：武曌為聖王，卓文君為名媛，此亦拾李卓吾之餘唾。卓吾有禽獸行，故發是言。李穆堂又拾其餘唾，尊嚴嵩為忠臣。試問二李之名，學生能舉之否？同為漸滅，何苦增茲口舌，可悲也！」

　　最後，林紓對蔡元培忠道：「大凡為士林表率，須圓通廣大，據中而立，方能率由無弊。若憑位分勢力，而施趨怪走奇之教育，則惟穆罕默德左執刀而右傳教，始可如其願望。今全國父老，以子弟托公，願公留意，以守常為是……。」[63]

　　針對這些嚴厲的控訴，蔡元培在三月十八日回了他一封分析的長信，[64] 這封信後來受到廣泛的轉載和徵引，成為大大幫助傳播新思想和新

---

[63]　林紓三一二，〈致蔡元培書〉，《公言報》（一九一九年三月十八日，北京）。

[64]　蔡元培四四九，〈致公言報並答林琴南函〉，重刊於四六一，《蔡孑民先生言行錄》第二冊，頁三一四—三一五。信的最後部份英譯文見鄧嗣禹與費正清七四五，《中國對西方的反應》第二十四章，頁二三八—三九。

文學運動的因素。蔡元培開頭對林紓說，外間對北大的謠言，並非事實。
接著便說：「原公之所責備者，不外兩點：一曰：『覆孔孟，劏倫常。』二
曰，『盡廢古書，行用土語為文字。』」於是他便分別替北大辯護：

有關「覆孔孟，劏倫常」的答覆：

一、北京大學教員不曾以「覆孔孟」教授學生。「大學講義，涉及孔
孟者，惟哲學門中之中國哲學史。已出版者，為胡適之君之《中國上古哲
學史大綱》，請詳閱一過，果有『覆孔孟』之說乎？特別講演之出版者，有
崔懷瑾〔適〕君之《論語足徵記》、《春秋復始》，哲學研究會中，有梁漱溟
君提出『孔子與孟子異同』問題，與胡默青君提出『孔子倫理之研究』問
題，尊孔者多矣，寧曰覆孔？」

二、教員所反對的只是那些依託孔子以反對革新之不合時言論，並
非與孔子為敵。「若大學教員，於學校以外，自由發表意見，與學校無涉，
本可置之不論。然姑進一步而考察之，則惟《新青年》雜誌中，偶有對於
孔子學說之批評，然亦對於孔教會等託孔子學說，以攻擊新學說者而發，
初非直接與孔子為敵也。……使在今日，有拘泥孔子之說，必復地方制度
為封建；必以兵車易潛艇飛機；聞俄人之死其皇，德人之逐其皇，而曰必
討之，豈非昧於『時』之義，為孔子之罪人，而吾所當排斥之者耶？」

三、大學不但未提倡劏除倫常，且教誡甚嚴。「次察『劏倫常』之說：
常有五：仁、義、禮、智、信，公既言之矣。倫亦有五：君臣、父子、兄弟、
夫婦、朋友。其中君臣一倫，不適於民國，可不論；其他父子有親、兄弟
相友（或曰長幼有序），夫婦有別，朋友有信，在中學以下修身教科書中，
詳哉言之。大學之倫理學，涉此者不多；然從未有以父子相夷，兄弟相鬩，
夫婦無別，朋友不信，教授學生者。大學尚無女學生，則所注意者，自偏
於男子之節操。近年於教科以外，組織一進德會，其中基本戒約，有不嫖，
不娶妾兩條。不嫖之戒，決不背於古代之倫理，不娶妾一條，則且視孔孟

之說為尤嚴矣。至於五常，則倫理學中之言仁愛、言自由、言秩序、戒欺詐，而一切科學，皆為增進知識之需。寧有劃之之理歟？」

四、教員在校外也沒有發表劃除倫常的言論。「若謂大學教員，曾於學校以外，發表其『劃倫常』之主義乎，則試問有誰何教員，曾有何書，何雜誌，為父子相夷，兄弟相鬩，夫婦無別，朋友不信之主張者？曾於何書，何雜誌，為不仁、不義、不智、不信及無禮之主張者？公所舉『斥父母為自感情慾，於己無恩』，謂隨園文中有之。弟則憶《後漢書》〈孔融傳〉：路粹枉狀奏融有曰：『前與白衣禰衡，跌蕩放言，云，父之於子，當有何親？論其本意，實為情慾發耳。子之於母，亦復奚為，譬如寄物瓶中，出則離矣。』孔融禰衡並不以是損其身價。而路粹則何如者？[65]且公能指出誰何教員，曾於何書，何雜誌，述路粹或隨園之語，而表其極端贊成之意者？且弟亦從不聞有誰何教員，崇拜李贄其人而願拾其唾餘者。所謂『武曌為聖王，卓文為賢媛，』何人曾述斯語，以號於眾，公能證明之歟？」

有關「盡廢古書，行用土語為文字」的答覆：

一、北大的課卷皆仍用文言，講義也絕大多數是文言。「請先察『北京大學是否已盡廢古文而專用白話？』大學預科中，有國文一課，所據為課本者，曰模範文，曰學術文，皆古文也。其每月中練習之文，皆文言也。本科中有中國文學史、西洋文學史、中國古代文學、中古文學、近世文學。又本科預科皆有文字學，其編成講義而付印者，皆文言也。有《北京大學月刊》，中亦多文言之作，所可指為白話體者，惟胡適之君之《中國古代哲學史大綱》。而其中所引古書，多屬原文，非皆白話也。」

二、講解古書必賴白話。「次考察『白話是否能達古書之義？』大學

---

[65]　東漢孔融（公元一五三—二〇八）湊巧是孔子第二十代後人，他是受操曹部下路粹誣告的犧牲者，被曹操所殺害。見〈孔融傳〉，《後漢書》第一百卷。吳虞在他〈說孝〉一文中，曾引用孔融的話來支持他反對孝道的論點，但這時他還未到北大教書。

教員所編之講義，固皆文言矣。而上講壇後，決不能以背誦講義塞責，必有賴於白話之講演。豈講演之語，必皆編為文言而後可歟？吾輩少時，讀《四書集註》、《十三經注疏》，使塾師不以白話講演之，而編為類似集注類似注疏之文言以相授，吾輩其能解乎？若謂白話不足以講《說文》，講古籀，講鐘鼎之文，則豈於講壇上，則豈於講壇之上，當背誦許氏《說文解字繫傳》、郭氏《汗簡》、薛氏《鐘鼎款識》之文，或編為類此之文言，而後可，必不容以白話講演之歟？」

　　三、白話並不遜於文言，而且提倡白話的教員，皆博學而長於文言。「又次考察『大學少數教員所提倡之白話的文字，是否與引車賣漿者所操之語相等？』白話與文言，形式不同而已，內容一也。《天演論》、《法意》、《原富》等，原文，皆白話也，而嚴幼陵君譯為文言。小仲馬、迭更司、哈德等之所著小說，皆白話也，而公譯為文言。公能謂公及嚴君之所譯，高出於原本乎？若內容淺薄，則學校報考時之試卷，普通日刊之論說，儘有不值一讀者，能勝於白話乎？且不特引車賣漿之徒而已，清代目不識丁之宗室，其能說漂亮之京話，與《紅樓夢》中寶玉黛玉相垺，其言果有價值歟？……北京大學教員，善作白話文者，為胡適之、錢玄同、周啟孟〔作人〕諸君，公何以證知為非博極群書，非能作古文，而僅以白話文藏拙者？胡君家世漢學，其舊作古文，雖不多見，然即其所作《中國哲學史大綱》言之，其了解古書之眼光，不讓於清代乾嘉學者。錢君所作之文字學講義，學術文通論，皆古雅之古文。周君所譯之《域外小說》，則文筆之古奧，非淺學者所能解。然則公何寬於《水滸》、《紅樓》之作者，而苛於同時之胡、錢、周諸君耶？」

　　最後，蔡元培提到他在北大辦學的「兩種主張」：

　　一、「對於學說，仿世界各大學通例，循『思想自由』原則，取兼容並包主義，與公所提出之『圓通廣大』四字，頗不相背也。無論為何種學派，

苟其言之成理，持之有故，尚不達自然淘汰之運命者，雖彼此相反，而悉聽其自由發展。」並附抄他自己在一九一八年十二月十日所寫的〈北京大學月刊發刊詞〉裏所提倡的三點意見。

二、「對於教員，以學詣為主。在校講授，以無背於第一種之主張為界限。其在校外之言動，悉聽自由。本校從不過問，亦不能代負責任。例如復辟主義，民國所排斥也。本校教員中，有拖長辮而持復辟論者〔作者按：指辜鴻銘〕，以其所授為英國文學，與政治無涉，則聽之。籌安會之發起人，清議所指為罪人者也，本校教員中有其人〔指劉師培〕，以其所授為古代文學，與政治無涉，則聽之。嫖賭娶妾等事，本校進德會所戒也。教員中間有喜作側艷之詩詞，以納旁挾妓為韻事〔以納妾為韻事的有辜鴻銘、劉半農等。詠妓的有陳獨秀、黃侃等，後來又有吳虞。陳尤喜涉花柳。〕，以賭為消遣者，苟其功課不荒，並不誘學生而與之墮落，則姑聽之。夫人才至為難得，若求全責備，則學校殆難成立。且公私之間，自有天然界限。譬如公曾譯有《茶花女》、《迦茵小傳》、《紅礁畫槳錄》等小說，而亦曾在各學校講授古文及倫理學。使有人詆公為此等小說體裁講文學，以挾妓姦通爭有夫之婦講倫理者，寧值一笑歟？……」

這些信件的交換標誌了保守勢力對新運動的總攻擊。蔡元培的答覆雖然堅定而嚴肅，在某些論點上仍顯露出避重就輕的痕迹。在某些方面，他否認或削減了新文化運動教授們所提倡過的種種事項。蔡元培處於當時情況之下，即受到落後軍閥政府的統治，還受到群集的保守勢力的這種猛攻，他答信的首要目的實在不得不為了維持北大的自由，使它不受政府干涉。他絕不可能全力為新思想宣揚。然而，即使受到這些限制，他仍然為新文化運動作了一個很好的辯護。

從一開始，保守派的反對就注定是要失敗的，因為他們主要只努力爭取政府的干涉，而很少求取大眾的支持。他們企圖遊說安福系控制下的

國會，去彈劾教育總長和北大的校長，並且他們還要求教育總長解聘陳獨秀、胡適、錢玄同等自由派、進步派的教授。彈劾的議案曾在國會提出過，但沒有通過，因為政府害怕學生和輿論的強烈反對。然而到一九一九年春天，政府要干涉的説法越傳越嚴重，陳獨秀因此在三月被迫辭去教務長的職位；[66] 要是「五四事件」沒有發生的話，在北大和其他大學裏的新思想運動很可能會被軍閥政府鎮壓下去。[67] 江蘇省長齊耀林就曾以保存「國粹」為藉口，下令所有的地方政府和學校，嚴禁購買或閱讀任何批評舊文學和傳統倫理的報章書籍。[68]

六、年對新思潮的響應

　　儘管當時危機四伏，這次新文化運動，不像反對派那樣缺少群眾，由陳獨秀創辦《新青年》開始就激起了年輕知識分子的熱烈支持。這不但應歸功於這個月刊中所提倡的許多大膽新穎的觀念，也應歸功於其中極有效力的文體和寫作技巧。除此以外，從許多角度看來，月刊裏的〈通信〉一欄是中國雜誌中首次出現的一個有效而真正自由表達公意的場所，很多重要的問題和觀念都曾在此得到嚴肅的討論和發展。《新青年》可説是個名副其實的「思想炸彈」。有一位讀者回憶説：「它的出現像是一聲雷

---

[66]　北京人壁報社三八五，〈五四運動紀要〉，《世界日報》（一九四七年五月四日，北京）頁四。

[67]　鄭振鐸八〇，〈文學論爭集導言〉，頁七；李何林二九二，《近二十年中國文藝思潮論》第一章，頁一〇。

[68]　〈甚麼話〉，《新青年》六卷四號（一九一九年四月十五日），頁四四六。有關政府干涉的謠言，及公眾輿論支持北京大學，看陳獨秀一九一九年三月十六日〈關於北京大學的謠言〉一文，重印在陳獨秀六二，《獨秀文存》第一章，頁六〇一──六〇五。

鳴，把我們由 擾不寧的夢中震醒了。」[69] 月刊的出版者之一汪孟鄒説，當初每一期大約只印一千份左右；一九一七年以後，「五四時期」期間，銷路驟增到一萬六千份——就當時中國出版業的情況而論，是個相當驚人的數字。[70] 由於讀者的大量需求，許多期都曾重印了好幾次。

中國青年對這一雜誌的熱烈反應，在讀者投書裏表現得非常明顯，這些投書大多是由覺悟的年輕人寫的。後來他們之中有不少在現代中國政界和思想界裏成為出眾的人物。這些年輕的讀者，當他們在致力社會改革的過程中遭受挫折之時，看到這雜誌的出現，對他們説來，正如其中有一位説的，它就是「青年界之明星」。他還説：「未幾大誌出版，僕已望眼欲穿，急購而讀之，不禁喜躍如得至寶。」又説：「至於今日，大誌五號出版，又急購而讀之。須知僕已問過數次。今已不能須臾緩也。迨展讀數頁，覺悟語深入我心，神經感奮。深恨不能化百千萬身，為大誌介紹。」[71]

《新青年》中有不少類似上面所引的這種投書，它們還反映出當時年輕人受到新思潮的喚醒，覺察到需要有組織的活動。由於他們所接觸到的是許多混淆不成系統的新觀念，他們對新潮流反應也就並不一致。一九一七年以後，許多思想溫和的，或具有進步的自由主義觀念的年輕人，以及激進派的青年，就紛紛成立不同的組織。雖然他們當時沒有特別的影響力，有些會員後來卻在中國政治發展上扮演過重要的角色。

這些社團中的一個便是新民學會，是由毛澤東和他的朋友於一九一八年四月十八日在長沙創辦的。在「五四運動」之前，毛澤東還在該城的湖南省立第一師範學校就讀。這所學校設在南宋初年張栻（南軒，一一三三——一一八〇）講過學的有名的城南書院舊址，在一九一三年後

---

[69]　王茁章七七一，《中國青年運動》第六章，頁一〇〇。

[70]　張靜廬編一〇，《中國近代出版史料二編》，頁三一五一一六

[71]　畢雲程，〈通信〉，《新青年》二卷一號（一九一六年九月一日），頁六。

由北京高等師範學校的一位畢業生任校長，許多提倡自由主義思想的教員，像楊昌濟（懷中）、徐特立和方維夏等，都應聘加入該校，因此這所學校成為北京大學的一個縮形，而該校的學生也常是湖南省學生運動的活躍領導分子。他們有許多後來成為社會、政治、文化各方面改革運動的出色人物。毛澤東很快地就成為《新青年》的熱心贊助人。一九一七年春他採用一個奇怪的筆名「二十八劃生」，投稿給《新青年》。[72] 這篇文章的本身並沒有甚麼重要性。但這件事卻顯示他對這雜誌非常有興趣。不久由於受到《新青年》的激發，他組織了新民學會。這社團的會員人數在七十到八十之間，許多後來成為中國共產黨的領導人物。有一部份在一九二七年後的內戰中被殺死了，還有些加入了國民黨或其他組織。[73] 在一九一八年時，這個社團協助徵求並組織湖南省的學生參加「勤工儉學」運動到法國留學。這與中國留法工讀學生運動中激進因素的發展有相當密切的關係。[74]

---

[72]　這篇文章的題目是〈體育之研究〉，用文言寫成，登在一九一七年四月一日那期（第三卷第二號）裏，筆名的由來是：他的名字「毛澤東」三個字共有二十八劃。這篇文章登出後，不久，一九一七年夏，毛澤東寄出許多封信給長沙各學校的學生「嚶鳴求友」，並「徵求有志上進、願為救國救民出力者為同道。」他還在長沙的一種報紙上以這封信作為廣告。這封信也是用登在《新青年》上那文章的同一筆名。根據毛的回憶，這封信得到「三個半答覆」。那「半」個答覆來 自一位叫李立三的青年，後來他去看毛澤東，傾聽他的談話，但卻不曾被他說服。他們一直沒有建立友誼關係。李立三後來有一段時間成為中國共產黨的領袖，並且是「立三路線」的創導人。這封信登出後不久，毛澤東聯合在他周圍的一群學生同志形成了新民學會的主力。毛澤東自己以及他的傳記作者和他的同志們，後來都很少提及這篇登在《新青年》上的文章。毛澤東在寫這篇文章的時候是個熱心於斯巴達式的體育訓練的提倡者。看史諾七三九，《紅星照臨中國》（一九四四年，紐約），頁一四一─一四七；蕭三一七八，《毛澤東同志的青少年時代》（一九四九、一九五〇年，上海第三版），頁六一─六二、八一─八二；羅敦偉三四六，《五十年回憶錄》第四章，頁一八。長沙的第一師範在三十年代改為省立第一高級中學，後又改為長沙高級中學，第一師範則遷往別處，但長沙高級中學繼承了原有活躍的學風。

[73]　史諾七三九，《紅星照臨中國》，頁四六─一四七；蕭三，《毛澤東同志的青少年時代》，頁八二─八四。

[74]　根據留法工讀生的一個報告記載，湖南省的學生數目最大。看沈宜甲，〈安徽留法勤

毛澤東在一九一八年初由第一師範學校畢業，同年九月與約二十位參加工讀的學生同赴北京。他在師範學校時的老師楊昌濟替他寫了一封介紹信給李大釗。（羅家倫有一次告訴作者説，毛澤東去見李大釗是他介紹的。我想他只是引見人罷。）楊昌濟曾在湖南省立第一師範學校教倫理學、論理學、心理學、教育學和哲學，這時他已在北京大學任教授。他的女兒楊開慧在長沙時就和毛澤東同居過，以後結了婚。毛到北京後未能進入北京大學正式唸書，乃由李大釗聘用為圖書館助理員，月薪八圓。那時候毛澤東深受北大正在提倡的新思潮的影響。雖然他職位低，為了能在北大旁聽，他加入過哲學研究會和新聞學研究會。因此他結織了一群胸懷大志的年輕人；許多後來成為國民黨和共產黨的領導人物，還有些成為文學界的領袖，例如陳公博、譚平山、邵飄萍、康白情、羅家倫和段錫朋。他也曾與陳獨秀和胡適會過面，卻不曾引起他們的注意。在這種環境的培養之下，毛澤東對政治的興趣日增，而他的看法也日趨激烈。那時由於受到一位學生朋友區聲白的影響，毛澤東接納了許多無政府主義的思想，一直到一九一九年初他才離開北京到上海和長沙去。

類似於新民學會的團體在許多其他城市中也都各自獨立互不相關地成立了起來。一九三六年夏毛澤東曾評論這些社團説：

　　這些社團大部份是受了陳獨秀的著名《新青年》雜誌的影響而組成的。我在師範學校做學生時就開始讀這個雜誌，對胡適和陳獨秀的文章非常欽佩。有一段時期他們成為我的模範，代替了我以前曾崇拜過但當時已經放棄了的梁啟超和康有為。那時侯

工儉學生第一次報告書〉，《安徽教育月刊》，第二十四、二十五號；蕭三一七八，《毛澤東同志的青少年時代》，頁八〇一九〇、九五；史諾七三九，《紅星照臨中國》，頁一四九、一五一一五二。

我的頭腦是自由主義、民主改良主義和烏托邦社會主義有趣的混合物。對於「十九世紀的民主制度」、烏托邦主義和舊式的自由主義，我多少是有模糊的熱誠，並且我已明顯地是一個反軍國主義者和反帝國主義者。[75]

有一點應當注意的是，這種「有趣的混合物」並非當時某一個學生的特殊心境。實際上它代表「五四運動」之中活躍與擾動不安的青年們的思想主流。

即使在「五四事件」以前，新文化運動不但已經吸引到了年輕的知識分子，並且還獲得各政黨自由主義分子和激進分子的同情。許多新知識分子的領袖例如蔡元培、吳稚暉、李石曾、錢玄同和蔣夢麟等，都是國民黨黨員，或其前身同盟會的會員。雖然國民黨在這個運動的初期不曾表明任何態度，有些成員卻早以個人身分加入了活動。[76] 這段期間中國各政黨的黨員大多能自由行動。此外，新知識潮流還受到溫和的保守派研究系的熱心支持，研究系是由進步黨演變而來的，兩者都受著名作家和改革家梁啟超的領導。[77]

---

[75]　同上，頁一四六——四八。

[76]　在一九一四到一九一九年間國民黨用的名字是中華革命黨。它的總部，一直到一九一六年袁世凱去世以前，還設在東京，一九一六年遷到上海。一九一九年十月十日黨名改為中國國民黨。一九二四年初，在它第一次全國代表大會之後，總部由上海遷到廣州。「五四」時期，國民黨是唯一試圖推翻北京政府的有實力的政黨。黨中有些比較溫和的黨員仍留在北京，擔任國會議員。有關國民黨歷史的資料很多。標準本仍是鄒魯，《中國國民黨史稿》第四冊（一九二九年，上海，修定本，一九四四年，重慶）。

[77]　進步黨是由清末戊戌「百日維新」改革家們創辦的君主立憲黨發展而來的。在一九一二年十月，即辛亥革命後一年，支持君主立憲一派的人組織了一個民主黨。一九一三年五月二十九日在袁世凱的保護之下，民主黨的領袖梁啟超、湯化龍和林長民等把該黨與袁世凱的黨派，以及小規模的統一黨合併建立了進步黨；這個政黨成為當時在國會中的多數黨，即國民黨的抗衡勢力。袁世凱死後，進步黨被解散了。在一九一六年八月底，這個黨的黨員與其他溫和派的政治家建立憲法研究會，通常被稱為「研究系」。該系大致上來說支持段祺瑞，並在段的內閣中出任許多職位。但在一九一七年十一月段氏下台以後，研究系

　　到第一次世界大戰快結束的時候，新改革家們實際上已贏得了幾個主要政黨的同情（傾向政府的集團除外），和許多新知識分子的支持。北大和其他在北京的幾所大學在實質上已成為運動的領導中心，同時新觀念和新精神也已開始在全國各城市的學校中對青年知識分子發揮了作用[78]。

　　直到這時候，新改革運動的積極分子主要還是北京的教授和學生。新知識分子和新興商人、工業家之間，還沒有建立密切的關係；還有，軍閥政府和士紳文人聯合而成的反對派，與商人、工業家之間也還沒有發生爭端。事實上，在一九一五年到一九一七年間，新知識分子和舊勢力之間的衝突主要是觀念上的，而非行動上的衝突。然而在一九一七年，當段祺瑞攬權的中國政府與寺內正毅的日本政府之間關係轉為親密之後，這個局勢就開始轉變了。中國保守集團的親日態度導致新知識分子與民眾的聯合，當時由於一九一五年日本的二十一條要求和其後日本軍人政府的種種活動，民眾的愛國心已高漲起來。這種愛國情緒在聯合的「救國」運動聲中逐漸化為行動。到一九一八年，這種行動便已發展得更積極了。

在安福系控制下的國會中，只保留很少數的席位。一九一八年以後，該黨許多思想領袖，像梁啟超和張東蓀，都開始放棄實際政治工作，從事文化與思想的改革。那年冬天研究系在北京的宣傳機構之一《國民公報》登出一連串的文章，討論並支持《新青年》中提倡的一些新觀念。一九一九年初，胡適、周作人和陳獨秀在《新青年》中與《國民公報》的編輯藍知非（公武）交換了好幾封長信，討論貞操、語言、改革者的態度等問題。其他的出版機構，例如北京的《晨報》和上海的《時事新報》（英文常稱為 *The China Times*），加上國民黨的《民國日報》，也都變成了新文化運動的先鋒。李大釗在轉變為馬克思主義者之前，屬於研究系，並是該系的領袖和北京政府內政總長湯化龍的四位秘書之一。湯出生於一八七四年，於一九一八年九月十二日在加拿大的維多利亞市被一個廣東人理髮師刺死。看楊幼炯五四七，《中國政黨史》（一九三六、一九三七年，上海，第二版）第六章，頁一〇九；謝彬，《民國政黨史》（一九二六年，上海，修正第四版）第七一九章，頁五三一八七；陶菊隱，《蔣百里先生傳》（一九四八年，上海）第九章，頁七七；《新青年》六卷四號（一九一九年四月十五日），頁三九八一四二六。

[78]　在「五四事件」以前已經有不少事例，學生由於受到《新青年》的激發，在學校裏創辦雜誌傳布新思想和新文學，但卻面臨學校當局極大的壓迫。試舉一例，一九一九年春天武昌中華大學附屬中學的學生就會組織「新聲社」，出版《新聲》雜誌。看〈通信〉，同上，六卷三號（一九一九年三月十五日），頁三三七一三八。

七、一九一八年五月的抗日請願

若要説明中國知識分子與民眾在救國運動裏發展的密切關係，首先要知道一九一六年十月寺內正毅（Terauchi Masatake）繼大隈重信（Okuma Shigenobu）出任首相以後，日本對中國政策的轉變。大隈一直同時支持中國的革命黨和滿清復辟運動派，希望用這種兩面政策能抑制袁世凱的勢力。「二十一條要求」是他對華政策的高峰。[79] 但寺內掌握政權後，他任命勝田主計（Shoda Kazue 或 Katsuda Shukei）為財政大臣。這時日本的經濟正面臨空前的戰時繁榮，到處都有過剩的資本可供發展新的企業。因此勝田就開始提倡所謂「菊分根」（菊の根分け）政策，即用貸款和投資方式，在中國建立經濟的支根，並且化中國為日本殖民地。[80] 此外，日本駐華公使林權助（Hayashi Gonsuke）也建議協助段祺瑞，而不再支援反對北京政府的國民黨。這新政策的結果是：一九一七年一月到一九一八年九月期間，日本給段祺瑞巨大的「西原借款」。[81]

受到這些借款的影響，段祺瑞政府變得越來越依賴日本，並且因有日本的經濟支援，段祺瑞本人鞏固了他在國會的勢力。一九一八年三月七

---

[79]　後藤新平〈日支衝突之真象〉，引用於王芸生四九八，《六十年來中國與日本》第七冊，第六十三章，頁五八一七一。

[80]　「菊分根」這個名辭的典故出於勝田一首題菊花圖詩中的一行。後來他用這個詞句作標題寫過一篇未完稿的回憶錄，為「西原借款」作辯護。這回憶錄會由龔德柏譯為中文，標題是「菊分根」。看王芸生，四九八，《六十年來中國與日本》（一九三四年，天津）第七冊，第六十八章，頁一二八一三一；勝田主計筆錄，《菊の根分著──日支經濟上の設け就て》（一九一八年，「爾汝會」印行供私人分配，一九三三年二版）。

[81]　林權助提倡協助段祺瑞的政府，但卻不贊成「西原借款」，因為他認為這貸款會妨害列強在中國的利益，並引起她們的妒嫉。後來他還控訴寺內支持段的動機和目的並非是為了積極協助中國的統一，而是適得其反。看林權助的文章，引用於王芸生四九八，《六十年來中國與日本》第七冊，第六、八章，頁一三一一三四。這貸款是因為由西原龜三（Nishihara Kamezo）主持與中國商定而命名的。貸款數字高達一億四千五百萬日圓。

日（可能在一九一七年八月就開始了）段的參謀長徐樹錚，得到以曹汝霖為首的財務部的支持，組織了一個勢力雄厚的機構安福俱樂部，由這機構收買了大多數國會議員的擁護，一九一八年秋季以後壟斷了北京國會，並佔據了大部份的行政要職。這件事很快引起政府裏其他集團的猜嫉和公眾的不滿。[82]

在北京政府與日本締結了秘密軍事協定之後，情勢就更趨惡化了。一九一八年蘇聯與中歐同盟國同意休戰，雙方並公布廢除一連串一九〇七到一九一七年間由沙皇政府簽定的俄日秘密協約。在這些協約

---

[82]　段祺瑞（一八六五——一九三六一），安徽合肥縣人。一八八五年他畢業於天津的北洋武備學堂，一八八九年到德國習炮兵科。一八九五年協助袁世凱訓練新軍，並於一九〇〇年幫助驅除山東的義和團。辛亥革命期間，他是政府軍隊的指揮官之一，起先為清廷而戰，但後來卻率先要求清帝退位。革命之後，他在袁世凱的內閣中擔任陸軍總長；一九一三年五月到七月間代理國務總理；一九一六到一七年間實任國務總理，一九一七年並兼任陸軍總長。張勳復辟失敗之後，段在一九一八年重新出任國務總理和陸軍總長。在此之前，段氏於一九一七年三月二十五日會組織了一個中和俱樂部（「中和」一辭大概本於《周禮》〈大司樂〉、《荀子》〈勸學篇〉及《禮記》〈中庸〉，但亦可能作「中日」解），實際上是安福俱樂部的前身。一九一八年春，當時擔任關內奉天軍副總司令的徐樹錚（一八八〇——一九二五），由財務部接受總數一千萬圓，名義上是奉天軍的軍費，但據說這筆錢卻用在操縱新國會議員的大選上。這年秋天議員選出的時候，四百三十位中有三百三十位以上曾接受過徐的金錢。這些議員以眾議院長王揖唐為首領，他在安福胡同的居所就成為這個集團聚集的場所，因此稱做安福俱樂部。據說只要任何一個國會議員登記為這俱樂部的會員，俱樂部就每個月付他三百到八百圓。至少在名義上，任何黨派的議員都可申請入會。段祺瑞是這個集團的實際領袖，但在表面上，他卻裝作和這俱樂部沒有甚麼關係。整個組織是由精明能幹的年輕將領、出名的「小徐」徐樹錚直接控制。透過曹汝霖和曹的一些知友，這俱樂部和日本人維持密切關係。當時中國大總統徐世昌和他周圍的一些軍人開始對這個有勢力的組織感到不安。（據說徐世昌受到美國和英國公使的支持）安福俱樂部的重要成員包括：參議院議長李盛鐸、代理國務總理龔心湛、司法總長朱深、交通總長曹汝霖和次長曾毓雋、幣制局總裁陸宗輿、警察總監吳炳湘、鹽務署督辦及國務院僑工事務局局長張弧、眾議院副議長田應璜、國會兩院秘書長，以及許多軍事將領。一九二〇年八月三日，在曹錕和張作霖的勢力擊敗了段祺瑞的軍隊之後，這俱樂部被政府所解散。看美國國務院七六四，《美國外交關係文件，一九一九》（一九三四年，華盛頓—第一章，頁三六一——六二；楊幼炯五四七，《中國政黨史》第六章，頁一〇七——一〇；費敬仲（筆名沃邱仲子），《段祺瑞》（一九二一年，上海）；賈逸君，《中華民國史》（一九三〇年，北平）第六章，頁五二——五四；陶菊隱，《北洋軍閥統治時期史話》（一九五七年，北京）第四冊。

裏，日俄兩國計劃向中國奪取東北和蒙古，並阻止中國接受任何另一列
強政治方面的援助。[83] 在此公布發表之後，日本獲得段祺瑞的同意，在
一九一八年三月到五月間與他協商「中日軍事共同防禦協定」。在這些條
款之下，中國政府讓予日本種種權利，下列只是其中數項：日本有在東北
北部和外蒙駐軍的權利；以防阻列強或蘇聯入侵為藉口，日本有權使用
中國的軍事地圖；有權在中國陸軍和海軍裏任用日本教官。雙方政府對
條款的內容一直保守秘密。直到一九一九年二月，在上海和談中，由於南
方政府代表的要求，北京政府才公布這協定的一部份。[84]

　　可是，即使在這之前，北京政府對這些外交秘密，也沒有辦法把人
民大眾完全矇在鼓裏。早在一九一七年春，政府的親日活動已引起民眾
輿論的強烈抗議。由陳友仁（Eugene Chen）所辦中英對照的《京報》（The
Prking Gazette），在一九一七年五月十八日就登出了一篇標題為〈出賣中
國〉（Selling Out China）的社論，透露出後來發展為軍事協定的一些中日
協商，並公開指摘段祺瑞政府賣國。結果陳友仁因此入獄，該報也立刻被
政府查禁。[85] 到一九一八年夏，大眾輿論向政府要求公布這個協定。中
國留日和留法學生也示威抗議秘密外交。儘管有日本軍警的干涉，中國
留日學生仍然於五月五日在東京成功舉行集會，會中決定他們全部（約有

---

[83]　秘密協定的本文看王芸生四九八，《六十年來中國與日本》第七冊，第六十二章，頁
四二─四四。

[84]　協定的內容到本書執筆時為止還不曾全部公布。一九二一年一月廿七日北京和東京政
府同時宣布這協定無效。一九一九年三月十四日經中日雙方政府的同意，會把部份有關軍
事的條款交出版界發表。看王芸生四九八，同上，第六十九章，頁二一二─一三七；William C.
Dennis 威廉，鄧宜斯（北京政府的法律顧問）六〇八，「Notes on Secret Diplomacy」〈秘密外
交紀要〉，《中國社會政治科評論》五卷二號（一九一九年六月，北京），頁一〇四。

[85]　看賈逸君編，《中華民國名人傳》第一卷，頁三一─三二；又看 Who´s Who in China,
1926《一九二六年中國人物年鑑》（一九二七年，上海）。一九一九年秋天，《京報》報道段
祺瑞之所以能維持其總理職位乃因日本干涉之故。日本駐北京公使在十一月二十日對這報
道提出抗議。結果該報被查禁。這兩件事可能有關連。看《外交部交涉簡要》（一九一七年
十一月，北京），頁二 a─一三 b。

三千人）在五月二十日以前集體回國[86]。他們還組織了一個「留日學生救國團」，以全體留日學生為會員，並由旅日的中國商人提供經濟支持。五月六日在東京的另一次集會中，約有四位或六位中國學生代表被日本軍警逮捕。這事件使得學生的情緒更加激動了。[87]

一九一八年五月十二日留日中國學生開始集體回國。五月二十二日北京政府教育部頒布一項規定，強迫他們回日本，聲明由於條約的軍事性質，不能對外公布；學生若要救國，應當繼續學業，而非放棄學業。[88] 但回國學生卻不顧政府的威脅，在上海繼續他們的救國團活動，並有部份學生，包括曾琦、王兆榮和喻義等，在上海創辦了《救國日報》。曾琦在這報上發表了一連串的文章，要求中國青年加入救國工作。[89] 這些文章後來在北京收集重刊成一種小冊子，標名為《國體與青年》。[90]

---

[86] 在這幾星期之中，有些學生在日本組織了一個「誅漢奸會」。有親日嫌疑的中國人都受到警和威脅。郭沫若當時已與一日本女子結婚了一年半，他後來回憶說，那時他被當作「漢奸」。一九一五年他曾加入「回國」運動，但這次他的態度卻很消極。一年以後，由於受到「五四事件」的影響，他才參加反日的活動。看郭沫若二七三，《革命春秋》（一九四七、一九五一年，上海），頁三五一三七、六〇一六一。關於留日學生數次集體回國事，參看第二章。

[87] 有關「留日學生救國團」的組織，看〈時事紀要〉，《教育雜誌》十卷六號（一九一八年六月二十日，上海），頁四五一四六；有關一九一八年五月七日晚上中國學生與日本警察的事件，看王拱壁《東遊揮汗錄》（一九一九年，上海），〈七年五七之前夕〉一章，重印於中國科學院歷史研究所第三所編，《近代史資料》，第五號（一九五五年四月，北京），頁一〇八一一八。

[88] 有關這條命令的全文，看〈時事紀要〉，《教育雜誌》十卷六號（一九一八年六月二十日），頁三七一三八。

[89] 曾琦（一八九二一一九五一），字慕韓，四川隆昌人。初就讀於成都四川法政學堂。後來成為成都和重慶的一位報業人員。一九一四年左右在上海震旦學院唸書，與左舜生、李璜同學。一九一六年到日本中央大學唸法政。一九一八年回國。一九一九年到一九二四年間他到法國和國，並於一九二三年十二月二日在巴黎和一些人創辦少年中國黨（後來改名為中國青年黨）。一九四五年冬以此黨領袖的身分參加國民參政會，代表當時右傾的國家主義派組織。一九四八年十月他到美國。一九五一年五月七日在華盛頓去世。看《追悼曾琦先生紀念刊》（一九五一年，華盛頓），頁一一二。

[90] 左舜生四七二，《近三十年見聞雜誌》（一九五二年，九龍）第二章，頁三一四。

一九一八年六月三十日活躍的知識分子和留日學生，包括王光祈（一八九二──一九三六）、曾琦、李大釗、陳淯（愚生）、雷寶菁（眉生）、張尚齡（夢九）和周蕪（太玄）等在北京創辦少年中國學會，[91] 這學會的負責人在成立初期提倡愛國主義，學會的宗旨是「本科學的精神，為社會的活動，以創造少年中國」，並且提出四個目標：「一、振作少年精神，二、研究真實學術，三、發展社會事業，四、轉移未世風氣。」[92] 所謂「社會事業」是指以促進改革和新知識為目的的教育，和新的工商業。這些負責人中有熱心的國家主義者，包括曾琦和王光祈；以及未來的左派人物，如李大釗；他們之中也有和《新青年》有關的，像李大釗和王光祈等都是。在「五四事件」以前，陳獨秀也曾與這個會發生關係，但他並沒有加入。[93]

少年中國學會的成立只是政府親日政策刺激下產生的許多救國運動之一。在政府的政策日趨顯明之後，新文學、新思想的倡導人物和民眾的反日、愛國集團之間的關係也變得更加密切了。

到一九一八年五月的時候，中國民眾反對「中日軍事互助協定」的情緒達到高潮，五月二十一日二千多名在北京的大學和其他學校的學生──包括國立北京大學、國立北京高等師範學校、國立北京法政專門學校和國立北京工業專門學校──舉行了一次抗議簽訂這項協定的遊行請願。他們排隊到馮國璋的總統府，要求公布協定的內容，並加以廢除。[94] 由於總

[91]　一直到一九一九年七月一日少年中國學會才正式創立和擴張。有一記載說李大釗隨後不久加入。見張葆恩二四，〈關於少年中國學會〉，《自由陣線》十五卷一號（一九四九年十二月三日，九龍），頁一八一──九。關於這個會的其他歷史發展見本書第九章。

[92]　左舜生四七二，《近三十年見聞雜誌》，頁四一五。又看〈少年中國學會組織章程〉第八條。

[93]　陳獨秀在「少中會務報告」中發表他的〈我們應該怎樣〉一文，此文重載於《新青年》四卷四號（一九一九年四月十五日），頁四四七──四九。

[94]　《教育雜誌》報道說有四間學校參加這次請願，見第十卷，第六號，第四十四到四十五頁。華岡說至少有十間學校參加，除了那四間大學，還有國立北京師範學校附屬中學和中國大學等。見華岡二三○《五四運動史》（一九五一、一九五二年，上海）第六章，頁一一一。

統向他們保證他的政府從不曾做過，也不會去做違反國家利益的事，學生們的情緒才暫時平靜下來。[95]

許多其他城市的學生跟著也舉行了類似的遊行請願，包括天津、上海和福州。他們要求地方政府廢除這秘密協定。[96] 雖然這次學生運動很快就被平息下來，它卻影響了為數不少的商人，他們在隨後舉行了許多公共集會，發電報給政府，指摘國務總理段祺瑞，並且反對段祺瑞堅持與南方政府打仗到底的做法，他們要求政府與南方休戰。

一九一八年五月間這一連串的學生遊行和請願的意義並不在於對政府的直接影響。最重要的是它們標誌了新知識分子與其他社會勢力大規模合作的一個開始，就另一方面來看，它們可說是「五四事件」的預演。

在遊行請願的那個夏天，北京學生派遣代表到上海，他們立刻與當地其他學生聯合組織學生愛國會，會名後來改為學生救國會；[97] 這標誌了全國學生運動大聯合的一個試探和開始。

同年夏天，這個會以大學生為中心創辦了《國民雜誌》，支持這雜誌的還包括首都和其他城市裏各學校的學生。隨後成立的「國民雜誌社」，包括兩百名以上會員（有一說法是一百八十名）。每一個會員交五圓會費

沈宜甲告訴本書著者說，還有農業專門學校，和女子師範學校，為數尚不止此。

[95] 學生們在上午九點集合於新華門總統辦公室的會客室前面，要求見總統。馮國璋派北京市長王志襄、步兵統領李階平、警察局長吳鏡潭和憲兵司令馬觀門等代表接見，勸說學生回學校去，但他們沒有成功。最後總統親自接見十三位學生代表，包括段錫朋、雷國能、許德珩、王政、易克嶷、方豪（都是北京大學學生，這個方豪不是天主教學人方豪）、熊夢飛（師範學校）、魯士毅、鄧翔海和夏秀峰（都是工業學校的）。他們由李階平在居仁堂介紹接見。這群學生中不少後來成為「五四事件」中的領導分子，並成為中國政界和教育界的知名人物。看〈時事紀要〉，《教育雜誌》十卷六號（一九一八年六月二十日），頁四四一四五。沈宜甲告訴本書著者，他當時十八歲，在北京工專唸書，也曾參加請願遊行。他說事件的發動是由留日高等工業專門學校機械系應屆畢業學生東北人王天縱回京，聯絡北京工專化學系學生湖南人方乘，和機械系沈的同班江西人朱發祥等共同鼓動的，請願遊行實是工專同學所發起，他認定朱發祥是最得力得學生，共起草給總統的請願書云。

[96] 〈中國大事記〉，《東方雜誌》十五卷七號（一九一八年七月十五日，上海），頁一九五。

[97] 華岡二三〇，《五四運動史》第六章，頁一一一。

資助雜誌的出版。雜誌的第一期在一九一九年一月一日出版，與《新潮》月刊創刊於同一日。《新潮》的目的主要是為了燃起一種純粹的文學和思想革命的火花，而《國民雜誌》則集中致力於聯合新知識分子和民眾來共同參加愛國活動。[98]

另一方面，一九一八年這次學生遊行和請願，還顯示出輪廓比較清晰的社會諸勢力的重組。表面上看來，這運動僅僅是個愛國活動，表現了民眾的反日情緒和對北京政府的外交政策的抗議。但是，骨子裏它顯示了中國兩股社會勢力的衝突，即新舊勢力的衝突。

在這場衝突中，由於外國對中國政府的援助增加，舊勢力得到了加強。一九一五年以後，軍閥在帝制運動過程中獲得了舊士紳們的一部份支持。事實上，儘管有外國的影響，帝制運動的推動力總是以國內保守諸勢力為主。擁護君主體制的人不曾得到大多數列強的積極支持。[99] 然而，如上文所說，在第一次世界大戰後期，當日本對中國影響力因寺內政府新的對華政策而大增時，中國軍閥也越來越依賴日本政府的經濟和軍事援助，以維持他們的統治權勢。因此在一九一七年到一九一八年間段祺瑞同時享有一部份國內和國外諸實力的支持；可是這些支持卻招來了中國內部各社會和思想集團的反對和干擾。

在這衝突的另一方面，新興工商業家開始與新知識分子採取共同立

---

[98]　蔡元培四五四，〈國民雜誌序〉，寫於一九一九年一月，重載於蔡元培四六一，《蔡子民先生言行錄》第二冊，頁四一七——二〇。又看張國燾的英文回憶（手稿）。

[99]　袁世凱的帝制運動會得到威爾遜總統的同情。據說，他曾派顧維鈞到美國爭取支持，而且真的曾獲得一些援助。日本則是第一個反對袁世凱稱帝的國家。看 Li Tien Yi 李田意六八一，*Woodrow Wilson´s China Policy, 1913-1917*《威爾遜一九一三到一九一七年的對華政策》（一九五二年，紐約）第五章，「Wilson』s Support of Yuan Shih-kai」〈威爾遜對袁世凱的支持〉，頁一三九及以下各頁；王芸生四九八，《六十年來中國與日本》第七冊，第六十一章，頁一——六、八——一一、二三——二四；芮恩施七〇七，《在中國的一個美國外交官》（使華回憶錄（一九二二年，加登市、多倫多）第十五章，頁一七五——一七六、一七八——一八〇、一八七、一九一。

場反對政府的政策。一九一六年與一九一七年兩次帝制運動之所以失敗，主要是因為政治和軍事兩勢力的反對，而非商人和學生的反對。由於袁世凱與日本協商「二十一條要求」時的立場，他在外交政策上贏得了民眾的一些支持。他要做皇帝的意圖也不曾使商人階級有多大的不安。根據芮恩施的記載，在張勳復辟時，許多北京商店都帶著「愉快的興奮」和好奇，在門前很快就掛起了黃龍旗。[100]這種行動也許是警察命令的結果，然而商人不十分明顯反抗帝制也很清楚。自然，如果中國新興工商業家對共和或君主國體問題，不如對與日本商品競爭問題來得更關切，這是很可以理解的。在第一次世界大戰的後期，日本對中國市場的控制已經演變成對中國新興工商業的一個致命威脅。因此，北京政府對日的讓步絕不會贏得這些工商集團的同情，於是他們在愛國主義逐漸醞釀之下開始抗議「中日軍事互助協定」。此外，當時統一幣制的改革未見功效，許多地區幣制仍舊非常混亂，以至國內貿易大受妨害；繁重的租稅又絕大部份都花在維持那勝負不決、綿延多年的內戰上；還有那時的法律對工業發展很有妨礙：這些都增加了諸新興勢力對政府的不滿。這種情緒在一九一九年五月上海商業公團聯合會致南北和談會議的要求書中，表現得非常明顯。[101]

　　新知識分子既然已經合起來，企圖摧毀政府內外守舊勢力的思想、倫理基礎，當然也渴望與這新興經濟勢力合作。因此一九一八年五月學生和商人請願，實在可說是提供了這種聯合行動一次初步的具體試驗，不過一直要到一年以後，這種聯合才算完全成熟。

---

[100]　同上，第二十三章，頁二七五。

[101]　有關這些要求，看 *The North–China Herald*《華北論壇報》(《字林西報週刊》)，一百三十一卷，二七〇〇號（一九一九年五月十日，上海），頁三八八。此報所載這商會的英文名稱是 The commercial Federation of Shanghai。

第四章 「五四事件」

一九一九年「五四事件」是風暴的中心，是整個「五四運動」的漩渦。在這事件以後的活動裏，知識分子和新興經濟勢力集團基於愛國心而形成的聯合，很強烈地表現了出來。同時，新文學和新思想變得非常流行，救國的熱情高漲，而且整個運動的力量和影響達到高峰。直到最後改革者漸漸分裂，或分別演化成各種派別，產生了以後在社會、政治和文化發展上社會勢力集團的重新組合。

一、中國在凡爾賽和會的失敗

　　「五四事件」的近因是巴黎和會對中國山東問題的處理。自第一次世界大戰開始，中日關係便是中國最急迫、最煩擾的問題。一九一四年八月十五日，日本對德國提出最後通牒，要求在九月十五日前把「膠澳（即山東膠州灣）租借地全境」移交給日本。不過同時應許事實上將來會「交還中國」。[1] 膠州租借地是德國在一八九八年三月六日以九十九年為期從中國租去的地方，那次強迫租借的藉口是因為前一年（一八九七）十一月一日，兩個德國教士在山東省曹州府鉅野縣被中國散兵所殺害，德國即於十一月七日派兵強佔膠州灣。現在日本卻想從德國手上轉奪這塊土地，她所說的終於要還給中國的這種諾言，從開始就為國人所懷疑。[2] 第二年，

---

[1]　麥慕雷編六八八，《中外條約與協定》（一九二一年，紐約）第二冊，頁一一六七，「Japanese Ultimatum to Germany」,〈日本對德國最後通牒〉；又龔振黃編，《青島潮》（一九一九年，上海）第一章，重印在五二三《五四愛國運動資料》（一九五九年，北京），頁九一一一；又王彥威編，《清季外交史料》（一九三二─三五年，上海）卷一三〇。

[2]　「The Kiao Chou（Kiaochow）Question」（editorial）〈膠州問題〉（社論），《中國留美學生月

即一九一五年，日軍便不顧一切，強行佔據了膠州，最後還實際上佔領了山東省的大部。山東是孔子和孟子出生、教學、逝世的「聖地」；又在經濟上、軍事上都居於重要地位。日本不但無意履行交還的諾言，反而對中國提出了苛嚴的二十一條要求，並且迫使中國政府在一九一五年五月二十五日簽訂了損害中國主權的中日協約。中國人起初還用希望來自慰，希望在戰後列強會以公平的解決來糾正日本這種無理的欺凌。[3]

因此，當一九一八年十一月十一日歐戰結束時，中國人歡欣若狂。政府宣布放假三天，而且各處都有熱烈真誠的慶祝。北京大遊行以太和殿做集中地。十八年前，八國聯軍也正是在這個地方「慶祝勝利」，那次是慶祝德國的統帥瓦德西（Count Waldersee）和其他高級聯軍司令率領八國聯軍戰勝了義和團。現在情勢似乎恰好相反，中國是協約國聯盟裏的一員，而德國卻是戰敗國了。為了適應這種情緒，休戰不久，在北京中國人一向認為是侮辱象徵的克林德碑（Von Ketteler Monument）[4] 也被移去了。全國普遍的感覺是，所有的國恥都會永遠跟著這塊北京人慣稱做「石頭牌坊」的紀念碑一起消失了。[5]

不但如此，中國的新知識分子領導人物還抱著更大的希望。十一月十七日慶祝協約國勝利時，大批的學生和教師參加北京約六萬人的遊行。同時新知識分子領導人物像蔡元培等在慶祝大會上發表演說，都表現了

刊》十卷一期（一九一四年十月，紐約州，伊薩卡），頁一五；胡適，「Japan and Kiao - Chou」〈日本與膠州〉，同上，頁二七。

[3] 「Special Correspondence of the *New York Times*」From Peking - May, 15, 1915《紐約時報》「北京特訊」（一九一五年五月十五日）第三部份，頁五。

[4] 克林德碑建立在北京崇文門大街，是為了紀念一九〇〇年六月二十日義和團事件時被中國兵在那條大街殺死的德國公使克林德（Freiherr Von Ketteler）而建的。碑的正面刻有中國銘文「正義戰勝強權」，反面有拉丁文（In Memoriam Juris Vindicati）「維護正義之紀念」。這塊碑後來在一天清晨給過於狂歡的協約國兵士擊破，終於被中國政府移到中央公園去了。看刁鳴謙七六二，《覺醒了的中國》（一九二二年，紐約）第十八章，頁三一三一一五。

[5] 陳獨秀，〈克林德碑〉，《新青年》五卷五號（一九一八年十一月十五日），頁四四五。

非常樂觀的態度。他們相信這次協約國的勝利真正是民主戰勝了專制和軍國主義；工人和平民戰勝了壓迫者。像李大釗甚至把這次歐洲的勝利直稱做「庶民的勝利」、「民主主義勞工主義」的勝利，或甚至是「社會主義」和「Bolshevism」的勝利。這當然影響了像新潮社那些學生的思想，雖然這是較少數人的看法。[6] 其餘的領導知識分子如胡適、陶履恭等，也以為這次戰爭摧毀了秘密外交的觀念和行為，禁止破壞法律，制止軍事干涉政治，和擊敗了獨裁制度。[7] 他們更假定德國自一八九八年以來佔有的中國土地和所有權益都會歸還給中國，並且大戰期間在日本威脅下所簽訂的中日條約和協定也會在緊接著的巴黎和會裏重新調整。他們大多數都多多少少過於天真地相信，威爾遜的十四點（Fourteen Points）和協約國政府的宣戰宗旨會在戰後實行。「十四點」是威爾遜於一九一八年一月八日因俄德媾和問題，在國會演說中所提出的議和基本條件。其中主張廢除秘密簽訂外交條約；公海航行自由；消除經濟障礙，使利益普及於愛和平諸國；裁軍；尊重殖民地人民的公意；德國在歐洲強佔的土地應退回；以及組織國際聯合會，對大小各國同等保障其政治獨立與領土完整的權利。當時中國人及其他小國熱烈歡迎，以為這是對弱小民族作正義的保障。[8]

可是這種錯覺到一九一九年一月十八日凡爾賽和會開始後，就不能維持太久了。從巴黎來的消息透露，日本會接替德國在中國的地位，而且

---

[6]　蔡元培四五六，〈勞工神聖〉，《新青年》五卷五號（一九一八年十一月十五日，上海），頁四三八—四三九；李大釗，〈庶民的勝利〉，同上，頁四三六—四三八，重印入三〇一《守常文存》（一九三三及一九五〇年，上海），頁二一四—二一六；又「Bolshevism的勝利」，載同期，頁四七三—四八〇，重印入《守常文存》，頁二一七—二二二。

[7]　陶履恭（陶孟和）四八六，〈歐戰以後的政治〉，《新青年》五卷五號，頁四三九—四四一；胡適，〈武力解決與解決武力〉同上，五卷六號（一九一八年十二月十五日），頁五七一—一七四。以上四篇蔡、李（〈庶民的勝利〉）、陶、胡的文章，原是為了慶祝第一次世界大戰協約國勝利的演講稿。

[8]　看法費爾六三六，*Woodrow Wilson and the Far East*《威爾遜與遠東》（一九五二年，紐約）第四章，頁一九四。

情況可能會比以前更惡劣。在和會尚未開始之前，日本和中國政府曾互相表示友好。但是雙方代表團一到巴黎，態度就立刻轉變了。中國代表改變態度的原因，一部份是由於對日本的懷疑，一部份是受了國內輿論的壓力。[9] 當時中國民眾和代表的態度跟著南北政府的分歧而分裂。北京政府任命陸徵祥為參加和會的總代表，他是一九一五年到一九一九年間的外交總長，曾在一九一五年簽署由於日本二十一條要求而議訂的中日協約；廣州軍政府對這次陸氏總代表的任命，從開始就反對。在各代表中，王正廷代表南方政府。顧維鈞同情南方，可是顯然受了美國的影響。南方主張對日本採取更堅定的政策，並且有意鼓動人民對北京政府的親日態度表示疑懼。一九一九年三月和四月裏，中國報紙和外國人在華所辦的報紙上載有報道說，在中國代表團中，已有某種影響勢力在暗中活動，將使這些代表只顧日本利益。[10] 在這種情形之下，從和會開始，激烈的爭

---

[9]　一九一九年一月初旬，一箱中國代表團的文件（丁字文書一箱），在運往巴黎途中，經過日本東京時遺失或是被偷了。加以中國代表團赴巴黎的路線特別經過日本；以及路透社的太平洋電訊（Reuter´s Pacific Service）報道說，中國總代表在東京和日本外務大臣內田康哉（Uchida Yasuya，一八六五——一九三六）曾密談兩小時之久，「約略談及膠州問題」。以上這些因素都使一般人民，尤其是南方的民眾，對政府和政府的代表起了深深的懷疑。看法費爾六三六，Woodrow Wilson and the Far East《威爾遜與遠東》（一九五二年，紐約）第三章，頁一四四—一四五；王芸生四九八，《六十年來中國與日本》（一九三四年，天津）第七冊，頁三八〇—三八一。刁鳴謙七六二，《覺醒了的中國》，頁三一六；又「China at the peace Conference」〈中國在和會中〉，見 The Diplomatic Association, ed（外交協會編），Far Eastern Political Science Review, Special Number《遠東政治評論》，特刊（一九一九年八月，廣州），頁一〇六—一〇七。

[10]　中國代表團包括有五個全權代表：陸徵祥、王正廷（南方領導人之一，時為廣州參議院副議長，兼南方政府派駐美國代表）、顧維鈞（駐美公使）、施肇基（駐英公使）、魏宸組（駐比利時公使，後來為伍朝樞所接替。伍是南方代表，是伍廷芳的兒子）。僅外交總長陸徵祥率領隨員由國內經日赴法，其他代表皆逕由國外赴會。代表團人數共六十三人。團內為了個人的職位高低和各人所代表的政治集團不同而引起分裂。對這件事有趣的記載可看法費爾六三六，《威爾遜與遠東》第四章，頁一八二—一八七、一八九；刁鳴謙七六二，《覺醒了的中國》，頁三一五—一六。一九一九年四月初，王正廷打電報到上海各報館，指控中國人有「某些賣國賊」。這電報引起國內很多推想。四月下旬上海謠傳顧維鈞要親日，因為他有嫌疑和曹汝霖的三小姐訂婚。這消息是路透社駐北京的記者報道的，後來又說這

論就不但在中、日代表團之間不斷發生，而且在中國代表團內部各派系代表之間也爆發了出來。

從巴黎傳來第一個震驚中國人的消息是，日本代表牧野伸顯（Makino Nobuaki）男爵一月二十七日在五強（美、英、法、意、日。當時蘇聯西部尚有內戰，未為列強所承認，故未參加和會）全體會議上宣布：英、法、意三國曾在一九一七年二月和日本簽訂秘密協定，保證在戰爭結束後「援助日本要求割讓德國戰前在山東及各島嶼之領土權」。[11] 有了這種秘密保證，日本在和會裏的要求便顯得更有被接受的希望，而中國所賴以為支持的美國卻變得孤立無援了。

除此以外，日本代表又在一月二十八日五強最高會議繼續開會時，透露了中國軍閥政府先前和日本的一些秘密妥協，這件事使情況變得更加複雜。原來因為要在山東省境內建設濟（南）順（德）與高（密）徐（州）鐵路，北京政府曾經在一九一八年九月二十四日和日本商談秘密借款（西原借款之二十），因而把這兩條鐵路的一切財產收入作為借款的抵押品。[12] 同日，日本外務大臣後藤新平（Goto Shimpei）男爵對中國提出關於處理山東問題的七項建議。按照他所提出的七項內容，日本沿膠（州）濟

消息的根據是兩個在巴黎的中國代表（不是顧）給廣州軍政府的電報。看 *The North China Herald*（ The Weekly edition of the North-China Daily News ）《字林西報週刊》，第一百三十一卷，二七〇〇號（一九一九年五月十日），頁三四六。

[11] 雖然日俄在一九〇七年和一九一七年之間也有過同樣性質的秘密協定，後來還公布過，而且在這次日本宣布以前，被蘇俄政府廢除過，中、美在巴黎的代表們對這次日本的宣布卻都感到驚訝。看王芸生四九八，《六十年來中國與日本》第七冊第六十五章，頁八四一—八八；及第七章；頁二三九—二四〇。關於密約看麥慕雷六八八，《中外條約與協定》第二冊，頁一一六七—八九；張忠黻，《中華民國外交史》（一九四三年，重慶），第七章，頁二八五—三二七，第八章，頁三二九；陳博問，《中俄外交史》（一九二八年，上海），第四章，頁九三、一〇〇。關於日本和四強秘密諒解的歷史和英文原件，看「The Correspondence of the *New York Times from Paris*」〈巴黎通訊〉，《紐約時報》（一九一九年四月廿一日），引見外交協會所編，《遠東政治評論》（一九一九年八月），頁二五一三一。

[12] 王芸生四九八，《六十年來中國與日本》第七冊一八四一一八七；刁鳴謙七六二，《覺醒了的中國》，頁四二二一二五。

（南）鐵路的駐兵將集中於青島，而派一支隊駐於濟南；護路隊要用日本人擔任警長和教練；鐵路完成後由中日共同管理。對這些提議，駐日公使章宗祥於九月二十五日在換文裏回答道：「中國政府對於日本政府右列之提議，欣然同意。特此奉覆。」[13] 九月二十八日章宗祥便與日本簽訂濟順、高徐兩鐵路借款的預備合同。以上這些協議，一直到一九一九年一月二十八日上午凡爾賽和會的十人會議（The Big Ten，或稱「最高會議」The Supreme Council，包括五強的元首和外交部長，是和會實際上的決策機構）上為止，都保守秘密，不曾公開過。到了和會上公開時，甚至連有些中國全權代表都還從來不知道。[14]

濟順、高徐鐵路的借款和關於山東問題的換文給予日本以法律上的根據，用來要求山東和有關鐵路的權利。一九一九年一月二十七日晚，美國代表團從顧維鈞那裏知道中日借款和協議，他們立刻請中國代表解釋，這些協議使美國支持中國發生困難。中國代表們也為了這件事而感到困窘。他們給中國外交部的秘密電報裏，提供以下面這種頗為離奇古

---

[13]　在美國和談委員會的檔卷中，有一個日期稍後的、發於一九一九年三月二十日的備忘錄，在這備忘錄裏，中國代理外交總長陳籙向美國駐華公使芮恩施聲明，一九一八年九月二十四日有關山東的協議本是中國不願意發表的，因為這個協議承認了日本有權繼承德國以前所有的特權。麥慕雷六八八，《中外條約與協定》第二冊，頁一四四五一一四八七；中文原文看王芸生四九八，《六十年來中國與日本》第七冊，頁一八四一一八七；又看外交部編，《中日約章彙編》，及劉百閔、趙紀彬、秦林舒合編，《中日關係條約彙編》（一九四〇年，長沙，商務），頁七五七一六一；不同的英文譯文見刁鳴謙七六二，《覺醒了的中國》，頁四二五一四二六；又看一九一九年二月二日芮恩施和陳籙會談有關小幡西吉在當天所提意見的備忘錄，載在一九一九年三月二十日，〈巴黎和會〉檔案一八五 一一五八一五一，引見法費爾六三六，《威爾遜與遠東》第三章，頁一四五一一四七。同一天，即九月二十八日，章還向日本簽署參戰借款日金二千萬元。

[14]　「上述的秘密協定（即所謂「欣然同意」的換文）直到這時在大會上公開，中國代表才知道。」看外交協會編，《遠東政治評論》頁一三二。後來在一九五一年十月三十日法菲爾（Russell H.Fifield）訪問顧維鈞時，證實了這點。看法費爾六三六，《威爾遜與遠東》第四章，頁一八七。不過陸徵祥可能早已知道了，因為曾有報道說到密約的副本放於在東京遺失了的箱子裏。看法費爾六三六，《威爾遜與遠東》第三章，頁一四四—一四五；和第四章，頁一八七。顧維鈞大約在一月二十七日或以前也知道了。

怪的建議：[15]

　　再四思維，目下只有一提出意見，將所有膠州及膠濟鐵路以及一切附屬權利，須歸中國政府管理。一由政府將此合同提交議會，與議員接洽，令勿通過，以民意為政府後盾，將來爭辯時或易於措詞，即某國〔美國〕幫忙亦較易為力。否則，日英團結，美易孤立，不能裏助中國，前途將不知所屆。請速面呈大總統裁奪施行。如果贊成此項辦法，政府密交兩院，令開一秘密會議，兩院不通過後，仍秘密咨回政府，勿令眾知。

這件事卻顯然並沒有在國會裏提出。[16] 可是借款和協定的秘密已不能長久保密，因為必然要在巴黎和會上討論。日本在和會上提出山東議案時，是依據中、日一九一五年五月二十五日的協約，一九一八年九月二十四日濟順、高徐鐵路的合同，以及有關與日本締結解決山東善後條約的換文。對於這些爭辯，中國代表的答覆是，一九一五年的協約是中國在日本武力脅迫下簽定的，而且「中國既向德國宣戰〔一九一七年〕，則情形即大不同。根據 rebus sic stantibus〔作者按：拉丁語「事勢繼續如此」，係國際的法理：惟有事勢無基本變更時，條約才繼續有效。〕之法理言之，亦為今日所不能執行。」[17] 日本代表反駁說：「一九一八年關於鐵路的

[15]　陸徵祥，〈致中國外交部密電〉（一九一九年二月十五日），見王芸生四九八，《六十年來中國與日本》第七冊，頁二三九—二四〇。

[16]　芮恩施相信，「除非國會批准這些協定，否則中國人民會堅持這些協約裏有關出讓主權和抵押各點為無效。」看「*Reinsch to Lansing*」《芮恩施致藍辛》（一九一九年二月十五日）美國國務院檔案，七九三 ·九四—七五九。依照中華民國臨時憲法第三十五條，「臨時大總統經參議院之同意，得宣戰、媾和、及締結條約。」見 William C. Dennis 敦尼斯六〇八，*Notes on Secret Diplomacy*〈秘密外交札記〉，《中國社會政治科學評論》二卷二期（一九一九年六月，北京），頁一〇四。

[17]　〈中國要求把膠州灣租借地、青島濟南鐵路和其他德國在山東的特權直接歸還中國〉（一九一九年二月十五日），俱見刁鳴謙七六二，《覺醒了的中國》，頁三九七；龔振黃編，《青

合同和有關山東問題的換文是在中國參戰以後簽定的，所以並不能說是受了脅迫。」[18]

在這種不利的情形之下，就是英、法、意已先有支持日本要求山東利益的保證，而中、日一九一八年又有協定這種情形之下，中國在和會上失敗了。一九一九年四月三十日，威爾遜、路易喬治（David Lloyd George，一八六三——一九四五）和克里蒙梭（Georges Clemenceau，一八四一——一九二九）——美國國務卿藍辛稱他們為神聖的三位一體（Holy Trinity）——在四人會議上（三月二十五日後，The Council of Four 代替了「十人會議」。四月二十四日意大利的代表團因抗議奧匈決定退出和會，故其首相奧南多 Orlando 缺席。）秘密決定把德國在山東所有的利益都轉讓給日本，並沒有提及日本一九一四年所作「交還中國」的諾言。這項決議後來編入了凡爾賽和約第八號第一五六條、第一五七條和第一五八條：

　　第一百五十六條：德國根據一八九八年三月六日之「中德條約」，及其他關於山東省之一切協約，所獲得之一切權利、特權，如膠州之領土、鐵路、礦山、海底電線等，一概讓與日本。德國所有膠濟鐵路權，及其他支線權，及關於此項鐵路一切財產、車站、店鋪、車輛、不動產，又礦山及開礦材料、與附屬一切權利利益，讓與日本。自青島至上海至芝罘之海底電線，及其附屬一切財產，無報酬讓與日本。

　　第一百五十七條：膠州灣內德國國有動產、不動產、及關於該地直接間接之建築與其他工事，無報酬讓與日本。

島潮》第一章，重印在五二三《五四愛國運動資料》，頁一二一二七。

[18]　日本派駐巴黎和會代表團，「Quelques Observations Sur le Memorandum Chinois Demoandant la restitution directe du teritoirecede a Bail de Kiao cheon」〈對於中國要求立刻歸還膠州灣租借地備忘錄之觀察〉，見《巴黎和會》，一九一九年。

第一百五十八條：德國於和約實行後三個月內，將關於膠州之民政、軍政、財政、司法等一切簿籍、地券、契據、公文書，一概讓渡於日本。同期間內，德國將關係前兩條所記權利、特權之一切條約、協約、合同等，讓渡與日本。[19]

除了對山東問題爭辯之外，中國在四月裏曾向和會提出兩個提案。一個是說明中國「請求廢除一九一五年五月二十五日中日兩國政府所訂之條約和換文」。另一個提案是關於下列七點的調整：（一）廢除在華所謂勢力或利益範圍（spheres of influence or interest）；（二）撤走外國軍警；（三）裁撤外國郵局及有線無線電報機關；（四）撤消領事裁判權；（五）歸還租借地；（六）歸還關界；（七）恢復關稅自主權。[20]

上面這第二個提案是中國政府自動準備的，至於第一個廢止一九一五年條約的提案則是中國留歐學生向中國代表團建議的。（自從和會開會以來，中國留歐學生為了監視代表團，早就組織了起來。）[21] 可是兩個提案都被和會拒絕了。

二、民眾對和約的反對情緒

中國在巴黎和會上的掙扎，起初並沒有顯得太令人絕望。一直到四

---

[19] 條約的全文見麥慕雷六八八，《中外條約與協定》第二冊，頁一四八八；又看龔振黃編，《青島潮》第一章，重印在五二三《五四愛國運動資料》，頁三二一三九；及劉彥，《帝國主義壓迫中國史》（一九二七年，一九二八年改正版，上海：太平洋書店），頁一八九一九〇。

[20] 四月裏提出的兩個備忘錄的原文，看《巴黎和會》，185.1158/57「The Questions for Readjustment Submitted by China to the Peace Conference at Paris , April 1919」〈一九一九年四月中國向巴黎和會提出重新調整問題〉；又看刁鳴謙七六二，《覺醒了的中國》，頁四三〇一五九；中文原文看王芸生四九八，《六十年來中國與日本》第七冊，頁三一一；至於對中國在和會所要求的分析，可看法費爾六三六，《威爾遜與遠東》第四章，頁一九七及其後各頁。

[21] 錢亦石，《中國外交史》第五章，頁一五六。

月二十二日威爾遜在「四人會議」上態度開始表現動搖後，情勢才轉變。甚至在威爾遜態度動搖以後，中國人仍然保持著幾許的樂觀。和會開會期間，無論是國內或是國外的中國人，對中、日外交的關懷也大大地增加了。他們組織很多團體來支持或監督駐巴黎的中國代表團，同時還把代表團的活動消息公布出來。有些代表也試著和大眾保持密切聯絡。文章、小冊子和發表的新聞都廣泛地傳布。中國人如此發奮從事這種新聞活動，甚至使有些外國觀察者認為做得有點過多了，至少當下的效果是使得日本人感覺丟了面子。[22]

　　但是我們如果考察整個情況，就可以知道中國人民這種極大的關懷，特別是新知識分子和商人，不只是受了政黨煽動的結果，卻實在是反映了這些新團體的真實要求，就是要把自己從殖民統治下解放出來。為了證實這樣判斷「五四事件」以前民眾情緒的正確性，我們必需分析中國當時那些向凡爾賽和會抗議呼籲的各種社會、政治、文化團體的特性和複雜性。

　　固然，南方政府確曾極力傳播對日本和北京政府的惡感。有少數和國民黨或南方政府有關的能力高強的人士，曾到美國和法國去為這種活動作過準備工作。[23] 這種活動並不限於革命黨。進步黨的領導人物梁啟超當時在歐洲旅行，北京政府任命他作中國代表團的顧問。他就反對中國政府同意巴黎和約。[24]

---

[22]　Stephen Bonsal 邦賽爾，*Suitors and Suppliants*《控訴者和懇求者》（一九四六年，紐約），頁二三五、二三八；又法費爾六三六，《威爾遜與遠東》第四章，頁一九四―一九五。

[23]　據法菲爾說，陳友仁和郭泰祺是在巴黎很活躍的宣傳人物。在去法國之前，他們在美國設立了一個強烈反日的中國新聞社（China Agency）。有一個時期，陳、郭兩人是廣東政府駐華盛頓的代表。後來陳友仁曾任北伐時期武漢政府的外交部長。一九三一年瀋陽事變以後又任南京政府的外交部長。

[24]　嗇公六，〈學界風潮記〉，《中華教育界》八卷一期（一九一九年七月），重印在舒新城編，《近代中國教育史料》（一九二八年，上海）第三冊，第二十章，頁一一九―一一四六；這篇文章又用嗇盦（編）的名字印成單行本小冊子《學界風潮記》（一九一九年九月，上海），

　　但是基本上比這些政黨活動更為重要的是國內國外的中國人集結在很多私人團體裏，討論外交問題。國內團體包括有李盛鐸、王揖唐在一九一九年二月十一日組成的國際聯盟同志會，由林長民（一八七六——一九二五，字宗孟，福建閩侯人，進步黨領導人之一，日本早稻田大學畢業，曾任眾議院議員及秘書長，一九一七年曾任司法總長）、張謇（一八五三——一九二六，字季直，江蘇南通人，民初任實業總長）、王寵惠（一八八一——一九五八，字亮疇，廣東東莞人，耶魯大學法學博士，民初任外交總長，及北京政府的司法總長），和其他進步黨與國民黨領導人物在二月十八日組成的國民外交協會。[25] 另外一個有影響力的團體則是廣東領導人物創立的外交調查協會。顧維鈞和王正廷在一九一九年一月二十八日上午正式向「十人會議」提出中國議案，更激起了中國人民對外交的關懷。[26] 結果中國在巴黎的代表團從二月七日至四月十日之間收到了八十六通由全世界各地不同的中國團體發來的電報，他們都支持中國要求，抗議日本在和會裏的提案。發電的團體包括有北京、天津、上海、武漢（武昌、漢口、漢陽）、濟南、紐約、洛杉磯、柏克萊、檀香山和倫敦等地的十三個學生組織，以及在上海的留日歸國學生團體。[27]

　　除此以外，還有三十二個工商業機構和工會的抗議，例如北京中華總商會、檀香山中華商會、山東工業協會和廣州的華僑工會等，再加上六十七個以上政治和社會團體（如省議會、教育會），以及美國、菲律賓、

又重印在五二三《五四愛國運動資料》，頁二三九——三一五；又看外交協會，《遠東政治評論》，頁一二五。

[25]　半粟（李劍農），《中山出世後中國六十年大事記》（增訂版，一九二九年，上海），頁一九五。

[26]　法費爾六三六，《威爾遜與遠東》第四章，頁一八八——一九七；王芸生四九八，《六十年來中國與日本》，第七冊，頁二四一——四四。

[27]　看 *Telegrams Received by the Chinese Delegation in Support of their Stand on Shantung Question*《致中國代表團支持他們在山東問題的立場的電報》（一九一九年，巴黎）。大多數的電報是對山東問題的關懷。

古巴、墨西哥、爪哇、馬來亞和很多其他國家的華僑組織。

　　發電人在這些電報裏強調他們的信心，認為和會當然應該保證尊重人權，中國也決不會承認列強的秘密協定。北京學生的電文說：

　　　　北京各中等以上學校學生一一，五〇〇人宣誓支持各代表努力維護我國家之權利，希繼續堅持到底。[28]

　　山東省議會、農商公會、山東省教育協會和山東省工業協會的電文提到秘密協約是「直接違反」威爾遜的「十四點」原則，結尾要求「把中國從賣國賊賣國的危機中解放出來。」濟南山東國民請願大會的電文則說：

　　　　巴黎和議陸、顧、王三專使鑒：青島及山東路礦，日人實無繼承之權，所有理由，已有各界人民先後電達，無煩轉述。現聞我國軍閥及二三奸人，陰謀賣國，示意退讓。東人聞之，異常憤激。本月（四月）二十日，在省城開國民大會，集眾十餘萬，僉謂此說若行，是陷山東於沒世不復之慘。若輩包藏禍心，多方掣肘，喪心病狂，萬眾同仇。東人死喪無日，急何能擇？誓死力爭，議不反顧。公等受全國之委託，負人民之重望，務請俯准輿情，勿惑奸計，據理力爭，必達目的。恢復我國主權，維持東亞和平，胥在此舉。東省人民實深祝禱。山東國民請願大會張英麟等十萬三千七百人同叩。[29]

　　這些發到巴黎的電報，多數是發自中國學術界和中產階級人士。雖然這些電報反映了民眾的情緒，可是似乎多少帶有些過於感情化和不切

---

[28]　同上，頁四。
[29]　同上，頁二〇。

實際的色彩。關於這點，四個月以後，那位反對文學裏用白話文的守舊派辜鴻銘，用英文發表下面這種冷諷熱嘲的苛評：

> 你們《密勒氏評論報》的通訊者抱怨中國人有百分之九十是文盲，原因是「文言難學」。我認為所有的外國人、軍閥、政客，特別是現在仍在中國享樂的回國留學生，不但不應該抱怨，而且應該在有生之日裏，為了中國四億人之中有百分之九十仍然是文盲，而每天感謝上帝。因為只要想一想，若是這四億人的百分之九十都變得識字了，那後果會怎樣呢？只要想一想，如果北京的苦力、馬夫、車夫、理髮匠、小伙計、叫賣販、算命先生、遊手好閑、流氓諸色人等都識字了，並且都像〔北京大學〕大學生們一樣要去參加政治活動，我們會有一個多麼好的洋相出現。聽說最近有人已拍了五千通電報給巴黎的中國代表，對山東問題激烈主張，現在來算算看，如果中國四億人民的百分之九十都認識字了，而且都要像我們留學生這樣愛國，全國可能會發出多少通電報，花去多少電報費？[30]

就中國人民過於感情化的反應而論，辜鴻銘的確有他的見解。北京政府的懦弱和國際強權政治的性質既然如此，豈是單憑代表們的口舌和人民的電報所能轉變？但是中國人那種感情作用在當時的背景下也是可以令人理解的。當時的背景就是，在大戰才結束的初期，國人對和會的結果懷有過大的希望和樂觀，新知識分子對政府親日政策激烈反對，深切體會到亡國的危機，以及新工商界努力企圖保持國內市

---

[30] 辜鴻銘六七〇，「Returned Student and Literary Revolution – Literacy and Education」，〈回國留學生和文學革命 —— 文學和教育〉，《密勒氏評論報》九卷十一號（一九一九年八月十六日，上海），頁四三三。

場在戰後不要被日本人控制。

三、驚破迷夢的巴黎消息

　　四月下旬，當和會要把德國在山東的地位讓給日本的消息傳到北京時，中國人忽然跌入沮喪和憤慨的狀態。首先他們想要知道，誰該對巴黎的不幸負責。根據報道，威爾遜四月二十二日在「四人會議」上曾質問中國代表：「一九一八年九月當時，協約軍勢甚張，停戰在即，日本決不能再強迫中國，何以又欣然同意與之訂約？」[31]這消息激起了民眾的猜疑。他們懷疑政府不是在威脅之下，而是心甘情願把中國主權出賣了。幾天之後，因為梁啟超四月二十四日給國民外交協會的電報說：「對德國事，聞將以青島直接交日本，因日使力爭結果，英法為所動。吾若認此，不啻加繩自縛。請警告政府及國民，嚴責各全權，萬勿署名，以示決心。」五月二日林長民就在《晨報》上批評說，和會本來打算在取得有關國家的同意後，才把山東問題向五強（美、英、法、意、日）提出，由這五個國家來處理，現在卻直接接受了日本對山東的要求；這樣一來，「膠州亡矣，山東亡矣，國不國矣！」他的結論是：「國亡無日，願合四萬萬眾誓死圖之！」他這篇文章非常聳人聽聞。

　　同時中國代表因為害怕對失敗負責任，所以向國內報告：「此次中國主張失敗之原因，一由於一九一七年二、三月間，日本與英法諸國有膠澳讓歸日本之密約，二由於一九一八年九月，我國當局與日本政府有『欣然

---

[31]　陸徵祥，〈致中國外交部密電〉（一九一九年四月二十二日），引見王芸生四九八，《六十年來中國與日本》，第七冊，頁三一四。

同意』之山東換文,遂使愛我者無從為力。」[32] 這個報告載於五月一日北京《中國時報》。其他報章以及北京的外國教員在五月三日也把這個消息向中國人洩露了出去。於是國內的中國人在「五四事件」前夕就已經知道巴黎和會,和他們的希望相差的太遠,是為強權政治所操縱,而自己的政府,甚至在和會開始以前就把國家的利益出賣給日本了。對威爾遜理想和諾言的失敗,學生們正式表明了他們的失望:

> 全世界本來都傾聽威爾遜的話語,像是先知的聲音,它使弱者強壯,使掙扎的人有勇氣。中國人一再聽說過了……。威爾遜曾告訴過他們,在戰後締結的條約裏,像中國這種不好黷武的國家,會有機會不受阻礙地發展他們的文化、工業和文明。他也告訴過他們不會承認秘密盟約和在威脅下所簽的協定。他們尋找這個新紀元的黎明,可是中國沒有太陽昇起,甚至連國家的搖籃也給偷走了。[33]

後來一個北大畢業生追述「五四」前幾天學生不安的情緒和對西方國家的失望,他說:

> 巴黎和會的消息最後傳到這裏時,我們都感到非常震驚,我們立刻對事實的真相覺醒了,外國仍然是自私和軍國主義的,並且都是大騙子。記得五月二日晚上,我們很少人睡覺。我跟一群朋友談了幾乎一整夜。結論是更大的一次世界大戰早晚會來,並

---

[32] 引見錢亦石,《中國外交史》第六章,頁一六一。

[33] The Shanghai Student Union 上海學生聯合會,The Student Strike, An Explanation〈學生罷課說明書〉,是一九一九年印刷的英文傳單,在 Mission Library of Union Theological Seminary 紐約協和神學院教會圖書館裏保留著一份。又看江文漢六六六,《中國學生運動》(一九四八年,紐約)第一章,頁三六。

且會在東方作戰。我們知道的很清楚，我們跟政府毫無關係，也不存在任何希望，而且也不能依賴所謂偉大領袖像威爾遜這種人的原則。看看我們的同胞，看看那些可憐無知的大眾，不能不覺得我們必須要奮鬥。[34]

消息靈通人士對當時情況早已開始察覺出一些預兆。例如蔣夢麟事後報道説：「甚至在五四遊行示威以前，有些新教育運動的領導人觀察學生的不安，也預言過要出事。」[35]那時美國駐華公使芮恩施對這個運動是一個就近的觀察者，也是極力反對美國在巴黎和會對日本妥協的人。他描述「五四」前夕中國人民和在中國的美、英人士的情緒如下：

　　世界上可能沒有任何地方像中國這樣對美國在巴黎的領導抱著如此大的希望。中國人信任美國，信任威爾遜總統時常宣布過的原則，他的話傳播到中國最遠的地方。正因為如此，那些控制巴黎和會的老頭們的決定，使中國人民有著更強烈的失望和驚醒。
　　我一想到中國人將如何來接受這個打擊，來接受這摧毀他們對國際平等的希望的打擊，就使我作嘔和沮喪。……
　　在華的美國人，像英國人和中國人一樣，在這不安的幾個星期裏，都深深的感到沮喪。自從美國參戰以來，大家就有勝利的信心，相信所有的犧牲和痛苦，都會使戰後國際活動建立起正義的原則。在這種原則之下，人類可以生活得更幸福和更安全。現在所有的希望卻都給粉碎了。[36]

---

[34]　訪問北大校友對學生時代的回憶，引見王苣章七七一，《中國青年運動》（一九二八年，紐約），第十章，頁一六一一一六二。

[35]　同上，頁一六二。

[36]　芮恩施七〇七，《在中國的一個美國外交官》，（一九二二年，加登市）第三十一章，頁三六一一六二。

中國學生的這種沮喪和憤慨的情緒，到了五月初，變成了憤怒的遊行示威，抗議「政府裏的賣國賊」和巴黎列強的決定。

四、學生的特性和組織

在沒有詳述中國學生對凡爾賽危機的反應以前，首先來注意一下一般學生，特別在是北京的學生的特性和氣質是很重要的。尤其是，自從二十世紀初年，中國學生就比西方民主國家的學生更特別有一種活躍的政治和社會意識。他們比較更樂於參加公共事務，更樂於嘗試政治改革。這種特性可以由很多因素來說明。[37]

最重要的是，許多歷史和社會事實，使青年知識分子感到驚恐。例如：中國屢次被以前認為是蠻夷和低下的外國人戰敗、眼下腐敗和分裂的政府、長期的內戰和落後崩潰的經濟等等。因為老師時常教導青年們，將來他們一定成為國家的救星和希望，所以無論任何有損國家和文化自尊心的事，都會使中國學生比其他階層的人更加敏感。同時他們也意識到有影響力的學生活動具有悠久傳統，以及因為他們是屬於能讀能寫一種困難語言文字的少數人，所以他們也意識到自己的特殊地位，認為在公共事務上他們特別重要，而且救中國的使命落在他們的肩上也是理所當然的了。

此外，中國學生對參加社會和政治活動，在心理上都早有了準備。一九○五年，中國廢止傳統的科舉制度。這使知識青年對畢業後的遠景模糊不清。在過去的傳統制度之下，讀書人的主要目的一直是在於進到政府作官。科舉廢除後，這種個人的挫折，便只好用有機會能作群眾領

---

[37] 參看第一章第三節〈五四運動的歷史意義〉。

導人來彌補了。正如羅素所觀察到的，這種事實使中國學生成為改革家、革命家，而不像西方的某些受過高等教育的青年，變成了「犬儒主義者」，即憤世嫉俗之流。[38] 像他們生活在一個沒有真正立法機構和選舉制度的國家裏，他們看見逐步的改進被阻礙，民意被抑制。這種情形使他們憤怒，也使他們認為他們的非正統式的政治行動的反抗和抗議是正當合理的。因為舊制度顯得如此無望，趨新和現代主義對青年人的吸引力就增強了。而且，辛亥革命已把皇權推翻，至少已打破了舊政治的總框框，啓示了革命行動的可能性。

關於這點，我們還必須注意這些新知識分子和他們的對手在年齡和教育上有顯著的差異。當時大專學生的領導人都是二十歲才出頭，並且他們很多同學以及幾乎所有的中學生都是十幾歲的少年人。在一九一九年活躍的學生如傅斯年（一八九六──一九五〇）、段錫朋（一八九六──一九四八）、羅家倫（一八九六──？）、周恩來（一八九八──一九七六）都是二十三歲（西法紀齡）以下。甚至認為比普通學生年紀較大，被派到上海、南京的少數北京學生代表之一，後來又是鼓動學生、商人和工人在那些城市裏罷工的重要角色許德珩，也只有二十四歲。供給他們新思想的教授們也都是三十歲左右。相反的，多數站在相對地位的舊學者往往已超過了五十或六十歲。軍閥們的首領都是中年人或比中年人還要大一

---

[38]　羅素説：「在整個東方，大學生比現代西方的大學生更希望對輿論能具有更大的影響力。但是在取得實際收入上，他們卻比西方的學生機會少得多。然而因為他們既不是沒有力量，也不是感到滿意舒服，所以就變成了改革家、革命家，而不是變成犬儒主義者。改革家和革命家的快樂全靠對公共事務的介入。甚至即將被處死刑時，他們還可能比滿意舒適的犬儒主義者感到更真實的快樂。我記得有一次一個青年到我們學校來訪問，他要回到家鄉在中國反動地區創辦一所和我們類似的學校，他預料結果他會給殺頭。雖然如此，他卻感覺到一種恬靜的快樂，那是我所只得羨慕而不可得到的。」參看羅素，*The Conquest of Happiness*《幸福的征服》（一九三〇年，紐約，一九五一年 Signet Book 重版）第二編，第十章，頁八八。

點。[39] 這些人和政府裏大多數的官員都受過滿清皇朝政權下的舊式教育，與新知識分子所受的教育有很大的不同。這種懸殊遠超過通常上下連續兩代之間的差異。[40] 因為教育和觀念的不同，使青年學生對政府和學校當局的看法和行動無法接受。

此外，還有幾種因素使得中國學生更便於參加群眾活動。與西方學生不同，他們在擁擠的宿舍裏習慣了集體生活，並且無論是讀書或是娛樂，都是成群結隊的。中國人的生活裏普通很流行的，不是個人主義，而是集體的、合作的態度。這種態度在比較理想化的青年人中更是特別盛行。因為他們都集中在幾個都市中心，使他們在習慣與思想上和他們的父母遠離。多數學生的家長是住在鄉下的紳士或是地主。群眾行動的方式如示威、罷工和聯合抵制外貨，若不是由歸國留學生介紹來的，就是由中國歷史和西方出版物裏學來的。這些行動方式給了他們合適的途徑來表達那些沒有機會可以吐露出來的積怨或憤慨。這些知識分子有了上述第一次世界大戰在歐洲的「勤工儉學」和工讀的經驗。這些經驗當然有力地把他們和西方蒸蒸日上的勞工運動經驗拉得更加接近。在另一方面，中國的輿論對於學生干政，從來就沒有強烈的反對。

雖然上述的分析可能用到「五四運動」當時和以後一般的中國學生身上，但是另外關於「五四事件」以前特別在北京的學生的特點，也應該記在心裏。北京一向是中國傳統的政治和文化中心。除了那些只熱中經濟

[39] 一九一七年當北京大學開始改革時，陳獨秀正是三十八歲，胡適二十六歲，錢玄同三十歲，劉復二十六歲，魯迅三十六歲，李大釗二十九歲，甚至蔡元培也只有四十一歲。雖然劉師培也只有三十三歲，黃侃也只有三十一歲，但在同一年林紓卻已是六十六歲，嚴復已是六十四歲，辜鴻銘已是六十歲，段祺瑞也是五十三歲了。

[40] 依據一九一九年出版的《最近官紳履歷彙錄》，在四千七百六十四位高級官員和教育行政人員裏，一千五百四十八人曾通過滿清的科舉考試，一千三百四十一人在舊式學堂畢業後留學過外國，九百零九人在中國學校畢業。九百六十九人來自商人和其他團體，幾乎所有的低級官員都只受過傳統教育。參看北京敷文社三八四編，「最近官紳履歷彙錄」（一九一九年，北京）。

的人，多數活躍的有野心的知識分子幾世紀來都聚集在這首都裏。知識分子多數來自地主、官僚和其他富裕的家庭。傳統上他們中間許多人和官僚維持密切的關係，並且很多學生是紈絝子弟。他們多數人生活的目的是進入官場，和官僚分享權利。平時很少人會費心注意外交政策、社會問題和新思潮。

可是第一次世界大戰快要結束的時候，尤其是一九一七年蔡元培在北大進行改革以後，學生的氣質經過了一個重要的改變。「五四事件」前夕，在北京的大學生按照他們的特性可以分為三種。一種是紈絝子弟的殘餘，多少仍然過著有點奢侈腐敗的生活；其次是用功的學生，從事學問比對時事更要專心；第三種則是最受新思想影響的學生。這屬於第三種的學生大概只佔了全體學生的百分之二十，但卻是最活躍的部份。[41] 這些學生緊緊的注意國外國內的事件，而深深的對社會、文化和知識上的問題有興趣。與他們的同學比較，他們吸收了更多的西方思想，而且讀了更多的西方文學——易卜生、托爾斯泰、莫泊桑、克魯泡特金和蕭伯納。使命感和懷疑的精神在他們中間流行。這些就是後來領導學運的學生。

其實當時北京全體學生的思想和活動都很複雜。過去在東方和西方所有推崇過的思想都在他們的腦海中擁擠和衝擊。他們對於這些龐大複雜的思想體系並沒有深刻研究過，但對於所信仰的卻具有無比的熱誠，就像一個人由一間長久閉暗的屋子走到光亮的地方，發現每一樣東西都很新奇。

如上所述，一九一八年五月請願以後，學生們相繼組織了很多公開的或秘密的、自由的或急進的小團隊，為數至少在二十以上。在所有的團體之中，最有影響的是新潮社和國民雜誌社。（這時秘密組織在民眾、政客、商人和軍人中都很流行。）雖然大多數學生組織是非政治性的組織，

---

[41]　參看周予同一二四，〈過去了的五四〉，《中學生》（一九三〇年五月四日，上海），重印在曹聚仁編，《散文甲選》（一九三一年，上海），頁五六—五七、五二—五三。

可是很多人對政治有興趣。早在一九一九年北京很多活躍的學生中，無
政府主義已經變得很流行了。在二十世紀的最初十年裏，蔡元培自己就
曾經是一個熱忱的虛無主義、無政府主義和社會主義宣傳者。很多其他
知識分子領導人也往往類似這種情況。一九一一年辛亥革命以後，他們
很多人所保存的無政府主義信念，多半是其中的人文主義、自由主義和
利他主義方面，很少是它的恐怖主義方面。在殘忍的軍閥統治之下，青年
人中發展急進的思想是不可避免的。革命性和無政府主義的出版物如《自
由錄》、《伏虎集》、《民聲》和《進化》，秘密地在學生中傳閱。[42] 克魯泡特
金和托爾斯泰都變成普遍讀物。克氏的名著如《告少年》(*To the Young*，
原作於一八八〇年)、《麵包略取》(*The Conquest Bread*，一八八八年)、《田
莊、工廠和手作坊》(*Fields, Factories and Workshops*，一八九八年)、《互
助論》(*Mutual Aid, a Factor of Evolution*，一九〇二年) 等，有些中國學生
很愛讀。還有康有為的《大同書》、譚嗣同的《仁學》，以及記載滿洲軍隊
屠城的舊民族主義著作如《揚州十日記》，都仍然為許多青年人閱讀和嚮
往。康、譚的作品帶有強烈的無政府主義和理想的社會主義色彩。[43] 當

[42] 《民聲》是無政府主義的晦鳴社出版的雜誌。這學社是劉師復 (一八八四——一九一五)
於一九一二年在廣州創辦。法文版用世界語 (Esperanto) 名字：*La Voco De La Popolo*。第二
年廣東省長下令禁止這雜誌出版，並解散學社。一九一四年七月，劉在上海設立無政府共
產主義同志社。有時也稱作無政府黨。《伏虎集》是劉死後由鐵心收集主編劉的文章而成的
集子。劉對孫文主義和江亢虎的社會黨都批評反對。書名《伏虎》，暗射江亢虎的名字。《自
由錄》是由實社出版，也是提倡無政府主義的組織，其中作者有留法勤工儉學生華林和北大
的學生黃凌霜等人。有人相信無政府黨是把廣州理髮師和茶樓工人組織成工會的第一個團
體。這黨一九二五年以後和國民黨合併。看同上；又陳端志七三，《五四運動之史的評價》
(一九三五年，一九三六年上海再版)；又鄧中夏四三九，《中國職工運動史》(一九三〇年，
一九四九年再版) 第一章，頁五一六；另看鐵心編，《師復文存》(一九二七年，一九二八年
廣州重版)，頁一一八、五三一五六。

[43] 康有為的《大同書》寫於一八八四年，可是當時並沒有出版。一九一三年和一九一九
年出版了一部份。康死後一九三六年和一九五六年才全部出版。英文有湯卜生 (Laurance G.
Thompson) 翻譯本，書名譯成 Ta T´ung Shu，*the One World Philosophy of K´ang Yu-wei*(紐約，
一九五八年)。康氏自己曾把書名直譯成 *The Book of the Great Concord*。譚嗣同的《仁學》

時學生團體受這種種觀念影響頗不少。一九一八年下半年，北京高等師範學校（北京師範大學的前身）的學生十餘人組織了一個「同言社」，大家練習演講，傳布激進思想。到了一九一九年二月，同校的一群學生和校友三十餘人又秘密組成了一個「工學會」。這個團體提倡一種工學主義，認為工作與求學是人生唯一的兩件大事，反對孟子的「勞心者治人，勞力者治於人」的主張，企圖把這兩種功能集中於一個人的一身，就是勞心的人也要勞力；勞力的人也要勞心。這個團體的主要目的是想在中國實現無政府主義的某些理想，來為勞工階級的利益服務，並且以「工學」單位為基礎來建立一個國家。他們也接受杜威的生活即教育和社會即學校的思想。雖然在這個團體裏的人都是極富於偶像破壞性和反叛性的人，但是他們仍然獻身於他們的信念，就是社會改革是應該一點一滴的實行。所以他們的會員除了求學之外，都要工作，特別是木刻、印刷等工作，當時在高師數學系四年級唸書的湖南學生匡互生便是工學會的會員。以下我們所要描述的學生活動，有許多是有由這個團體在幕後策動的，而且有時這個團體也有把學生活動轉向積極和急進方向的樞紐作用。[44] 其他組織如同言社和共學會都比較穩健，但是在學生圈中也相當有影響力。[45]

作於一八九六年秋到一八九七年春，一八九八年由梁啟超在日本橫濱最先出版。這本書是一部破壞偶像的作品，是理學、佛教、耶穌教、排斥滿洲專制政體、介紹西方科學思想的混合物。依照譚的說法，仁是代表仁慈、博愛、同情、靈魂、愛力和人性，是「以太」的功能和顯現。「以太」是宇宙和人生物質和精神的基本實質。看梁啟超三〇六，《清代學術概論》（一九二七年，上海）第二十四章，頁一三二—一三七；Takashi Oka，「The Philosophy of T´an Ssu－t´ung」〈譚嗣同的哲學〉，《哈佛中國論文集》（一九五五年八月，劍橋）第九冊，頁一一四七；及《譚嗣同全集》（一九五四年，北京），頁三一九〇、五一五——六。

〔作者按：我在威斯康辛大學的一個學生 Douglas Wile 在一九七二年寫的博士論文 T´an Ssu-t´ung and the「Jen-hsueh」，對譚的傳記寫得很詳細，並把《仁學》譯成了英文。〕

[44]　不可把工學會和一年以後成立的工讀互助團混作一談。雖然兩個團體的學生都參加勞力工作，但是工學會企圖依照他們的理想來建設社會的野心比較大。並且比工讀互助團對勞工問題更有興趣。一九二二年五月工學會的機關刊物《工學》月刊出版勞工節的「五一紀念號」，並且建議設立一所工人學校。同言社後來併入了共學會。

[45]　周予同一二四，《過去了的五四》，頁三七；陳端志七三，《五四運動之史的評價》，頁

五、「五四」遊行示威

一九一九年四月底，中國在巴黎失敗的消息傳到北京，學生組織包括新潮社、國民雜誌社、工學會、同言社和共學會一起召開會議，決定在五月七日國恥紀念日，就是日本提出二十一條要求最後通牒的四周年紀念那天，舉行民眾示威大遊行，由北京大學、高等師範學校、高等工業學校和法政專門學校領頭。這項決定不久得到了北京所有大專學生團體的同意。同時他們也為參加的各校學生決定了遊行示威的計劃。由此顯然可見「五四事件」的近因不單是在巴黎的不幸失敗，它也是一九一五年所訂二十一條要求所引起的氣憤的延續。[46] 在同一會上學生也決定了向全國各報館各團體發出下面的電報：

> 青島歸還，勢將失敗，五月七日在即，凡我國民當有覺悟，望於此日一致舉行國恥紀念會，協力對外，以保危局。北京專門以上學校全體學生二萬五千人叩。[47]

這次會議以後，五月一日至三日由巴黎傳來的消息更加使人震驚。這些報道説：和會即要拒絕中國提出的公正解決山東問題的要求，並且中國提案難於被接受的原因是中國賣國賊「欣然同意」換文的陰謀求所造成的。這時駐日公使章宗祥恰好剛由東京匆匆返國。[48] 回國以後他在

二二九。

[46] 關於這點，芮恩施説：「（一九一九年五月四日）學生暴動的主要原因雖然是因為一九一五年日本提出最後通 四週年紀念日的臨近，但是他們也因為受了那些對在巴黎開會的老頭們行為的報道的刺激而感到不安和驚擾。」芮恩施七〇七，《在中國的一個美國外交官》第三十一章，頁三五九。

[47] 瞥公六，〈學界風潮記〉，頁一二一。

[48] 章宗祥是四月中旬請假離日，當時日本政界要人和其他國家駐日外交界人士，紛紛到

天津逗留好幾天，還由政府裏出名親日的陸宗輿到天津和他接洽。四月三十日章回到北京，並沒有公開說明他回國的目的。雖然他在北京有自己的房子，卻住在曹汝霖家裏。第二天外國報上發表章將不復返職。謠傳他會繼陸徵祥任外交總長和巴黎和會總代表的職位。這個消息更引起了民眾的懷疑。他們相信政府裏居高位的人多在陰謀出賣國家的利益。五月三日北京民眾的情緒達到激昂的熱度，政治團體和社會團體，包括政界、商人、學生和少數軍人都急忙的召開緊急會議，企望盡力設法擊破這個圖謀。北京商會發電到其他各城市的商會，請求他們支持中國在巴黎的要求。上海商會決定要在五月六日開會討論處理辦法，更重要的是國民外交協會派代表謁見大總統徐世昌，請求他下令給中國在巴黎的代表，如果山東問題得不到合理的解決，就拒絕簽字。同時在五月三日的集會裏也決定邀請其他社會團體和政治團體來參加預定於五月七日在北京中央公園舉行的國民大會。[49] 還有留日學生救國團給總統發電：「寧願公開決絕，亦不願屈辱求生」。[50]

在這種大眾壓力之下，北京政府卻用嚴厲的措施來鎮壓騷動，使得民眾更加氣憤。[51] 北京的學生覺得不能不把已準備好的遊行提前舉行。一個參加過當時活動的學生，描述五月一日到三日那種要求行動

東京火車站歡送，忽然來了中國男女留學生數百人，章夫婦起初誤認他們是歡送的。後見他們大叫，把旗子拋擲，才知不妙。陳獨秀說：「駐日章公使回國的時候，三百多中國留學生趕到車站，大叫『賣國賊』，把上面寫了『賣國賊』、『礦山鐵道盡斷送外人』、『禍國』的白旗，雪片似的向車上擲去，把一位公使夫人嚇哭了。」見陳獨秀，〈隨感錄〉，《每週評論》（一九一九年四月廿七日），重印在六二，《獨秀文存》第二冊，頁三二。當時經外國人勸解，學生並無暴力舉動。

[49]　瞢公六，〈學界風潮記〉，頁一二一；吳中弼，《上海罷市救亡史》（一九一九年，上海），重印在五二三，《五四愛國運動資料》，頁五五〇。

[50]　《字林西報週刊》，第一百卅一卷，二七〇〇號（一九一九年五月十日，上海），頁三四七。

[51]　陳端志七三，《五四運動之史的評價》第十三章，頁二三一。

的激昂情緒如下：

> 自五月一日起我們一直考慮，尋求表達我們對政府的腐化和
> 對中外軍閥主義而不滿的辦法。……最後的結論是惟一立刻能
> 夠作的是召集北京的學生，舉行一次大遊行。[52]

最活躍的一群學生鑒於情況緊急，五月三日下午一時在國立北京大學
貼了一張通告，召集所有北京大專學校學生代表舉行臨時緊急會議。[53] 這
次會議是當晚七時在北京大學法科（亦稱「第三院」，地點在皇城東面北河
沿、孟公府及箭杆胡同之間）大禮堂舉行，參加的學生有一千多人。由易
克嶷作主席。易是湖南人，是富於民族國家主義感的北大學生。他是國民
雜誌社的領導人之一，對新舊文化問題保持溫和的態度。參加集會的人多
數是北大的學生。但國立高等師範學校、法政專門學校和工業專門學校也
派有代表來聯絡。會中先由北京大學新聞研究會的邵飄萍分析山東問題，
接著是其他學生許多慷慨激昂的演說。會議通過了好幾件決議案，其中最
重要的一項是在晚上十一時通過的，就是決定提前在第二天，不是五月七
日，而是五月四日下午十二時半召集所有北京的大專學生舉行群眾大會，
遊街示威，抗議政府的外交政策；同時選派代表到除日本以外的各國公使
館，陳述對於青島問題的民意和決心。決議後，各校代表即回去預備。會
上繼續由一位山東人士演說，指出斷送國土主權，實是賣國賊應負責任。
遊行之外，對他們應如東京車站留學生對章宗祥一般加以譴責。大家熱烈
贊成。後來一個北京大學生追述五月三日集會的情況如下：

---

[52] A description by C. C. Su，〈蘇某某的叙述〉，見王茞章七七一，《中國青年運動》，頁
一六三。

[53] 張國燾在他的《回憶錄》（英文訪問原稿）裏聲言是他在五月二日晚上七時國民雜誌社
職員會議上，提議召開這樣一個緊急會議。他在香港也當面對我如此說過。但別無旁證。

我們起初討論國家的危機，大家都同意，造成山東問題的原
因是腐敗和不公平。所以我們做學生的應該奮鬥，讓全世界看到
「強權絕對不是公理」。後來又討論了四種進行的辦法如下：（一）
聯合全國各界民眾一致力爭；（二）通電巴黎專使堅持對和約不
簽字；（三）通電各省民眾於五月七日國恥紀念日舉行國民大會
和遊街示威運動；[54]（四）定於五月四日聯合北京各校學生在天安
門舉行一次巨大的示威遊行，以表示我們的氣憤不滿。

會場上當大眾情緒十分緊張的時候，一個法律系學生謝紹
敏，當眾用口咬破中指，撕裂衣襟，用血大書「還我青島」四個
字，向大眾揭示，所有的到會人都肅然感動。接著便是一陣鼓掌
和萬歲聲，全場頓現出淒涼悲壯的氣象。[55]

顯然的，五月三日晚的集會是在感情激昂的氣氛中進行的。這一點
許德珩和張國燾在回憶這次集會時也如此承認。許是學生領導人之一，在
會上發過言，後來他是「五四事件」被捕的三十二人之一。張也是北京大學
的學生，在會上有發過言，後來變成共產黨的一個領導人，不過一九三八
年又脫離了共產黨。他們還說，開會的時候，有一個十六七歲的學生，痛
哭流涕，大叫如果會上不對示威作積極的決定，他就要當場自殺。[56]

---

[54]　第三項決議其實早已採納了。前兩項也和五月四日上午集會通過的很相似。顯然的，
在不同的集會裏重複通過決議的原因，如果不是因為參加的學生不同，就是他們要用後來
的決議來增強以前決議的力量。

[55]　「Translated from a Chinese Document written by a student of the National University of
Peking」〈譯自北大一個學生寫的文件〉，王茞章，同上，頁一六三—一六四。又看蔡曉舟、楊
量工合編（「量」字原誤印作「景」）四四六，《五四》（一九一九年，北京），部份重刊在中國
科學院歷史研究所編，《近代史資料》第五輯（一九五五年四月，北京），頁四七—四八。又
《每週評論》第二十一號（一九一九年五月十一日）。

[56]　許德珩一八一，〈五四回憶〉，《文匯報》（一九五〇年五月四日，上海）。

　　然而在此也應該指出，這次集會卻進行得很有秩序，並且大多數的學生和學生代表都無意在預定的遊行示威中發生暴力行為，集會主要是由新潮社和國民雜誌社的人主持，他們多數人從開始就不贊成暴動行為。[57] 整個遊行示威都似乎經過細心的準備。杜威和他的夫人於一九一九年五月一日來到中國，他在這年六月二十日由北京寫信給他在美國的女兒說：

　　　　附帶說一句，我發現我上次把這裏的示威遊行比作我們一般大學裏男生的宿舍打鬥，對這裏的學生說來有欠公平。整個示威遊行是經過了細心的計劃，並且比他們預定的時間還要提早結束，原因是有一個政黨也要遊行示威。他們的運動，如果在同一個時候，會給誤認作是被政黨利用。他們要以學生身分獨立採取行動。想想我們國內十四歲以上的孩子，負起一個大清除政治改革運動的領導責任，並且使得商人和各界人士感到慚愧而來加入他們的運動。這實在是一個了不起的國家。[58]

　　不過有些急進派人士卻計劃要把這次遊行示威變成不單是有紀律的抗議。五月三日晚緊急會議前後，很多秘密的和公開的小型學生團體也在各校開會，商討即要來臨的遊行示威的方法和步驟。據報道有些團體在會中要對付三個親日分子曹汝霖、章宗祥和陸宗輿。[59] 曹是交通總長，

[57]　例如，羅家倫是新潮社創辦人之一，也是積極參加新文學和新思想運動的學生。他便是「這次集會負責人之一」。看〈譯自北大一個學生寫的文件〉，王苫章七七一，《中國青年運動》，頁一六三。羅家倫對本書作者也如此說過。

[58]　John & Alice Chipman Dewey 杜威和他的妻子愛麗思六三一，*Letters from China & Japan*《杜威夫婦中國日本家書集》，Evelyn Dewey 杜威兀維林（杜威的女兒）編，（一九二〇年，紐約）頁二四六—一四七。

[59]　陳端志七三，《五四運動之史的評價》，頁一六三。

兼交通銀行總理。[60] 章自一九一六年起是駐日公使。[61] 陸是幣制改革

[60]　曹汝霖，字潤田，一八七七年生於上海。祖父曾在江南製造局工程處工作，父親曾在該局材料庫任職。曹十五歲學習八股文。一八九三年考中秀才。一八九九年考進蘆漢鐵路督辦鄭孝胥在漢陽主辦的鐵路學堂，開始學法文。一九〇〇年義和團事件時以自費留學日本，進東京早稻田專門學校，後改入私立東京法學院（以後改稱中央大學），攻讀法律。一九〇二年返國，在商部任職，並兼京師大學堂附設的進士館的法律助教。一九〇五年通過回國出洋學生考試，獲得法科進士頭銜，升商部主事。次年任清廷外務部候補主事，兼修改官制館編修，及憲政編查館編纂。得到袁世凱和徐世昌的提拔，到清末已是外務部的左侍郎。辛亥革命以後，離外務部職，任袁世凱的秘書。不久又在北京執律師業，頗著名。他似乎是一個很幹練而善於釣取名譽的人。有一次，在上海有兩個女人，據說「強姦」了一個少年，而且這個少年人又當場死亡，被判入獄。曹自願搭救，並且贏得了官司使這兩個女人重獲自由。他主要的辯論是在生理上女人不可能強姦男人，並且法律上對此類案件並沒有明文規定。案中曹的摘要見襟霞閣主編一〇九，《新編刀筆菁華》（一九二四年，一九三〇年十四次重訂版，上海）。當召開第一次國會時，曹雖然從未住過蒙古，卻被選作蒙古文議員。後又任袁的顧問。在國會裏他裝作屬於進步黨。一九一五年時他已是袁的外務部次長，專辦對日外交，二十一條要求的談判及以後中日所簽的條約都由他負實際責任辦理。曹支持袁世凱作皇帝，一九一六年初袁升他為代理外交總長。袁氏帝制垮台以後，曹在段祺瑞內閣裏任外交委員，乃獻計向日本借款以謀軍事統一。一九一七年他已是交通銀行總理，日本總理大臣寺內正毅派西原龜三來華和他接頭，便開始商談借款的事。七月十七日曹受任段祺瑞內閣裏的交通總長。雖然在這段日子裏更換了數次總理，曹就任該職一直到一九一九年六月。同時由一九一八年三月到一九一九年一月他又兼任代理財政總長。一九一八年他在國會的新交通系裏作主管，並且在工作上和安福俱樂部關係很密切。同一年裏他又促成西原借款，並且實際上參加處理所有向日本銀行的借款，以支持段內閣的武力統一政策。在巴黎和會期間，大家都知道他替日本政府對北京政府實施經濟壓力。他在公私上的職務上賺了一筆大財產。一九一九年五月十六日中美通訊社（Sino–American News Agency）報道曹的財產單如下：「上海地皮（計有七處）價值三百萬元，漢口大智門地皮價值二百萬元，〔橫濱〕正金銀行謙益堂〔曹家堂名〕記各下日金二百五十萬元，交通銀行股本二十萬元，天津房地金店洋貨店價值一百五十萬元，滿鐵會社股票日金五十萬元，北京房屋地皮洋貨都菜館價值五十萬元，日本箱根別墅建築費二萬元，海州鹽坊（與倪嗣冲、段祺瑞、徐樹錚合辦者）價值十萬元，與梁士詒、徐樹錚及袁世凱的一位親戚三人取得西藏金礦權，曹所佔之份價值二百萬，龍口烟台鐵礦公司股本二十萬，匯業銀行股本四十萬元，其他古玩珍寶，活期存款，以及未能調查之數，尚不在內，總計曹氏個人產業，實超過於當年和珅之數，核計之，至少有二千萬元。以歷任總次長之薪水，縱加以重大之官利紅利，為數至多不過五十萬元。」看《字林西報週刊》，第一百三十一卷，二七〇一號（一九一九年五月十七日），頁四一七；又看粵東聞鶴編，《賣國賊之二曹汝霖》（一九一九年，上海），重印在《五四愛國運動資料》，頁六五二—五三。這些數目是否屬實，無法查證。曹雖然在「五四事件」後免過職，一九二〇年一月政府仍授予他三級勳章。一九二二年一月又擔任高級工業委員。及至七月吳佩孚當權，政府檢舉曹任總長期間接洽西原借款時有盜用嫌疑，因而被提交法院查辦，他即逃往天津日租界。以後他退出政府，興趣在從事礦業和銀行。他那燒過的房子後來賣給了熱河省主席劉多荃。抗戰期間他在華北偽組織裏擔任過諮詢委員，與日本人合辦礦業和出版事業，頗為活躍，但未出任主要政治職務。曹於一九四九年去台灣，次年轉香港去日本，住了七八年，備受日本過去與中國有關的老牌人物的照顧。一九五七年後移居美國他的女兒和女婿家。〔約死於一九六六年。〕

[61]　章宗祥，字仲和，一八七九年生於浙江烏程縣。一八九五年通過鄉試後到日本東京帝國大學攻讀法律。他是中國最早的留學生之一，並且和曹汝霖同學，很投契。一九〇三年章獲得明治大學的法律學士學位。回國以後，有一段時間在京師大學堂任教，清廷欽賜進士。一九〇六年九月六日袁世凱主持下的修改官制館成立，章與陸宗輿皆任編修。次年八月十三日張之洞主持設立憲政編查館，章與陸任編纂。一九〇八年到一九一〇年在民政部尚書肅親王善耆部下擔任北京內城巡警廳廳丞。（在這廳任職期他保護過汪精衛，因為汪謀殺攝政王未遂被捕，由章鞫訊。）一九一二年一月以後章曾短期退休，但是不久又回到袁政府間。一九一二年七月任大理院院長。一九一四年二月改任司法總長。四月袁又命他兼署農

局的總裁、交通銀行的董事長，並且是中日合辦的匯業銀行的華方董事長。[62] 他們三人都被認為是北京政府裏最親日的分子。

　　另一報道記載說，有些學生事先就有燒毀曹宅的計劃，並且有學生秘密社團——多數是無政府主義的組織——有意在四月下旬就開始遊行示威。[63] 依照這種記載，「五四」前夕這些學生團體召開秘密會議，並且決定要嚴懲那三個官僚。當時有一個同盟會的老會員，為了要使學生們能夠辨認章宗祥，把章的相片交給他們看。（據說曹、陸的照片經常擺在照相館裏，所以學生都能認出他們云云。其實許多學生大約還是不認識他們。）雖然他們決定攜帶小罐燃料和火柴去燒曹宅，大多數學生對這計劃卻不知道。這些社團因為恐怕秘密外洩，所以在五月三日晚的緊急會議上說服其他同學，比預定遊行示威的日期提早了三天。這項記載顯然給後來暴動一個相當可能性的解釋。不過，如果我們說這次遊行示威本身為那些秘密社團所操縱，就未免言過其實了。比較可能的事實是，那些

商總長。帝制運動失敗後，一九一六年六月三十日繼陸宗輿出任中國駐日公使。章對日本的許多借款都負有交涉責任，並且一九一八年九月他在答覆日本提出關於日本在山東的地位時簽署了「欣然同意」的換文。一九一九年六月免職以後，在一九二〇年一月北京政府還頒給他四級勳章。一九二五年繼陸宗輿出任北京匯業銀行董事長，後來住在青島。一九四〇年任王揖唐華北偽政府的諮詢委員及電力公司董事長。一九四八年左右遷居上海。〔約死於一九六二年。〕

[62]　陸宗輿，字閏生，一八七五年生。浙江海寧人。曾在日本早稻田大學攻讀經濟，與曹汝霖同學。回國通過一九〇五年的出洋學生考試，獲得舉人頭銜。同年十月滿清政府派遣五大臣出洋考察各國憲法，（徐世昌本是五大臣之一，因吳樾轟炸及徐改任巡警部尚書，未果行。）陸被派為二等顧問。因為他善於款待有名望的官員，所以升遷得很快。一九〇六年徐世昌奉命查辦奉天事件時，陸成為徐所賞識的部下。一九〇七年徐任東三省總督，命陸為東三省鹽務局督辦。一九一三年他被選為北京第一屆國會的參議員。在袁政權之下，自一九一三年到一九一五年，就是二十一條談判的時期，他是駐日公使。他被認為是袁氏帝制運動的支持人之一。袁死後陸退職回國，當西原借款時，為了匯兌方便計，他在中國設立中日合辦的匯業銀行，自任董事長。在這個銀行裏他多次經手替北京軍閥向日本簽約借款。對西原借款他也負有部份的責任。一件頗富於諷刺對比意義的事是，他也和曹、章一樣曾任過京師大學堂的助教（一九〇二年）。一九一七年以後，他又和曹汝霖同在新交通系控制下的安福系的國會裏任參議員。「五四事件」後住在天津日租界內。晚年遷居北平，頗潦倒窮困。一九三九年左右患肺炎病死在協和醫院。

[63]　陳端志七三，《五四運動之史的評價》，頁二三三。依 C. F. Remer 雷謀的講法，「學生說搗毀曹宅，不在預先計劃之內。」看他的「The Revolt of Chinese Students」〈中國學生的反抗〉，Asia《亞洲》十九卷九號（一九一九年，紐約），頁九三二。

秘密社團利用了當時大眾的普遍情緒，爭取到施行暴動的機會。[64]

五月三日學生決定提前舉行遊行示威這件事，顯然早已為北大行政當局所預料到。學生集會以前，蔡元培曾召開教授會議，討論學生活動問題。因為軍閥對大學採取敵對的態度，加上教授本身對政府在中日問題方面的懦弱立場感到憤怒不滿，所以教授不願意阻礙學生的活動。「五四」前夕蔡元培召見過領頭的學生狄福鼎，據説他向狄表示，他對學生們很同情。[65]

五月四日，那天是星期日，上午十時，學生依照先一天晚上會議的決定，在堂子胡同法政專門學校開各校學生代表會，預備遊行示威的活動。[66] 有十三所大專學校（包括北京大學在內）的學生代表參加的，陸軍學校也派學生代表列席。在一小時半的會議裏通過了五項決定：（一）通電國內外各團體，呼籲他們對巴黎和會的山東決議案抗議；（二）設法喚醒全國各地國民；（三）準備五月七日在各地召開國民大會；（四）聯合北京所有的學生，組織一個永久的機構，負責學生活動以及與其他社團聯絡關係；（五）決定本日下午遊行示威的路線為：由天安門出發，經過東交民巷、崇文門大街等商業熱鬧區。這次會議裏，學生代表們對決定這些重要事項表現了非常可觀的效率和協調。[67]

下午一時左右，三千多學生紛紛齊集在天安門（在紫禁城外正南，是皇城正門。明成祖永樂五年，即一四〇七年，初建。舊名承天門，清順治

---

[64] 看周予同一二四，《過去了的五四》，頁五八。

[65] 包遵彭三八二，《中國近代青年運動史》（一九五三年，台北）第二章，頁二六。

[66] 有些報告説是在堂子胡同開會。詳細情形看（朱）文叔五〇六，〈五四運動史〉，《學生雜誌》十卷五號（一九二三年五月五日，上海），頁四；《每週評論》二十一號（一九一九年五月十一日）；北京大學，北京人壁報社編三八五，〈五四運動紀要〉，《世界日報》（一九四七年五月四日，北京），頁四。

[67] 同上；又文叔五〇六，《五四運動史》，頁四。依一個北大學生的追憶，「北京領頭的十八所大學的代表」參加了這次集會；王莒章七七一，《中國青年運動》，同上，頁一六五。

八年,即一六五一年,重建改今名。前清凡國家有大慶典時,在門上用金鳳啣著詔書,下承朵雲,垂下頒發。)前廣場,參加遊行示威。他們代表北京十三所大專學校。北京高等師範學校、匯文大學(美國教會所辦,即燕京大學的前身)最早到,接著是北京法政專門學校、工業專門學校、農業專門學校、醫學專門學校、警官學校、鐵路管理學校、稅務學校、中國大學、民國大學、朝陽大學。北京大學的學生到的最晚,但是他們是遊行示威活動的領導角色。當時凡先到的學生都用鼓掌歡迎後到的,後到的便搖動旗幟作答,步伐整齊,儀容嚴肅。

這時北京政府曾盡力設法阻止這次大集會遊行。教育部派了一個職員隨同幾個軍警長官,在四日上午十一時左右便到達北京大學,由蔡元培在場召集學生(有些報道說,蔡當時不在),聽他勸告不要參加遊行,但是學生聽了這位代表的談話,雙方辯論以後,學生拒絕接受他的勸告。這段插曲惟一的作用是使北大的學生隊伍晚到了一些時候。

當學生們手執白旗和傳單到達天安門前的廣場時,他們按學校分組排列集合。北京大學的一個學生代表便向大家介紹那位教育部代表,並且解釋北京大學學生遲到的原因。教育部派的這位職員詢問集會的用意,學生代表就把傳單給他看,作為答覆。他又勸告學生們說,現在人數太多,事先又未通知各公使館,恐怕不能在使館內通行,大家應該各回原校,改推代表向政府和各使館交涉。[68]步軍統領李長泰、警察總監吳炳湘也相繼先後到場,勸告大家放棄遊行。學生們沒有接受勸告,他們完全明白,不論是請願也好,遊行示威也好,都不會立刻達到目的,他們現在只是要公開表示對軍閥的憤慨,和對強權政治帶來國恥的反抗。他們在集會和隨後的遊行示威中分發印有「北京學界全體宣言」的傳單,上面說

---

[68] 〈譯自北大一個學生寫的文件〉,同上,頁一六五。

明了這次遊行示威的目的：[69]

> 現在日本在萬國和會上要求併吞青島，管理山東一切權利，就要成功了！他們的外交大勝利了！我們的外交大失敗了！山東大勢一去，就是破壞中國的領土！中國的領土破壞，中國就亡了！所以我們學界今天排隊遊行，到各公使館去，要求各國出來維持公理。務望全國工商各界，一律起來，設法開國民大會，外爭主權，內除國賊。中國存亡，就在此舉了！
>
> 今與全國同胞立兩條信條道：
>
> 中國的土地可以征服不可以斷送！
>
> 中國的人民可以殺戮不可以低頭！
>
> 國亡了，同胞起來呀！

這篇宣言用了生動、簡潔的白話文，反映了文學革命的效果，一般人都認為它是青年知識分子的精神的最好表現。除此以外，還有一篇用文言寫的，比較正式的宣言，也為這次集會所採用。在這篇宣言裏提倡「國民大會」和「露天演說」，並且透露學生最後的反應是以手槍炸彈來對付

---

[69]　傳單是由羅家倫起稿的。他追憶說：「民國八年五月四日上午十點鐘，我方從城外高等師範學校回到漢花園北京大學新潮社，同學狄福鼎（君武）推門進來，說是今天的運動不可沒有宣言，北京八校同學推北大起稿，北大同學命我執筆。我見時間迫促，不容推辭，乃站著靠在一張長桌旁邊，寫成此文，交君武立送李辛白先生所辦的老百姓印刷所印刷五萬張；結果到下午一時，只印成二萬張散發。此文雖然由我執筆，但是寫時所凝結的卻是大家的願望和熱情。這是『五四』那天唯一的印刷品。」見羅家倫，〈五四運動宣言〉，看他的《黑雲暴雨到明霞》三三九，（一九四三年，重慶），頁一。各本文字上略有差異，這裏的校訂，是我認為比較近實而合理的。關於集會和示威的情形，看龔振黃編，《青島潮》第六章，重印在五二三，《五四愛國運動資料》，頁三九一—四二；又薔薇園主一〇〇，《五四歷史演義》第九章，頁一二七及其後。這小說雖然虛構了很多當時有關的人名和情節，但是有些地方卻是根據事實而寫的。後來羅家倫和作者談到，他起草這篇宣言時，像面臨緊急事件，心情萬分緊張，但注意力卻非常集中，雖然社裏的人來來往往，很是嘈雜，他卻好像完全沒有留意。寫成後也沒修改過。

賣國賊。這篇似乎是激進派、極富於民族國家主義思想的學生在會前早就預備好的宣言。在集會和遊行示威時可能沒有印出來，至少沒有廣泛分發，但是事後卻散布到全國各地。宣言如下：

嗚呼國民！我最親、最愛、最敬佩、最有血性之同胞！我等含冤受辱，忍痛被垢，於日本人之密約危條，以及朝夕企禱之山東問題，青島歸還問題，今已有由五國公管，降而為中日直接交涉之提議矣。噩耗傳來，黯天無色。夫和議正開，我等所希望、所慶祝者，豈不曰世界上有正義，有人道，有公理？歸還青島，取消中日密約、軍事協定、以及其他不平等之條約，公理也，即正義也。背公理而逞強權，將我之土地由五國公管，儕我於戰敗國如德、奧之列，非公理，非正義也。今又顯然背棄，山東問題由我與日本直接交涉。夫日本，虎狼也，既能以一紙空文，竊掠我二十一條之美利，則我與之交涉，簡言之，是斷送耳，是亡青島耳，是亡山東耳。夫山東北扼燕、晉，南拱鄂、寧，當京漢、津浦兩路之衝，實南北之咽喉關鍵。山東亡，是中國亡矣。我同胞處此大地，有此山河，豈能目睹此強暴之欺凌我，壓迫我，奴隸我，牛馬我，而不作萬死一生之呼救乎！法之於亞魯撒、勞連兩州也，曰：「不得之，毋寧死。」意之於亞得利亞海峽之小地也，曰：「不得之，毋寧死。」朝鮮之謀獨立也，曰：「不得之，毋寧死。」夫至於國家存亡，土地割裂，問題吃緊之時，而其民猶不能下一大決心，作最後之憤救者，則是二十世紀之賤種，無可語於人類者矣。我同胞有不忍於奴隸牛馬之痛苦，亟欲奔救之者乎，則開國民大會，露天演說，通電堅持，為今日之要著。至有甘心賣國，肆意通奸者，則最後之對付，手槍炸彈是賴矣。危

機一髮，幸共圖之！[70]

集會的時間很短，沒有長篇演説，幾個人約略説了開會的意義以後，已是下午一點半左右。學生就排隊由天安門南出中華門，向東交民巷各國公使館前進。隊伍前面由兩個山東大漢的學生（也有人説不是學生而是校役，從服裝方面看來好像不是學生，但也不一定。）舉著兩面紅黃藍白黑的五色大國旗，後面接著是一副富於諷刺意味的中國傳統式的輓聯：

> 賣國賊曹汝霖、陸宗輿、章宗祥遺臭千古
> 賣國求榮，早知曹瞞遺種碑無字；
> 傾心媚外，不期章惇餘孽死有頭。
> 北京學界淚輓 [71]

學生除了向街上看熱鬧的人發送傳單之外，還手舉著幾千面用布或紙作的白旗子，旗上用中文、英文或是法文寫著標語，並且還有諷刺漫畫，用來表達他們遊行示威的目的和情緒。標語可以分作下面兩類：[72]

---

[70]　〈北京學界天安門大會宣言〉，參看龔振黃編，《青島潮》，附錄一，重印在五二三，《五四愛國運動資料》，頁一八一；又看新興書局編，《民國通俗演義》（一九五六年，台北）第一○五章，頁六五七；賈逸君八九，《五四運動簡史》，頁三七一三八。以上各書所引的這篇宣言，文字上往往有脱誤，此處已略加校正。

[71]　有些記載無「遺種」、「餘孽」四字。上款把通行輓聯中的用語「留芳千古」改成「遺臭千古」。聯語中用曹操和章惇的姓來指曹汝霖和章宗祥。曹操用來指奸詐專權。章惇於北宋哲宗紹聖元年（一○九四年）做宰相（尚書左僕射門下侍郎），引用黨羽蔡京等，表面上恢復熙寧、元豐新政，實則但求排斥元祐時與司馬光、蘇軾等親近的官吏、士大夫。章、蔡等擅權植黨，弄得民窮財盡，國人交怨，後來引致一一二六年的靖康之難，徽宗、欽宗二帝為金人俘擄。此聯據當時報道，説是高師一個姓范的學生所撰。

[72]　見同上，頁一五；又《每週評論》（一九一九年五月十一日）；蔡曉舟、楊量工合編四四六，《五四》，頁四八一四九；王芑章七七一，《中國青年運動》，頁一六四一六五；蔣夢麟五九四，*Tide from the West*《西潮》，頁一二一；文叔五○六，《五四運動史》，頁四；Rodney Gilbert 格爾柏特六四一，『Downfall of Tsao the Mighty』〈大權在握的曹汝霖之倒台〉，《字林西報週刊》，第一百三十一卷，二七○○號（一九一九年五月十日），頁三四八。

（甲）關於「外爭主權」或「外抗強權」方面的，例如：

還我青島

不復青島寧死

頭可斷青島不可失

誓死力爭青島

取消二十一條款

誓死不承認軍事協定

中國被宣告死刑了

拒絕簽字巴黎和約

抵制日貨

保衛國土

保衛主權

中國是中國人的中國

民族自決

國際公理

反對強權政治

寧為玉碎勿為瓦全

（乙）關於「內除國賊」或提倡愛國方面的，例如：

打倒賣國賊

賣國賊曹汝霖

章宗祥、曹汝霖賣國賊

賣國賊曹、陸、章

誅賣國賊曹汝霖、陸宗輿、章宗祥

國民應當判決國賊的運命

日本人之孝子賢孫四大金剛三上將

賣國賊宜處死刑

勿作五分鐘愛國熱忱

　　遊行示威的隊伍給北京的民眾深深的留下了印象。很多觀眾靜靜的站在街上，小心傾聽學生呼喊的口號，感動得掉淚。許多西洋人旁觀者喝彩、脫帽或是擺動帽子來歡迎他們。[73] 學生有秩序地在街上遊行，童子軍和小學生也來加入遊行的隊伍，或幫著維持秩序，並且也替他們發送傳單。甚至連政府派來巡邏的警察和密探都沒發現學生方面有任何蓄意使用暴力的徵兆。

六、從東交民巷到曹汝霖住宅

　　然而學生的心情改變了，他們遊行的後期變得不像先前那麼有紀律。他們經過中華門到棋盤街向東轉，到了東交民巷的西口。[74] 東交民巷的警察阻止學生進入這個治外法權的地區。本來，學生事先曾打電話給美、

---

[73]　文叔五〇六，《五四運動史》，頁五；王苣章七七一，《中國青年運動》，頁一六六。

[74]　東交民巷是義和團事件後，依辛丑（一九〇一年）和約建立的地區。這個外國公使館的特別區設立在一千多畝的面積上。地區的南面是以城牆為界，其他三面也都有設防的高牆圍繞。牆外的空地是留著作軍事訓練和防衛之用的。在這個地區裏，中國軍警不得進入，中國人民也不准居住。一九二一年羅素對這個地區曾提起，他說：「直到今日，東交民巷還是用牆圍繞著，裏面都是歐洲、美國和日本的軍隊。牆外面有一片空地環繞。在空地上中國人不准有建築物。這地區是由各國公使館共同管理的。在這大門之內的任何人，中國當局都無權過問。當有不平常的貪污案，和賣國的政府被推翻的時候，那些當事人就逃到日本（或是其他國家）的公使館裏來受保護，就這樣逃脫了犯罪的懲罰。在這塊東交民巷的聖地上，美國人建立了一座大規模的無線電台，據說可以直接和美國聯絡。」見羅素，《中國問題》第三章，頁五四。一九四二年中國對外廢除不平等條約的時候，這地區也合法的廢除了。

英、法三國公使館，他們都説很歡迎。直至隊伍到了東交民巷西口，正位
於西口內的美國兵營的軍官也放行了，並且還要讓隊伍通過美國兵營和
使館。但東交民巷的捕房不讓通過，説除非得大總統的同意，才得准許入
內遊行。當由該巡捕打電話與總統府交涉，往返磋商不得要領。據陳獨
秀和李大釗等所編的《每週評論》在第二十一期（五月十一日）一位署名
「億萬」的作者報道説：這時「大家只好在美使署前連呼『大美國萬歲！威
大總統萬歲！大中華民國萬歲！世界永久和平萬歲！』四聲。」（《每週評
論》上面這段記載，我的英文原著沒有轉引，因為覺得未見於別種報道。
但從下文所引的書面説帖看來，這記載似乎是可靠的。那時中國人總希
望爭取美國幫助抵抗日本，而且當時的中國學生比現在的還要天真，不知
道歐美外交只顧自己利益，談不到甚麼公理和道義。）然後由四個學生代
表（包括羅家倫、段錫朋、傅斯年，另一個可能是張國燾）和東交民巷的
官員通過數次電話以後，被推選進入美國使館去見公使。他們發現公使
不在，就留下説帖。[75] 説帖全文如下：

---

[75]　這記載是根據各種報道而寫的，包括一九二六年北京大學一個學生寫的回憶錄，王苣
章也引用過。見王苣章七七一，《中國青年運動》，頁一六六。在很多類似的記錄裏也有記
載，如一九一九年五月五日憲兵的報告。重印在四七五，《五四紀念文輯》(一九五○年，瀋
陽)，頁一七三一七四。張國燾在他寫的英文回憶錄裏提到他這次作過學生代表。但是在以
前的記載裏都沒有這種記錄。朱文叔在一九二三年説，學生隊伍到過美國使館，但是後來
被英、法、意使館擋回，只好派代表去。見文叔五○六，《五四運動史》，頁五。學生隊伍
得到過美國軍事當局的許可，可以經過美國兵營和美國公使館。他們的確經過了兵營，但
是到達美國使館前就被東交民巷的警察阻止了。見《每週評論》二十一號（一九一九年五月
十一日）。然而一九五二年中共作者華崗卻説：「大家〔學生〕決定先找日本帝國主義算賬，
他們從東交民巷西口進去，首先就遭遇美國帝國主義的阻攔，因為美國使館就在東交民巷
的西口。美帝表面上表示同情學生，而實際上卻攔住不許往東去，因為日本使館就在東面。」
見華崗二三○，《五四運動史》(一九五一年，上海)第六章，頁一一三一四。這種説法有
問題，因為依照所有的證據以及一九一九年實際的情形看來，美國那時有意在中國保庇日
本似乎不太可能。據一九一九年五月四日一個英國記者的報道，當時美國公使館首席秘書
恰好輪值東交民巷的警長，他覺得沒有不准學生繼續前行的理由，因為學生都沒有武裝，都
很有秩序，並且所要求的只是送遞説帖的權利。但是中國警察拒絕學生進入東交民巷云云。
見格爾柏特六四一，同上註所引。(《字林西報》是英國人在華所辦的報紙，是上海租界工

　　大美國駐華公使閣下：吾人聞和平會議傳來消息，關於吾中國與日本國際間之處置，有甚悖和平正誼者，謹以最真摯最誠懇之意，陳辭於閣下：一九一五年五月七日二十一條中日協約，乃日本乘大戰之際，以武力脅迫我政府強制而成者，吾中國國民勢不承認之。青島及山東一切德國利益，乃德國以暴力掠去，而吾人之所日思取還者。吾人以對德宣戰故，斷不承認日本或其他任何國繼承之。如不直接交還中國，則東亞和平與世界永久和平，終不能得確切之保證。貴國為維持正義人道及世界永久和平而戰，煌煌宣言，及威爾遜總統幾次演說，吾人對之表無上之親愛與同情。吾國與貴國抱同一主義而戰，故不得不望貴國之援助。吾人念貴我兩國素敦睦誼，為此直率陳詞，請求貴公使轉達此意於貴國政府，於和平會議予吾中國以同情之援助。謹祝大美國萬歲，貴公使萬歲，大中華民國萬歲，世界永久和平萬歲！

北京專門以上學校學生一萬一千五百人謹具。

　　當時中國學生雖然已不滿意威爾遜在巴黎和會對日本妥協，但學生們對在華的美國人卻態度很好，因為芮恩施公使和許多在華的美國人都不高興日本在遠東擴充勢力，也不高興威爾遜和國務院的妥協政策，他們對中國學生表現得很同情。後來芮恩施回憶那天的事說：

　　五月五日〔按：應為四日之誤〕一群學生在使館門口出現，喧稱要見我，那天我不在，正好去門頭溝〔在北京西四十七里宛平縣內〕上面的寺廟旅行，所以沒有見到他們。後來事實證明，他們的遊行示威，是展開學生運動的第一步，這學生運動創造了

部局的喉舌。）依辛丑條約，東交民巷內中國人無權自由遊行，看來東交民巷的警察對拒絕學生通過，還是應負主要的責任，不過中國警察也盡力在阻止。

歷史。那天上午〔下午〕，因為事先得到巴黎對山東問題決定的暗示，使他們愛國的熱忱達到了沸點。……

　　在北京沮喪的中國人民把希望都集中在巴黎，當北京得到巴黎可能接受日本要求的暗示時，學生第一個衝動是要去見美國公使，去問他這消息是否真實，並且要看他有甚麼可說，我逃掉了一次嚴重的考驗。[76]

隨後學生又派代表六人到英、法、意三個公使館，因為是禮拜天，各公使也都不在，只派館員接見，表示同情。代表們就把說帖留在各使館裏。學生們等候了那麼久，約有兩小時，又因為東交民巷的警察處不許學生隊伍通過東交民巷，同時中國軍警也已圍住東交民巷的入口，強烈地干涉，並且企圖強迫學生退後。在這種雙重失望和壓力之下，學生隊伍——現在也有其他民眾加入了——變得懊惱和憤怒。他們心想，現在國家還沒有亡掉，自己的國土已不能通行，而且自己的政府還要來阻礙。將來亡國，更何堪設想？因此更遷怒到親日的官吏。忽然他們大喊：「大家往外交部去，大家往曹汝霖家裏去！」在這個緊要關頭，被選作遊行示威總指揮的傅斯年，據有些人說，曾勸同學不必去，可是他控制不了那種呼聲震天激動的情況。[77]

　　於是學生大隊退出東交民巷，掉轉向北，沿戶部街、東長安街，到東單牌樓和石大人胡同。他們沿路散發了許多那張印好了的傳單，大叫「賣國賊曹汝霖」、「賣國賊陸宗輿」、「賣國賊章宗祥」，連軍閥段祺瑞和他的助手徐樹錚也包括在內。大約是下午四點半左右，隊伍到達了離外交部不遠的趙家樓二號曹宅。（參看北京市遊行路線圖）

---

[76]　芮恩施七〇七，《在中國的一個美國外交官》第三十一章，頁三五八。

[77]　陳端志七三，《五四運動之史的評價》，頁二三三；薔薇園主一〇〇，《五四歷史演義》；賈逸君八九，《五四運動簡史》，頁一六。

　　直到這時，他們還沒有真正的失去控制，一個英國記者報道，學生「隊伍整齊地到達曹汝霖的住宅，十分配稱作文明國家的學生。但是警察鎮壓的手段引起了遊行示威者的憤怒。因此他們才爆發出無羈的暴力行為。」[78]

　　曹宅主要部份是西式洋房，一排平列，西面連著中國式平房。學生發現門已緊閉，並且有四五十名軍警守衛。[79] 學生大隊要求曹親自出來解釋與日本訂結秘約的原因。[80] 對於這些要求，警察不但置之不聞，反而企圖使學生退後，所以使得遊行示威的學生非常憤怒，大聲喊叫「賣國賊！賣國賊！」許多學生都向窗口和牆頭拋擲石頭和白旗子，曹的父親患半身不遂，這時正坐在東廂廊下，由一婢一僮陪侍，一塊石頭飛來，由那婢女擋住，打在她的背上，曹的父親未被擲中，曹等倉卒扶他進內室。學生要衝進門去，可是沒有辦法。正要退回返校的時候，五個奮勇激進的學生突然爬上了那不太高的圍牆，砰然一聲，打破窗口玻璃，跳進了曹宅。[81] 這

---

[78]　《字林西報週刊》（一九一九年五月十日），頁三四七。

[79]　周予同說：「趙家樓街道不寬，僅容四人並排走，在曹宅的門前只有一個警察。」看周予同一二四，《過去了的五四》，頁五九。但是格爾柏特（Rodney Gilbert）一九一九年五月四日由北京報道說，當時有十個警察聚集在這內閣閣員的門口。看格爾柏特六四一，《大權在握的曹汝霖之倒台》，頁三四八。曹汝霖事後回憶說，他只見派有三十人。事件發生後不久，其他一些報道說到曹家給兩百個警察圍住。看蔡曉舟、楊量工合編四四六，《五四》，頁五〇、五一；《每週評論》二十一號（一九一九年五月十一日）。曹可能要求警察總監吳炳湘派去兩百人，但是吳最初沒有派去那麼多，後來見局勢越來越緊，才陸續增派了一些。吳好像對曹並不十分同情。

[80]　蔣夢麟五九三，「The Student Movement」〈學生運動〉，*The China Mission Year Book*《中國傳教年鑑》（一九一九年），頁四六。

[81]　五個跳窗子的學生的姓名後來變成了傳奇式的猜測。傳說第一個爬牆跳窗子是傅斯巖，傅斯年的弟弟。看北京人壁報社編三八五，《五四運動紀要》，頁四。但是據北京大學教授和《新青年》月刊的編輯之一沈尹默說，第一個跳進曹宅的是北大理學院學生蔡鎮瀛。匡互生（一八九一——一九三三）後來聲稱他是五人中的一員（他本年畢業後次年即任長沙的湖南第一師範教員及訓育主任，參加反張敬堯的鬥爭。一九二五年和朋友在上海創辦立達學園，並任校長。他是《五四史實》的作者）。有人說文學院哲學系的學生楊晦也是五人之一。另外一個是易克嶷。看〈五四座談會特刊〉五二五，《解放日報》（一九五〇年五月三

五個學生在牆內遭遇到十幾個曹宅的警衛，但是警察衛兵都已給學生嚇住了，毫無抵抗，任憑學生搬開堵門的石頭和木塊，把前門打開。[82] 就這樣使大群學生湧進了曹宅。

　　學生當時滿以為三個親日分子正在客廳內開秘密會議，不料客廳和書房都找不到人，便大聲吶喊，「拖出曹汝霖來，揍他一頓！」「曹汝霖在哪裏？」激動地把客廳和書房的花瓶磁器等物搗毀在地上，又跑到曹的兩個女兒的臥室，兩女已不在內，學生們就拆下鐵牀的柱子和零件，轉到曹汝霖妻子的臥房，曹妻鎖了房門，獨自在內，學生就用鐵柱撞開房門，問曹在甚麼地方，曹妻說他在總統府吃飯未回，學生便把所有的鏡框傢具等完全打碎，打開抽屜，希望搜索到一些賣國文件，傾箱倒篋，把首飾等物拋擲在地，用腳踩碎。隨後又走到東面曹汝霖害病的父親的房裏，對他父母卻都不曾驚動。學生們又找到曹的兒子和一個年輕的妾，本是妓女的蘇佩秋，卻讓衛兵和丁士源把曹的父母妾兒四人帶走，只把房內一些燕窩銀耳等物摔了滿地，踩得粉碎，搗毀了許多傢具。[83] 隨後少數激烈派學生，走到汽車房，搗毀曹的汽車，取了幾筒汽油，到客廳和書房等處澆潑，放火燒屋。[84]

日，上海）；易君左，〈五四人物雜憶〉，《中國週刊》，十八卷六號（一九五七年五月十三日，九龍），頁八一一〇。可是，羅家倫對我說，江紹源也在內。

[82]　北京人壁報社編三八五，《五四運動紀要》，頁四。有些作者報道是先開後門。看陳端志七三，《五四運動之史的評價》，頁二三四。

[83]　據下引曹汝霖給總統的報告，他父親曾被人毆打，這顯然並非事實。孫伏園追憶說：北京學生在搗毀曹汝霖房子的時候，一個青年人衝進了曹的臥室（或是曹女兒的臥室），撕破了彩色的絲被，大聲喊叫，跑出房子就給警察抓住了。這個人就是江紹源。後來江成為著名的教育家和作家。看同上，頁二三四；文叔五〇六，《五四運動史》，頁五；又章衣萍，《窗下隨筆》（一九三二年，上海）頁八六。

[84]　火是怎麼起的，還是個問題。依照後來的好些回憶錄，毫無疑義地，火是學生放的。這事發生的第二天，曹汝霖控告學生燒了他的房子，並且說是學生最後跑到汽車房，搗毀乘用車，取了幾筒汽油，澆在客廳書房等處，放火燃燒。可是學生都不承認，並且宣稱曹家是為了傷害學生，或是為了毀去有關賣國的文件，所以自己放火。看雷謀，〈中國學生的反抗〉，*Asia*《亞洲》十九卷九號（一九一九年九月，紐約）頁九三二；龔振黃編，《青島潮》第

那時（約五點鐘），章宗祥和丁士源（字問槎，曾留學英國，時任交通部航政司司長，兼京綏和京漢兩鐵路局的局長），及著名的日本記者中江丑吉（Nakae Ushikichi）[85] 都在地下鍋爐室裏，聽見上面放火，急跑出來，向後門奔走。章穿著晨禮服，學生們以為他就是曹汝霖，把他包圍，撕破西裝，有一學生用鐵桿打了他後腦一下，章即倒地。丁衝出去叫警察的時候，警察也不願意來干涉。章躺在地上假裝死去。在混亂當中，學生看見起了火，當時又聽見有人大叫「曹汝霖已給打死了！」就害怕做得有

六章，重印在五二三，《五四愛國運動資料》頁四〇；又北京人壁報社編三八五，《五四運動紀要》，頁四。當時有關這事的很多新聞報道都説起火原因不明。看《東方雜誌》十四卷六號（一九一九年六月十五日），頁二三三；餐公六，〈學界風潮記〉，頁一二一一二二。有些説是電線走火，後來政府為了要釋放被捕的學生，似乎接受了這個藉口。看《字林西報週刊》（一九一九年五月十日），頁五二三；又吳中弼《上海罷市救亡史》，重印在五二三，《五四愛國運動資料》，頁五二三。有些報道説是曹家傭人放的火，為了遮掩他們在混亂中搶曹家的東西。看蔡曉舟、楊量工合編四四六，《五四》，頁五二；大中華國民編三五六，《賣國賊之一章宗祥》（一九一九年，上海），重印在五二三，《五四愛國運動資料》，頁六三八。王芷章引用了一九二七年一個學生的回憶：「學生散了是因為房子突然著火，也是因為軍人向他們開槍。」看王芷章七七一，《中國青年運動》，頁一六七。按照匡互生的看法，火是一些急進的學生故意放的。看陳端志七三，《五四運動之史的評價》，頁二三四。周予同説有些學生用帶去的燃料燒了房子。看賈逸君八九，《五四運動簡史》，頁一五、一六；華崗二三〇，《五四運動史》，頁一一三——一四。許德珩在一九五〇年回憶説，學生把牀帳點火燒了房子。沈尹默在同一年的回憶錄裏也説，事情發生的那天，住在鄰近的人都認為是學生放的火。當時多數外國報章都説是學生放火燒房子，可是並沒有説明是怎樣燒法。綜合大多數的報道，我們也許可作結論説：有些激烈的學生因為找不到曹汝霖感到失望憤怒而放火，至於用甚麼方法燒的，雖不太清楚，大約用汽油燃燒最有可能。

[85]　中江丑吉（一八八九——一九四二）是自由思想家中江兆民（Nakae Chomin）（篤介）的兒子。曹汝霖在日本留學時就住在中江丑吉家裏三年之久，和他兄妹很要好。他妹妹嫁給戰後任日本首相的吉田茂（Yoshida Shigeru）的兄弟。中江丑吉住在北京有三十年，是一個有影響力的日本學者，深通西方（特別是德國）哲學和中國古文，後來他除了別的以外，也研究、相信馬克思主義。他是鈴江言一（Suzue Gen'ichi）的老師，小島祐馬（Ojima Sukema）的朋友。中江丑吉的主要著作之一是《中國古代政治思想》（一九五〇年，東京出版）。中日戰爭期間，他在北平，曾勸曹不要和日本軍閥及偽組織合作。關於中江丑吉在北京的生活和北京的最後一年，看伊藤武雄的論文，載於《中國研究》十二號（一九五〇年四月），頁六〇一七一。又看費正清，坂野正高合著，《日本近代史中國研究書目》（一九五五年，麻省，劍橋）。

些太過分，於是有很多人散開了，有的回家，有的回校。中江丑吉和警察
乘機扶起章，逃到鄰近一家油鹽店的一間黑屋子。在那裏冰上章又給另
一批學生認出來了。他們把他倒拖到油鹽店的門口。因為他不肯說出自
己的姓名，所以學生用旗竿把他打到失去了知覺，還把店裏的皮蛋丟在
他身上。後來他被警察送到日本同仁醫院。[86] 醫生說他全身共受傷大小
五十六處。據報道章在天津的房子也在同一天被學生毀壞了。[87]

　　當學生攻擊曹宅時，曹汝霖實際上在家和章、丁、中江丑吉商談。[88]
他見學生擲石頭進來，便匆匆忙忙躲進他和妻子的臥房與他兩女的臥房隔
壁間兩面都相通的箱子間小室內，學生居然沒有想到這兩個臥房中間還有
這箱子間，所以沒有找到他。當時報道說他打扮成傭人的樣子由窗口逃走，

---

[86]　據說那個油鹽皮蛋店是日本人開的，當章宗祥被打的時候，在場眼見的有西洋人和日
本人。但是只有中江丑吉獨自設法幫助和保護他，中江本人臂背等處也被鐵棍打傷數處。
大多數在曹宅打章的學生都誤認他是曹。在油鹽店毆打他的人也都沒有認出他，不過他們
懷疑他是賣國賊之一，因為他拒絕說出自己是誰。看王芸生四九八，《六十年來中國與日本》
第七冊，頁三三五—三六；賈逸君八九，《五四運動簡史》，頁三二；陳端志七三，《五四運
動之史的評價》，頁二三四—一三五。有些報章說，有一個學生在客廳裏已認出章來了。看蔡
曉舟、楊量工合編四四六，《五四》，頁五一。
[87]　〈五月六日六時天津電〉，《字林西報週刊》（一九一九年五月十日），頁三四七；及晉
公六，〈學界風潮記〉，頁一二二。
[88]　當天中午曹、章、陸三人都赴總統府徐世昌給章宗祥洗塵的宴會，總理錢能訓（字
幹臣，一八九六—一九二四）和曹、陸作陪，宴會中間，吳炳湘即電話報告，說學生正在
天安門外集會，將要遊行，勸曹等不要回家。曹說：「有甚麼可怕的！」飯後，他和章在錢
的辦公室坐了一會，聽過吳炳湘、段芝貴和錢的展轉數次電話後，便告辭一起回家。看北
京人壁報社編三八五，《五四運動紀要》，頁四；又看下文所引曹汝霖上總統書。另有一個
報道說那天早上董康曾請章到法源寺看牡丹花，午飯時他到曹宅。看賈逸君八九，《五四
運動簡史》，頁三三。事實上章是在總統府午宴，飯後與曹同回曹宅的。路透社五月四日
晚十一時由北京發電說，在曹、章他們談話時有一個日本人在場。看《字林西報週刊》，第
一百三十一部份，二七〇〇（一九一九年五月十日，上海），頁三四五。另外一個報道說：「他
們〔學生〕看見一個賣國賊和一群日本人談話……他們去問他問題，可是被日本人攔阻了。」
王苣章七七一，《中國青年運動》，頁一六六—六七。這指的即是章和中江丑吉。曹、章回
家時，汽車由後門開進，故未遇到學生。丁士源在東交民巷路過，見學生被阻要來曹宅，故
趕來報信，勸曹家趕先躲避。

過了一條小巷，給一輛汽車載到東交民巷外國人開的六國飯店。[89] 陸宗輿不在場。但學生在毆傷章宗祥後，還走到陸宗輿家，因見軍隊林立，並駕設有機關槍，如臨大敵，便自動散去了。[90] 第二天，五月五日曹汝霖在給總統的辭呈裏對他的房子被搗毀和章宗祥被毆等事記敍如下：

> 呈為信望未孚，責難交集，懇請罷斥以謝天下事：竊汝霖本月四日上午，奉派入府公讌。午後二時半回抵東城趙家樓私宅。適與駐日公使章宗祥晤談，忽聞喊聲甚厲，由遠而近，勢如潮湧，漸逼巷口，巡警相顧束手。約十餘分鐘，突見學生千餘人，破門踰牆而進，蜂擁入內，遇物即毀，逢人肆毆。汝霖生父就養京寓，半身不遂，亦被毆擊。旋即縱火焚屋，東院房屋，至汝霖起居所在，立成灰燼，其餘亦悉遭毀損。章公使當火發之際，倉猝走避鄰舍，為群眾見執，摔地狂毆，木石交加，頭部受傷九處，傷及腦骨，流血不止，立時暈倒，不省人事。幸警察總監吳炳湘及步軍統領李長泰，聞信先後到場，強迫解散兇徒，飭警護送章公使入醫院調治，據云腦筋震動，遍體鱗傷，性命尚無把握。而汝霖宅內暴徒，聞軍警捕拿，遂紛紛竄散。此汝霖因公被禍，家室焚毀，及章公使同時毆辱，重傷瀕危之實在情形也。……〔以下替他在外交及借款任務方面辯護，從略。〕[91]

---

[89]　同一報道說：「因為汽車超速，所以東交民巷的警察要他們停車，解除了〔曹的〕四個衛兵的武裝，並且逮捕了司機。」這記載可能不正確。曹事後回憶說，學生去後他仍藏在小室裏，這時吳炳湘親自到曹家來，向他道歉，並派車把他全家送到六國飯店去。

[90]　按照大多數的報道，陸不在房子裏面，但是蔣夢麟說：「曹和陸都由後門逃了出去」看蔣夢麟五九四，《西潮》，頁一二〇；又看蔣五九三，〈學生運動〉，《中國傳教年鑑》（一九一九年），頁四六一四七。蔣說不確。

[91]　曹汝霖上總統書全文看瞽盦，《學界風潮記》，附錄四，重印在五二三，《五四愛國運動資料》，頁三〇〇一〇一。關於芮恩施對當時事件的記錄，看他的七〇七，《在中國的一個美國外交官》第三十章，頁三五八一五九。

在騷亂中院子裏學生和警察也有些衝突。但是當時警察在那種情形之下，態度相當溫和，實際上他們有些人「保持一種寬厚的中立」，只是受到了上峰幾次緊急命令之後，才被迫干涉學生。[92] 雙方衝突的結果，受傷的有些是學生，有些是警察。三天以後（五月七日），北大學生郭欽光在城裏一間法國醫院去世，一般人多認為死因是在這事件中受傷和緊張過度。郭的死，在「五四」以後的日子裏，也是增加學生公憤的事件之一。[93]

學生和警察的衝突一直繼續到五點三刻。那時大多數遊行示威的學生都已散去，只剩下幾十個人在看熱鬧。直到警察總監吳炳湘和步兵統領李長泰帶著警察、軍隊和憲兵來鎮壓時，他們才散去。[94] 以前對學生客氣的警察和兵士，現在可能是因為上司在場督促，所以態度忽然改變了。他們吹起警笛，向空中放了幾槍，遵照吳的命令（吳等是總理錢能訓派去的）。在現場附近逮捕了幾個人，沿街又逮捕了一些。結果三十二個學生被押到警察廳去，包括有北京大學的易克嶷、曹永、許德珩、江紹源、李良驥、楊振聲、熊天祉；高等師範的向大光。[95] 由各種證據看來，

---

[92] 五月五日北京致美聯社電，《紐約時報》（一九一九年五月九日），頁二。

[93] 郭欽光，字步程，廣東文昌人，生於一八九六年。一九一七年秋季進入北大文學院預科。很多報道都說他是因受傷而死。據朱文叔和龔振黃等說，郭是一個非常愛國的學生，他在遊行示威的時候，奮不顧身的追擊賣國賊。因疲勞過度，又見當局下令逮捕學生，氣憤而吐血。後來在醫院裏聽說政府壓制學生運動，嘔血更多，因而去世。似乎事實上並未受傷。看龔振黃編，《青島潮》第六章，重印在五二三，《五四愛國運動資料》，頁五八—一六〇；文叔五〇六《五四運動史》，頁五。

[94] 據孟世傑說：這時警衛機構派來的軍警共約三百餘名。看孟世傑，《中國最近世史》第三章，頁二六九—一七〇；又王芸生四九八，《六十年來中國與日本》第七冊，頁三三六。

[95] 文叔五〇六《五四運動史》，頁五；北京人壁報社編三八五，《五四運動紀要》；賈逸君八九，《五四運動簡史》，頁一六。馬敍倫三五三，《我在六十歲以前》（一九四七年，上海），頁六五。起先被捕學生的數目並沒有公開發表，而且那些學生也不是在同一個時候逮捕的，所以數目多半報道不確：（一）最初的報道對真正的數目不清楚。格爾柏特在一九一九年五月四日報告有十個學生被捕，其中沒有領導人也沒有組織者。五月五日一個憲兵報告的數目有「二十多人」（看華中工學院編二二八，《五四運動文輯》，一九五七年，武漢，頁一七三）。《紐約時報》一九一九年五月十日，頁二「五月五日美聯社電」報告「數人被捕」。《字林西報週刊》一九一九年五月十日，頁三四七，有「五月七日電」說及「逮捕了三十餘人」。然而同一份報上又記載有早在五月五日的電報，暗示只有十人。五月八日的大總統令裏說到警察報告國

被捕的學生所屬學校及人數如下：北京大學二十人，高等師範八人，工業專門學校二人，中國大學和匯文大學各一人。[96]

　　雖然被捕的學生裏只有幾個是領導人物，或是參加過暴動的人，但是他們走到警察廳都表現得有英雄氣概。[97] 後來一些學生各有回憶，現在綜合記載如下：

　　學生（只是第一次被捕的十個人）遭左翼偵緝隊及便衣士兵拘捕，用粗繩反縛兩手，兩人一連的被押解著，路上略不服的話，軍警就用槍柄、

務總理「多人當場被捕」（看《東方雜誌》，十六卷六號，一九一九年六月十五日，頁二二四）。在同一本雜誌又給的數目是「數十人」。蔡元培在他的〈我在北京大學的經歷〉也是如此說。詧公在一九一九年六月報道說：「當時學生之被捕者，或云三十餘人，或云二十二，尚無明細之調查。」（看詧公六，〈學界風潮記〉，頁一二二）。（二）後來確定的數目是三十人。吳中弼，《上海罷市救亡史》（一九一九年一月）。又龔振黃，《青島潮》（一九一九年六月寫，一九一九年八月印）第十四章，對這事有較詳細的報告。兩文都重印在五二三，《五四愛國運動資料》，頁一六一—一六五。蔣夢麟也在一九一九年的文章中用這個數目（看〈學生運動〉，《中國傳教年鑑》，一九一九年，頁四七）。但是後來他在一九四七年說：「同時，武裝警察和憲兵已布滿曹宅四周。他們逮捕了約有六十個學生，都送到警察局，其餘的人——約有一千人——跟在後面，每一個單獨聲稱對騷亂有責任，並且要求給逮捕。最後全體都被拘禁在北大法學院，由武裝衛兵嚴密看守（蔣五九四，〈西潮〉，頁一二〇—一二一）。很明顯的，以上蔣的記載有錯誤，他把五月四日的逮捕和六月二、三、四日的逮捕混作一談了。（三）陳恭祿在《中國近代史》，頁七六三的記載是七人。孟世傑在《中國最近世史》，頁二七〇也寫七人。《中華教育界》八卷一號（丁致聘編四四四），《中國近七十年來教育記事》斷言「有一千餘個學生被捕」，也和六月二、三、四日的逮捕人數相混（看蔡尚思四四七，《蔡元培學術思想傳記》，頁四二〇—四二一）。（四）王芸生四九八，《六十年來中國與日本》第七冊，頁三三六，用的數目是三十六人。據我孜察，正確人數是三十二。格爾柏特對逮捕學生的報道是「離現場半哩，而且是在事情發生的一小時以後，一個胖大的軍官帶著二十個兵遲遲而來。」《字林西報週刊》一九一九年五月十日，頁三四九；又看許德珩一八一，〈五四回憶〉，《九三社訊》三號（一九五一年五月）。

[96]　除了上面所提到的後來都很有名的學生之外，被捕的三十二人還有：北京大學的梁彬文、胡振飛、梁穎文、陳樹聲、郝祖寧、蕭濟時、邱彬、孫德中、何作霖、魯其昌、潘叔、林君損、易敬泉；高等師範的陳宏勳（可能即陳蓋民，後來是濟南大學數學系主任）、薛榮周、趙允剛、楊荃峻、唐國英、王德潤、初銘晉；工業專門學校的李更新、董紹舒；中國大學的劉國幹；匯文大學的張德。有些報道把李良驥寫成李良駿。按蔡曉舟和楊量工的說法，被捕學生是北京大學二十名、高等師範八名、法政專門學校二名、中國大學二名。看蔡楊合編四四六，《五四》，頁五二。陳端志的記載不一樣，他說：北京大學十九名、高等師範八名、工業專門學校、匯文大學和留法預備學校共五名。許德珩的回憶認為，在三十二人之中有一人是市民而不是學生。看文叔五〇六，《五四運動史》，頁五。又看陳端志七三，《五四運動之史的評價》，頁二三六；蔡尚思四四七，《蔡元培傳記》，頁四二一。

[97]　據說押送學生到警察廳時，被對付的很厲害。第一天曾被拷問。但是第二天保安隊長看過他們以後，准許他們在院子裏走動。第三天給他們一份《益世報》（是美國人在中國主辦的反日報紙）。

短棍或手掌打擊他們。被捕後先帶至一小官廳，隨即派兵送至六條胡同偵緝隊本部，被囚禁在木柵裏。有五個學生和五六個盜匪監禁在一起，不許説話。三小時以後，有更多的學生被押進木柵裏來，即用武裝兵士和便衣兵士每三人牽一人，押解到警察總廳，在路上他們遇見一輛汽車經過，裏面有幾個西洋人鼓掌向學生囚犯歡呼，學生歡呼回答。到達了警察廳以後，都囚禁在一間屋子裏，不准交談。[98]

學生被捕以後東交民巷附近立刻宣布戒嚴。[99] 救火隊急忙趕到曹宅，他們打著鮮豔的旗子，高聲掀起救火車的喇叭，用水流射在燒火的房子上。到八時才撲滅了火。東院那排西式平房已燒光了，只剩下門房和西院中國式房屋一小部份未燒完。水流到附近街道上，同時也帶給街上的一些人關於學生放火燒賣國賊房子的閒談資料。這新聞迅速傳遍了整個京城。

這事件且立刻給中國政界和社會留下了很深的印象。他們當時最常討論的話題是，曹宅門前短暫的衝突中，學生和警察之間並沒有激烈的爭鬥。有一個最早的報道説：「對中國地方上的觀眾説來，這似乎是一個非常尖鋭的諷刺。這個人曾經替整個北洋軍隊籌措到所有的軍費和軍火，他通過他的伙伴可以指揮數十萬大軍，卻被青年學生把自己的房子一掃而光，竟沒有一個人來替他開一槍作一臂之助！」[100]

由以上的敍述看來，到此為止，似乎可以很明顯的説，遊行示威純粹是學生們義憤的表示。這種公憤終於變成大多數遊行者不曾預料的、失去控制的騷動。學生們的主要動機是忠誠的愛國主義。假如沒有五月四

---

[98] 王苣章七七一，《中國青年運動》，頁一六七。王的英文翻譯，我在此已稍加修改；龔振黃編，《青島潮》第十四章，重印在五二三，《五四愛國運動資料》，頁一六五；又看北京人壁報社編三八五，《五四運動紀要》，頁四。

[99] 《字林西報週刊》（一九一九年五月十日），頁三四七。據另一報道説宣布戒嚴是在東交民巷內。

[100] 格爾柏特六四一，《大權在握的曹汝霖之倒台》，頁三四九。

日事件以後的發展，遊行示威的重要性也許就有限了。很可能僅僅算作學生反對軍閥和對列強山東問題決議的反抗的表現；或是像那些不懂得這個運動的歷史和發展的評論家的解釋，認為這次遊行示威只不過是一群青年無組織者的「暴動」，或至少只是少數激烈派的暴動。

　　可是北京學生在這事件以後就立刻開始組織全國新知識分子，來支持他們的運動；也努力利用宣傳、開大會、遊行示威，來贏得一般大眾的同情。在進行過程當中，他們也開始和不識字的人建立了更近的關係，並且爭取到了新工商業者和都市工人強大有效的支持。因此學生的新思想傳遍了全國各都市，傳播到出乎意料之外的領域，而那古舊的文明體系也開始鬆裂，新社會政治的發展也開始加速。「五四事件」之所以能在中國近代史上佔有獨一無二的地位，毋寧說是因為遊行示威所引起的這些後果，而不單是因為遊行示威的本身。

第五章　事件的發展：學生示威與罷課

「五四事件」以後的幾個月是「五四運動」最危急和最重要的關頭。學生以他們革命性的行動開始活動,而他們的作為在中國近代史的文化背景和政治背景方面都有長遠的影響。為了要明瞭這種影響,我們必須觀察學生如何集中和組織新知識分子,如何用和平的方法獲得其他社會力量和經濟力量的結合,以及如何在這「狂飆」時代裏,在大眾中傳布他們的新思想。

關於這兩個月的發展,本章和下一章將詳細記述。這段歷史可分作兩個時期:

(一)學生遊行示威和罷課時期。由五月四日至六月四日,運動主要是由學生進行。這一個時期又可分作兩個階段。第一個階段是由五月四日至十八日,學生們專心從事組織和遊行示威。在這一階段裏,學生的活動主要限於爭取其他知識界、政治界,和社會的領導人物,並且把他們組織起來,舉行示威遊行,向各方請願,和作街頭演說。隨後的階段是由五月十九日開始,在這階段裏,普遍罷課和強烈抵制日貨,變成了學生反對北京政府和日本的主要武器。

(二)學生與工商界及工人聯盟時期。六月二日、三日、四日政府大批逮捕學生,促使商人和都市工人在六月五日罷工,以支持學生。到了六月二十八日中國拒絕和德國簽約時,「五四事件」便得到勝利的結果。

一、北京政府當時的反應

北京政府對「五四事件」最初的反應似乎是躊躇和迷惑。起先總統徐

世昌本不堅持要嚴懲學生。「五四」晚上曹汝霖召集他的同黨在六國飯店開秘密會議，商討對付學生的辦法。開會的結果並未透露。[1] 次日在上總統書裏他請辭交通總長職，並對他在政府任職所做工作有所辯白。[2] 接著陸宗輿也照樣向總統提出辭呈。[3] 曹當時的看法，一方面以為事件乃反對黨派所造成，再方面學生只是受了過激派所鼓動。所以表面上看來，曹對學生的態度似乎是溫和的。同時，教育部在溫和派的舊式士大夫傅增湘（一八七二——一九五〇，字沅叔，四川省江安縣人，光緒戊戌翰林。一八九一年曾從吳汝綸學，其後六年間任職杭州求是書院。傅是著名的古書收藏者和版本學專家。）總長領導之下，似乎想要妥協和安撫學生。五月四日下午十時有下面這個報道，很可反映這一態度：

> 學生的集會遊行，都加以勸告自動解散。教育部命各校校長嚴格控制學生，接納以曹家著火是因電線走火的說法來釋放被捕學生。曹本人也曾表示，如果騷動真會漸漸平息，他也不願意嚴懲搗亂分子。[4]

然而這種態度不為政府裏的軍人和舊派官僚所接受。五月四日晚上政府要人在總理錢能訓家裏開會決定處置辦法。控制政府和作曹後盾的安福系及其他親日分子聯合一些舊派官僚，堅決要用猛烈的手段來懲辦

---

[1]　文叔五〇六，〈五四運動史〉《學生雜誌》，十卷五號（一九二三年五月五日，上海），頁七。

[2]　賈逸君八九，《五四運動簡史》（一九五一年，北京），頁三二，註八；五月五日一個專電報道曹汝霖已和章宗祥在當日早晨五時去天津。五月六日一個報道說他沒有去，卻躲藏在段祺瑞派系裏一名主要人員的家裏（《字林西報週刊》，一九一九年五月十日，頁三四六）。有些報道說他不是在五月四日而是在五月六日提出辭呈。看文叔五〇六，《五四運動史》，頁七。

[3]　同上，陸信全文看楊塵因《民潮七日記》，（一九一九年，上海）；又瞽盦《學界風潮記》（一九一九年，上海），附錄四。兩者重印在五二三，《五四愛國運動資料》（一九五九年，北京），頁五五四—五五、二二九—一三〇〇。

[4]　《字林西報週刊》（一九一九年五月十日），頁三四七。

學生和學校，並且為了達到這種目的，對總統和總理大施壓力。[5]

　　這些保守人士對學生和學校的態度是易於了解的。自從一九一七年春蔡元培任北大校長以來，因為有些教授和學生連續攻擊儒家和傳統倫理與習慣，並且公開批評軍閥主義和政府的外交政策，北京政府裏的軍人和諸元老都對北大採取懷疑和敵視的態度。段祺瑞本人因為在任總理期間被學校散發的小冊子所攻擊，也把大學看成眼中釘。[6]一九一八年五月二十一日學生請願以後，軍閥和北京學界的衝突更深。如前文所提過的，一九一九年三月因為政府對北大的壓力，使陳獨秀辭去了文學院長的職務。[7]因為有這種長期衝突的背景，五四遊行示威實際上便成為新知識分子對政府裏的軍閥公開宣戰。於是軍閥也認為這是合適的機會和藉口來懲罰學校。

　　因此五月四日晚上在總理家的官方會議中，保守集團提出強烈的要求，就是封閉北京大學，撤換北大校長，並且嚴厲處置被捕學生。所有這些提議幾乎一致通過，使傅增湘的薄弱反對毫無作用。[8]

　　接著行政當局便下令司法部查明事實，以便懲罰對「五四事件」有責任的人。[9]五月五日教育部下令限制學生活動，同時北京的軍警戒備加強，用來控制學生的活動，北京政府已準備把被捕學生移交法庭處置。

　　北京政府在「五四事件」以後對當時情況的處理，從開始就犯了嚴重的錯誤。在這麼一個有長期背景的艱難情況之下，在他們沒有正確估計

---

[5]　《申報》(上海的日報)(一九一九年五月八日)；文叔五〇六.〈五四運動史〉，頁七；訚公六〈學界風潮記〉，《中華教育界》八卷一號(一九一九年七月)，頁一二三。

[6]　同上。

[7]　蔡元培四六三，〈我在北大的經歷〉，《東方雜誌》(一九三四年一月)，頁二。

[8]　訚公六，〈學界風潮記〉，頁一二三。

[9]　五月五日至七日有章宗祥受傷而死的誤報。看龔振黃編，《青島潮》(一九一九年，上海)第六章，重印在五二三，《五四愛國運動資料》，頁四一；文叔五〇六，〈五四運動史〉，頁七；又五月七日英文電訊，載《字林西報週刊》(一九一九年五月十日)，頁三四五、三四七。

社會一般人士對青年學者的支持以前，就輕率對學生和學校實施猛烈報復的手段，雖然新文學和新思想運動的領導人在遊行示威中扮演了很重要的角色，但是他們並不是唯一和遊行示威有關係的人。例如：不但是新知識分子主動支持反日態度，就是舊派知識分子，包括很多贊成舊式文學的教員和學生在內，也主動支持。甚至林紓（他替舊文學辯護的精神已在前章提過），在「五四事件」幾週以後也宣布他對抵制日貨表示同情[10]。忽視了這些線索，政府好像是把新文學和新思想的倡導者和學生當作遊行示威的唯一領導人。這樣一來，就供給新文化集團以爭取其他學生和教員，甚至爭取到不十分贊成新文學和新思想改革的人們的同情和支持的機會。而且，北京政府沒有認識到，那些學生們對曹、章的攻擊，固然並非大部份遊行示威者所預計，但事後民眾和學生卻都認為是合理的。政府也沒考慮到被捕的學生們，不一定就是毆打章宗祥和放火的當事人。結果，當政府不分青紅皂白地控告被捕的三十二名學生時，全體師生便燃燒起憤怒的火焰，並且感到有聯合一致反抗政府的需要。

　　北京政府在處理學生和學校的時候，忽視了或是混亂了上述這些因素。總之，政府的措施彷彿把新思潮新文化問題等都只放在反日或親日這兩個立場上來處理，以致於更促使和堅定了絕大多數中國人理所當然地站在反日的一邊。

---

[10]　林在一封信裏說他同情聯合抵制日貨，但是更希望把它和建設中國本國的工業在一起實行，並且認為外交應讓北京政府去辦，而不應該由學生罷課來對付。看林舒紓，〈抵制日貨之公牘〉，轉載在襟霞閣主（平衡筆名）編一一〇，《續編刀筆菁華》（一九二四年，一九三〇年上海修訂本）第四冊，頁一三一一五。

二、北京學生聯合會的成立和知識分子的動員

「五四事件」以後，學生們立刻開始積極的號召行動。北大學生遊行示威回校後，在下午七時檢查人數，發現失去數人。[11] 不久消息傳來說，失蹤的同學是被軍警逮捕去了，將依據戒嚴令受審判，可能立即被處死刑。這消息激起學生的極大憤怒，他們立刻召集全校學生在當晚開會。蔡元培也到了會。學生們抱怨警察的粗暴，並且說明他們擔心給警察逮捕的同學有生命危險，覺得他們全體對事件應負責任，而不只是被捕的同學有責任，結果決議全體到警察局去受監禁。蔡元培同情學生們愛國的動機，宣稱他會負責使被捕學生釋放。接著他就獨自到警察局去。[12] 他的努力並沒有效果，可是他要求釋放學生的立場卻一直非常堅定。同一天晚上，其他大專學校的學生也紛紛召開類似性質的集會。

第二天上午（五月五日）九時，所有有關的大專學校學生代表在北京大學開會，並且決議派代表。由方豪（後來擔任金英中學校長。不要和同名的天主教歷史學家相混）領頭，請求各大專校長和教育總長向總統請願釋放被捕同學。[13] 會議同時決議，不達到願望，決不上課。[14] 這些決定在

---

[11]　陳端志七三，《五四運動之史的評價》（一九三五年，一九三六年，上海）第十三章，頁二三六。

[12]　王苣章七七一，《中國青年運動》（一九二八年，紐約），第十章，頁一六九。

[13]　陳端志七三，《五四運動之史的評價）第八章，頁二三六。

[14]　「五四」遊行示威的次日，有些學校早已罷課，學生罷課最後實際上擴展到北京絕大多數的大專學校。這次學生代表開會的時候，北大學生代表堅持罷課的決定，卻被高等師範學校的學生反對，理由是：（一）他們應該遵循被捕學生的犧牲精神，也當入獄；（二）罷課會使得再召集學生聚會發生困難。這種說法沒被大多數學生接受。高師上午仍照常上課，但下午也與其他各校採一致行動停課了。看陳端志七三，《五四運動之史的評價）第八章，頁二三六—三七。又看蔡曉舟、楊量工合編四四六，《五四》（一九一九年，北京），頁五三。　按照張國燾的英文回憶錄，五月五日上午召開的會議，只有北大的學生參加，並且在那次會議上成立了北大的學生聯合會，段錫朋和方豪被選為學生聯合會代表，羅家倫、

下午三時在由段錫朋主持的全體會議上正式通過。會議由所有有關大專
學校的學生三千餘人參加。北京政府的國會議員符定一向大會演說，支
持學生的目標。羅家倫報告他被派去爭取商人和報界的支持，任務成功。
到會學生的注意力並不只限於釋放被捕的同學，他們並且堅持他們遊行
示威的目的。會上通過的決議大致是：（一）上書大總統，請懲辦賣國賊，
並力爭青島；（二）上書教育部，說明學生四日遊行經過情形；（三）通電
國內外關心這事件的各機關各團體，請一致行動。他們也討論過抵制日
貨的可能性。在會上學生們也自願為各種活動的經費捐了好幾千元。[15]

　　在此也許不妨提到當時學生運動的經濟情況。「五四」以後的最初幾
個月裏，多數新成立的學生聯合會並沒有像以後的習慣在會章上照例規
定徵收會費，當時多規定必要的費用只由會員分籌，會員自願的捐助可
以接受。一九一九年五、六月裏，親日團體和在中國、日本的日本報界
都控訴駐北京美國公使館資助和煽動中國學生的反日運動。這種控訴卻
被芮恩施和中國學生斷然否認了。他們並且公開斥責這種控訴是公然的
污衊。[16] 事實上學生拒絕外面人的資援，這可以由兩件事實來判斷。首
先是當時大多數的學生是出自富家子弟，他們能夠支持必要的經濟來源。
第二是在當時以及後來，都沒有證據支持那種親日派的控訴。所以我們
很可以假定整個學生運動學生在經濟上主要是獨立的。[17]

　　在同一會上，學生又進一步的作了一個有長遠後果的決定。為了援
救同學和提倡愛國運動，他們決定成立一個北京中等以上學校學生的永

康白情、周炳琳、陳劍翛（陳寶鍔）負責總務和文書，而張國燾本人被選為講演團的主席。

[15]　文叔五〇六，《五四運動史》，頁四；蔡曉舟、楊量工合編四四六，《五四》，頁五三—
五四；又龔振黃編，《青島潮》第六章，重印在五二三，《五四愛國運動資料），頁四九。

[16]　芮恩施七〇七，《在中國的一個美國外交官），（一九二二年，加登市）第三十三章，頁
三七六；美國國務院七六四，《一九一九年美國外交關係文件》（一九三四年，華盛頓），頁
三七〇。

[17]　關於學生運動的經濟問題，參看第六章。

久組織，就委派北京大學和高等師範學校的學生代表起草組織章程。第二天（五月六日）上午這個章程草案擬好，當天就在北京中等以上學校的學生代表會上提出，而且被接受。於是「北京中等以上學校學生聯合會」立刻就成立了。[18]

學生聯合會成立的目的，在聯合會的組織規程中說明是：「本會以盡學生天職謀國家之福利為宗旨」。主要進行的程序是：對外，力爭山東青島問題和發動抵制外貨；對內，誅賣國賊（曹、陸、章）和打消軍閥派勢力。[19]

為了達到這些目的，學生聯合會由兩部份組成，一是評議會（一說名評議部），一是幹事部。[20] 評議會由與會各學校，不管人數多寡，每校選舉代表二人組成，設正副評議長各一人。評議會常會於每星期日舉行一次，特別會無定期，必要時由評議長召集之。評議會負責決定學生聯合會所有的方針和決議。至於評議會議決事項，關於全體者，暫時委託國立北京大學的學生幹事會代為執行；關於各校者，由各校代表轉達各該校學生幹事會執行。（參與本會的各校學生，每校組織一學生幹事會，其組織法由各校學生自定。）後來幹事部成立了，幹事是由各會員學校的學生團體選出來的。幹事部份總務、庶務、會計、文書、新聞、交際六股。學生聯合會的經費由「與會各學校學生分籌之」。學聯會至適當時機，得由與會各校學生代表四分之三以上之出席，及出席代表四分之三以上之同意解散之。[21]

---

[18]　陳端志七三，《五四運動之史的評價》，頁二三七。

[19]　北京人壁報社三八五，《五四運動紀要》(一九四七年五月四日)，頁四；龔振黃編，《青島潮》，第六章，重印在五二三，《五四愛國運動資料》，頁五〇。

[20]　同上，頁四九—五〇；陳端志七三，《五四運動之史的評價》，頁二三七—三八。

[21]　事實上，當時每校各有學生組織，組織也有類似的兩部份：評議會和幹事部。兩者都由各該校學生中自己選出。北京學生聯合會中的評議會和幹事部的代表，都是由北京各校的評議會和幹事部兩部聯合開會，在評議會和幹事部的代表中選舉出來，或是由在校的其

　　北京學生聯合會的成立有相當的重要性，因為這是中國第一個以城市為單位聯合所有中等以上學校學生的永久組織。隨後的幾年內，在中國所有的重要城市裏，北京學生聯合會幾乎變成了很多類似團體的模型。北京學生聯合會的成立也導致後來中華民國學生聯合會的成立。而後者變成了全國學生活動的大本營。

　　此外，男女學生大群地聯合在一起集會，活躍地共同參加同一會議，並且共同組織成一個團體，在中國歷史上是空前的創舉。當時在中國還沒有完全由中國人自己主辦的男女同校的學校，男女學生多是在不同的學校上課，他們之間並沒有共同的活動。由於北京學生聯合會包括所有中等以上學校的代表，因此所有中等以上女校的代表也包括在其中。自此以後，女學生參加了學生運動，並且給予學生運動有力的激勵。這種情形對下一年中國男女合校的措施有所貢獻，並且也有助於後來的女權運動。[22]

他同學中選出來。看周予同一二四，〈過去了的五四〉，《中學生》（一九三〇年，上海）；蔡曉舟、楊量工合編四四六，《五四》，頁六二一六三。到了五月八日，北京所有中等以上學校（即專科及大學）都已加入了這北京學聯。

[22]　一九一九年三月十五日蔡元培在青年會演講時，公開提倡男女合校的平民小學。新潮社的一些學生也在報上發表了一些支持男女合校的文章。「五四事件」不久以前，有一個女學生寫信給蔡元培，請求北大許可入學。這封信到達北京時，蔡已因「五四事件」離開北京。「五四事件」以後，很多女學生受新思想激盪，其中有一些請求北大學校當局准許她們入學。一九二〇年一月至二月間，該校代理文科學長陶孟和准許了九名女生入校旁聽，不過拒絕了很多後來申請的女學生。這種男女合校的措施，激起了男學生們的興趣，同時也是當時在校園裏時常討論的問題。教育部立刻飭令北大，警告對准許女生入學這事必須慎重考慮，因為國立學校應該保持「崇高之道德水準」。這段插曲轟動一時，甚至使得總統也警告北大當局。可是因為中國當時的法律並沒有明文禁止男女合校，蔡元培憑著這點，沒有請求政府的許可，就在一九二〇年秋季正式准許了那九名旁聽的女學生註冊為正式學生。蔡氏此舉被認為是中國男女合校的開始，雖然實際上美國和中國基督教徒主辦的廣州嶺南大學在一九一八年就已經開始了。看徐彥之，〈北京大學男女共校記〉，《少年世界》一卷七號（一九二〇年七月一日），頁三六一四七；周予同一二四，〈過去了的五四〉；又看《中國教育評論》十二卷三號（一九二〇年三月）；蔡元培四六三，〈我在北京大學的經歷〉，《東方雜誌》三十卷一號（一九三四年一月一日），頁一二；又蔡尚思四四七，《蔡元培學術思想傳

　　北京學生聯合會的成立是使北京市的學生聯合統一成功的第一步。他們要求釋放被捕同學的目的，立刻就受到其他大多數知識分子領導人特別是教授們的支持，也受到國內大多數社會和政治團體的支持。

　　五月五日北京學生對他們的罷課，曾宣布兩點理由：第一是學生痛外交失敗，憤同學被拘，無心研究學問。第二是青島問題當以死爭，被拘同學，亟需營救，無時間精力上課。（這可與上文第二章所記二十一條事件時留美學生的爭辯對照看。）當天北京大專學生對各省督軍及省長發出公函，同時也就是對各界說明「五四事件」的真相和學生遊行罷課的目的。公函全文如下：

　　　　青島及山東問題，關係中國生命。日本乘我內政尚未統一之時，利用我漢奸，如曹汝霖、章宗祥、陸宗輿之徒，內惑政府之心，外掣專使之肘，隱為操縱，以圖於巴黎和平會議，達其主張，攫得我國領土。吾輩聞耗之餘，義憤填膺，爰於五月四日，開北京全體學界遊行大會。意在對外則分致美、英、法、意四國公使說帖，請其轉達其本國政府，於和平會議，予吾國以同情之援助；對內則揭國賊之陰謀，促其悔禍之心，俾國民急起直追，以博我外交之最後勝利。是日隊侶秩序、極為整肅。同人等皆屬赤手，尤為眾目所共見。且經過之處，市民追隨狂呼，亦足見人心不死，眾志成城，而非吾學生界單獨之行動矣。乃警廳竟於隊伍既散之後，逮捕學生至三十餘人。學生等迫於公義，不得不暫時停課，以待被捕同學之釋出。但國權一日不復，國賊一日不去，吾輩之初志一日不渝。吾輩主張：一則直電巴黎和平會議，不承認一九一五年中日二十一條款，並謂青島與山東一切之

德國利益，按之國際法，斷無由日本繼承之理由。且德國昔以武力強借我國之領土，今亦應因武力失敗而歸還我國。庶從前國際上不平等之條約得以掃除，世界永久之和平得以維繫。再則致電我國巴黎議和專使，若青島與山東問題不得圓滿解決，斷不得忍辱簽字。三則請政府立免曹、章諸賊之職，以正其賣國之罪。至吾輩停課之日期，務以被捕同學之釋出為止。諸公愛國熱心，誰不如我。甚望一致聯合，外爭國權，內除國賊。不勝誠摯懇切之至。再吾策此舉，純為力爭主權，伸張公理起見，決無仇視日人之心理。務懇貴督軍、省長鑒此愚忱，轉飭所屬各衙門，曉諭人民，萬不可對於日人加以野蠻，致惹國際交涉，俾日本政府借詞，以遂其狡焉思逞之計。此則學生等所慄慄危懼，而不得不先為陳明者也。

五月五日下午，十四所有關的大專學校校長在北京大學開會，[23] 決定他們應該負責保證被捕學生的釋放，事後他們應當辭職。[24] 除了勸告學生們保持冷靜以外，他們又通電各省教育會，請求他們聯合一致反對軍閥政府逮捕和懲罰學生。[25] 同一天他們又去見總統、總理、教育總長和警察總監。只有警察總監吳炳湘出見，其他的人都拒絕接見他們。警察總監告訴他們，他無權釋放被捕學生。[26]

在「五四事件」以後，北京政府曾立刻採取一些預防遊行示威擴大的措施。政府嚴加檢查有關遊行示威的新聞。北京通接各國的有線電報線

---

[23] 文叔五〇六，《五四運動史》，頁五，說是十三校校長；但其餘多報道說有十四位校長（看蔡曉舟、楊量工合編四四六，《五四》，頁五五；瞀公六，〈學界風潮記〉，頁一二二）。
[24] 「五四事件」時，屬於教育部管轄的六所大專學校的校長是：蔡元培（北大）、陳寶泉（高師）、洪鎔（工專）、金邦正（農專）、王家駒（法政專科）、湯爾和（醫專），其中蔡元培、陳寶泉和湯爾和是知名的同情新文化運動者。此外，湯與北京政府的一些高級官僚有密切的關係。
[25] 同上。
[26] 文叔五〇六，《五四運動史》；蔡曉舟、楊量工合編四四六，《五四》。

都被切斷，外國記者對「五四事件」的報道主要是用無線電。北京政府的
這種措施使得國外所得有關「五四事件」的消息非常簡短和零散。[27] 然而
有些學生的機智勝過北京政府。他們經由某一外國的機構發電到天津某
一租界地，再由天津在五月五日轉播到上海，就這樣由上海轉播到全國其
他各城市。[28] 因此大批抗議的電報湧到北京政府。除了親日派的軍閥和
日本人所辦的少數報章以外，其餘大多數的報紙都坦率聲明同情學生，支
持學生的報章雜誌都是最有影響力的。在北京的很多報章中例如：屬於
進步黨和傾向新文化運動的《晨報》和《國民公報》；一九一五年由中國天
主教所創辦，而當時剛為美國人所收買的《益世報》。[29] 上海日報公會（包
括上海市多數的報紙）發電給總統、總理、教育總長、北大校長和巴黎專
使，贊成學生的行動，並且請求「立刻釋放學生，以息公憤」。[30]

　　其他作類似抗議的重要組織包括有國民外交協會、中華學界聯合會、
江蘇省教育會、學術研究會、對日外交後援會、留日學生救國團、歐美
同學會、同濟會和上海律師公會。很多商業團體也支持學生。五月六日
北京總商會開會決定會員拒絕購買日貨，主張斷絕中日間一切工商業的
關係，並且嚴厲制裁賣國賊和暴虐的官吏。[31] 同一天上海商業公團聯合
會發電給北京政府的大總統和國務院，並給蔡元培表示對學生的同情。
第二天，為了急切要求釋放被捕學生，又另外發電，而且宣稱：「學生基
於愛國心，引起本公團至高的敬意，至大的欽佩。所以在此發誓支持他

[27]　「五四事件」發生以後，英、美報章上好像都沒有立刻詳細的報道。在《紐約時報》
　　　（一九一九年五月九日，第二頁）發表的一個五月八日發自華盛頓的短電說：「本日國務院得
　　　知與中國北京的通訊電線被切斷。惟收到芮恩施公使的無線電報一通，證實新聞界的報道，
　　　由於對巴黎的山東處置引起憤慨，首都北京發生騷亂。……」在報上找不到比這更詳細的消
　　　息。倫敦《泰晤士報》對「五四事件」全無報道。
[28]　蔣夢麟五九五四，《西潮》（一九四七年，新港）第十五章，頁一二一。
[29]　同上，北京人壁報社三八五，《五四運動紀要》，頁四○。
[30]　苣章七七一，《中國青年運動》頁一七○—一七一。
[31]　文叔五○六，《五四運動史》，頁七。

們，並且保證他們的安全，不容許他們受到任何傷害。」[32] 這些電報很有重要性，因為證實了中國商人對這件事有主動的興趣，並且特別證實了這階層在中國悠久的歷史上一向對政治和群眾運動態度冷淡的人，現在卻願意強烈地對政府抗議。五月六日上海和談會議，南方政府首席代表唐紹儀發電給總統徐世昌，支持北京的學生。同一天參加該和談會的北京政府首席代表朱啓鈐也發電給北京政府，報告在上海民眾的情緒，並且力請政府對遊行示威和被捕的學生應該寬大處置。除此以外，他又半自動地和唐紹儀在五月六日聯名發電給巴黎中國代表，要求他們堅持青島歸還中國的立場。[33]

民眾對學生明顯的同情不久被政黨掌握住，用來作為攻擊北京政府的武器。孫文當時正在上海，他立刻表示支持學生。「五四事件」的消息一傳到南方，他就率領其他六位廣州軍政府的總裁，發電向北京政府抗議，支持學生運動。部份原文如下：[34]

青年學生，以單純愛國之誠，逞一時血氣之勇，雖舉動略逾

---

[32] 《字林西報週刊》，第一百三十一卷，二七〇〇號（一九一九年五月十日，上海），頁三四五；又看吳中弼，《上海罷市救亡史》（一九一九年，上海），重印於五二三，《五四愛國運動資料），頁五五六—五七。

[33] 當時朱和安福系沒有親切的關係，他是總統徐世昌手下的人。參《字林西報週刊》，第一百三十一卷，二七〇〇號（一九一九年五月十日），頁三四五；關於唐、朱發給北京政府的電報，看新興書局編《民國通俗演義》（一九五六年，台北）第一〇六章，頁六六六—六六七；又大中華國民（筆名）編，（賣國賊之一章宗祥）（一九一九，上海），頁六三九—四〇。關於唐、朱聯合電報，看龔振黃編《青島潮》第八章，重印在五二三，《五四愛國運動資料》，頁一五五。

[34] 一九一八年五月廣州軍政府改大元帥制為總裁制，設立七位總裁來代替孫文自一九一七年九月所任的海陸軍大元帥職務。在南方軍閥壓力之下，孫放棄了最高統帥職，只成為政府裏的七總裁之一。他立刻自廣州經日本到上海。「五四事件」發生的時候，他正在上海研究中國經濟、心理、社會的重建問題。必然的，在這段時期所有總裁們的命令和宣言不都由他批准。但是據胡漢民說，這份電報是由孫發起的。看羅家倫三四二，《從近事回看當年》，頁七〇。

常軌，情有可原。……倘不求正本之法，但藉淫威，威於何有？以此防民，民不畏死也。作始也微，將畢也巨。……執事洞察因果，識別善惡，宜為平情之處置，庶服天下之人心。……

此外，在廣州的非常國會開兩院聯席會議，特別討論「五四事件」，會後通電各省政府和其他團體，電文如下：[35]

> 賣國賊曹汝霖、章宗祥、陸宗輿甘心為外人鷹犬，密與日本勾結，外而阻撓赴歐代表之要求撤消中日密約及交還青島；內則希圖破壞上海和議，以遂賣國陰謀。罪狀昭著，天人共憤。京中（中，本一作津）學生，怵於國亡之慘，目擊國賊（本一作「賊黨」）橫行，憤不顧身，義氣勃發，焚滅曹宅，痛擊章獐（本一作「焚曹宅，毆章陸」），有史以來，無此痛快。乃北廷不思賣國奸黨，人盡可誅，反任意拘禁學生，並有將加慘害（四字一作「慘害學生」），解散大學之説。同人聞之，不勝詫異，爰於即日（即日本一作「佳日」，則為五月九日，惟被捕學生早已於七日保釋。是否南方消息較遲之故，此電確實日期，待查。）特開兩院聯席會，群情激憤，一致議決通電各省，要求北廷，即釋已逮學生，維持各校現狀，嚴懲賣國賊曹汝霖、章宗祥、陸宗輿，以謝天下。諸公愛國熱忱，寧減此莘莘學子，尚乞一致聲討，全力援救，為人間留正氣，為國家掃奸氣。事機迫切，立盼進行。

南方人似乎看到「五四事件」會增強他們在上海和談會議中的聲勢。

---

[35]　通電末署名為「參議院議長林森〔後來曾迭任國民政府主席〕、眾議院議長吳景濂、副議長褚輔成，暨全體議員叩印。」電文文字各本略異，這裏稍加校正。羅家倫三四二，《從近事回看當年》，頁七〇—七一；又看龔振黃編《青島潮》第十三章，重印在五二三，《五四愛國運動資料》，頁一四七—一四八。

五月十三日他們的首席代表唐紹儀未得廣州政府的指示，也未使和談會議的同仁知道，逕向北方政府提出強烈要求，這個要求便造成了五月十五日和談的破裂。[36]

這件發展得如此迅速和出人意外的爭執，不久就演變成不僅是新知識分子和守舊派之間的鬥爭，而是進一步的，一邊是親日的軍閥和少數官僚與落後分子，和一邊是全國多數人民之間的鬥爭。當「五四事件」的消息一傳布到全國各地，多數人憎惡親日的安福俱樂部這一事實，立刻就變得非常明顯。段祺瑞在政府內外的敵人，都有足夠的機智來抓緊這個機會以打擊段氏的勢力。

有些軍閥和贊成君主立憲制度者也表明了他們支持學生愛國運動的立場。康有為，最初是改革家，後來又是一九一七年復辟運動的計劃人之一，這時正閒居上海，他雖然不同意新文學和新思想運動，卻於五月六日通電公開讚美「五四」學生運動：「誠自宋大學生陳東、歐陽澈以來，稀有之盛舉也。試問四萬萬人對於學生此舉，有不稱快者乎。」又說：「自有民國，八年以來，未見真民意、真民權，有之自學生此舉始耳。」[37] 他並且主張立即釋放被捕學生，誅賣國賊曹、章。其他贊成學生運動的例子有直系軍閥曹錕部下的第三師師長孚威將軍吳佩孚（後來他變成北方政府最有力的統治者之一）。他像康有為一樣公開發表他對學生的支持。其他軍閥如湖南督軍張敬堯，江西督軍陳光遠，也要求北京政府免曹、章、陸的職，並且堅持中國收回青島。[38]

---

[36]　李劍農二八九，《最近三十年中國政治史》（一九三六年，上海），頁四三九—五〇；法費爾六三六，《威爾遜與遠東》（一九五二年，紐約）第六章，頁三〇三。

[37]　康的通電見龔振黃編，《青島潮》，附錄三，重印在五二三，《五四愛國運動資料》，頁二一八—二八；見賈逸君《五四運動簡史》，頁三三，註九。

[38]　自一九一八年四月廿八日吳佩孚即自漢口駐軍湖南衡陽。他是唯一對南方打過幾次勝仗的北洋軍閥，當時擁護曹錕。曹和吳這時都不願竭力執行段祺瑞用武力統一南北的計劃。一九一八年六月二十五日，吳便和南方的湘軍譚延闓、趙恆惕成立了停戰協定，以後即攻

這些早期的發展顯示出學生運動的性質。在抗議日本侵略和抗議政府親日官僚的旗幟下，學生們開始這個運動，到這時受到對這個運動有不同興趣和不同了解的團體支持而發展成為一種無形的聯盟。具有新思想的學生和知識分子，當然是這個運動的中心人物。新興商人也臨時加入了這個運動。其他的社會政治團體也給予道義上和政治上的支援。在如此複雜的一個集團裏，文化改革的遠大目標，難以被所參加的人接受，但是當是至少在一點上他們可以聯合起來，就是他們都要打擊當政的親日軍人和官僚。這種情形暫時使新知識分子在和政府交涉時力量增加了不少。

北京政府逮捕了三十二名學生以後，受到民眾很大的壓力。大批抗議的電報，每天湧到北京政府和巴黎的中國代表團。[39] 自五月五日起，三天之內，教育總長傅增湘即向總理錢能訓遞過三次辭呈。由於他的力爭，政府暫時撤回了懲處肇事學生的命令；解散與「五四事件」有關學校的命令，也因他斷然拒絕連署而未發表。[40] 同時，北京學生罷課正在進行，並且城裏有不少人情緒激動。由其他城市傳來的消息表示遊行示威正在各地廣泛地擴展。在這種內外壓力之下，北京政府於五月六日夜十二時後由警廳通知教育總長及各校長，允許在七日保釋三十二名學生，以待法庭審判，但以當日復課為條件。於是七日上午十時被拘學生全部出獄。[41]

擊段政府的親日政策，主張「息爭禦侮」。吳的通電同上；張、陳和其他的人通電看昝鑫，《學界風潮記》，附錄二；又龔振黃編《青島潮》，附錄三。二者皆重印在五二三，《五四愛國運動資料》，頁二七五─七八、二〇─二二。

[39]　包遵彭三八二，《中國近代青年運動史》（一九五三年，台北），頁三二。

[40]　昝公六，〈學界風潮記〉，頁一二二。

[41]　三位重要人物，江大燮（前任總理、字伯棠）、王寵惠、林長民於五月五日聯名呈警察總監自願作保釋人。呈文原文為：「竊本月四日，北京各校學生為外交問題，奔走呼號，聚眾之下，致釀事變。當時喧擾場中，學生被捕者三十餘人。國民為國，激成過舉，其情可哀。而此三十餘人者，未必即為肇事之人。大燮等特先呈懇交保釋放，以後如須審問，即由大燮等擔保送案不誤。群情激動，事變更不可知。為此迫切直陳，即乞准保，國民幸甚。呈警察總監。具呈人（簽名）汪大燮、王寵惠、林長民。」七日上午各校派代表和十三部（一説六部）汽車，到監獄迎接在禁的學生，可是被拘的學生以青島問題尚未解決，不肯出獄，經警

同日章宗祥也命他的妻子具書呈請國務院釋放學生。也許北京政府想要平息群眾的緊張情緒，所以特別選擇在這一天——國恥紀念日——來釋放學生，因為政府知道，很多反對政府的集會和遊行示威將要在這一天舉行。[42] 總之，學生在和北京政府對抗當中，贏得了第一仗。

被捕學生釋放的第二天，北京學生停止罷課，但是學生的活動並沒有在北京和其他各城市停止，相反的，他們的活動繼續擴展和增加。北京的學生在北京中等以上學校學生聯合會的領導下，繼續進行為抵制日貨作鋪路的工作，他們把學校裏所存的一些日貨拿出來，在北京先農壇當眾付之一炬。

三，其他城市學生的支持

「五四事件」之後的一兩個星期內，擴展到全國的學生活動有下列幾點特徵：（一）成立學生自治組織，以負責實現各項行動節目；（二）組織遊行示威，以抗議政府的外交政策、巴黎和會對山東問題的決議案以及學生的被逮捕；（三）發起全面抵制日貨。這種全國性的學生活動，很可用幾個大城市的實際情況來作例子加以敘述，比如天津、上海、南京和武漢的學生活動，就都值得我們仔細考察。

天津的學生在五月五日得到「五四事件」的消息。他們的反應非常

察總監再三勸說，才上車。這時學生高聲呼喊：「學生萬歲！」「還我青島，復我主權！」和「中華民國萬歲！」直至各校門為止。沿途市民也狂呼萬歲，有些人因而感動痛哭。到校時，同學皆在門前歡迎，並散發「爾忘五月七日乎！」的傳單，大家讀了又痛哭失聲云。見督公六，〈學界風潮記〉，頁一二二；汪等呈文見龔振黃編，《青島潮》，頁四二一四三；《字林西報週刊》（一九一九年五月十日），頁三四三一三四六。蔡曉舟、楊量工四四六，《五四》，頁五五一五七。鼓勵和援助學生最出力的是林長民。

[42]　王荳章七七一，《中國青年運動》，頁一七二。

迅速，於六日晚舉行了一個抗議政府的激動人心的大集會。第二天成立了「天津學生臨時聯合會」。五月十二日天津市有一千餘學生為了紀念北大學生郭欽光因「五四事件」殉難，公開替他舉行了一個追悼會，會後他們還在城內城外街頭演講。十四日仿效北京學生聯合會的組織，正式成立了「天津中等以上學校學生聯合會」，領先參加的學生來自直隸（河北）高等工業專門學校、南開學校（時為中學，後來改為大學）、北洋法政專門學校、水產學校、新學書院和北洋大學。甚至唐山路校的學生也來參加了學生運動反對政府。這個學校直隸於交通部，當時交通總長是曹汝霖，而該校校長章宗元就是章宗祥的哥哥。他曾留學美國。天津中等以上學校學生聯合會的領導學生有諶志篤和馬駿，馬是回教徒，後為共產黨員。大會並決定即日組織各校學生愛國講演隊，開始到街上講演。五月二十五日青年婦女們成立「天津女界愛國同志會」，以女學生為中心。這個組織的成立加強了反政府活動的力量。該會領導人有直隸省立第一女子師範學校的校友劉清揚（會長），和該校附屬小學教員李毅韜（副會長）。女學生王天麟（又名王瑞生）（總務委員）、郭隆真（後改名郭林）[43]、鄧穎超（皆為評議委員）等為核心人物。六月十八日天津各界救國聯合會的成立也加強了反政府活動的力量。這個團體包括有一百七十餘個教育、經濟、社會和宗教團體。當時周恩來已從南開學校畢業，後在日本留學，「五四事件」以後回到天津，擔任學生聯合會報的主編，該報是天津學生聯合會出版的三日刊（後改為日報），每期銷到兩萬份以上。世界愛國同志會也出版有一種週刊。後來成為周恩來的妻子和高級共產黨員的鄧穎超（原名鄧文淑），當時只有十六歲，還在第一女子師範學校唸書，她並

---

[43] 下面在各城市裏學生活動的記載主要是根據文叔的記錄五〇六，《五四運動史》，頁五一七；又龔振黃編，《青島潮》第七章，重印在五二三，《五四愛國運動資料》，頁六〇一九七。

擔任女界愛國同志會的講演長，和天津學生聯合會的講演部長。[44]

　　上海學生於五月五日得到由天津轉來的電報，得知「五四事件」的消息。蔣夢麟當時在上海，他回憶那時上海對這消息的最初反應如下：

> 這消息使整個上海市激動。下午民眾組織如各教育會、商會、省市地方團體都發電到北京政府，要求罷免那三位官僚，釋放被捕拘留的學生。第二天，整個上海市焦急地等待北京政府的答覆，但是沒有任何音訊。於是市內學生開始罷課，和民眾組織作同樣的要求，並且到街頭演說。[45]

　　五月七日下午一時由江蘇省教育會副會長黃炎培（字任之，一八七八年生）主持在西門外體育場舉行了一次國民大會，有兩萬多人參加（有人說是七千人）。參加的人大多數是學生。會後與會代表往見上海和談會議的南北代表和淞滬護軍使，請求他們支持北京的學生。

　　五月八日下午四時，所有主要中等以上學校三十一校的學生代表八十一人在復旦大學開會，決定組織上海學生聯合會。九日下午二時，四十四校學生代表九十六人又在復旦開第二次預備會，通過拍電巴黎專使力爭主權、抵制日貨、抗議日本拘侮中國留日學生、發表學聯會宣言。五月十一日下午二時至九時，一萬兩千多學生來自六十一所學校，在環球中國學生會內的臨時辦事處開會，正式成立了「上海中等以上學校學生聯合會」。復旦大學學生何葆仁被選為主席。[46] 同時又成立了「上海學生護

---

[44]　鄧穎超四四〇，〈五四運動的回憶〉，見五四卅週年紀念專輯編委會編，《五四卅週年紀念專輯》（一九四九年，上海），頁一六二—一六五；又馬惠卿，〈五四運動在天津〉，見中國科學院編，《近代史資料》十九號（一九五八年四月，北京），頁七九一—一二九。

[45]　蔣夢麟五九四，《西潮》，頁一二一。

[46]　何葆仁是學生聯合會評議部的主席，他在上海學生運動裏非常活躍。李鼎年是學聯會的總務部長。另外復旦大學一個學生領導人是程天放，後來任中國駐德大使、國民黨的宣

魯義勇團」和街頭演講隊。

在南京，來自二十餘所學校的學生，至少包括有一所著名的學府──南京高等師範學校（即後來的東南大學及中央大學）──和其他很多職業教育團體，一起開國恥紀念會，有一萬多人參加。同時也組織了學生聯合會。會後又派代表到督軍公署、省長公署和省議會去請願，抗議巴黎和會對山東問題的決議，並且要求擴展教育和振興本國的實業。他們又成立了街頭演講組、救國團和救國儲金。仿照濟南和上海的行動，南京的商人在五月十一日也開始抵制日貨。

五月十一日武漢十五所大專及中等 學校的兩千多學生代表在美國教會主辦的文華大學集會。他們討論了支持北京學生的必要步驟，並決定對北京政府外交政策提出抗議。學生在會上為了各種活動捐了兩千餘元。五月十四日成立了一個和北京學生聯合會相似的學生聯合會，並且同時決定發電給巴黎和會代表力請拒絕簽署和約。學聯會又決定要發行白話刊物，來鼓勵表達民意和提倡購買國貨。五月十八日學生們舉行了一次有聲有色的遊行示威。

其他各省各市的學生也都表現有類似的反應和活動。學生活動最活躍的省分有江蘇（特別是蘇州、松江、無錫、常州、鎮江、揚州、南通、徐州、海州、嘉定、淮安和淮陰）、浙江（特別是杭州、嘉興、紹興、寧波和湖州）、山東（特別是濟南和兗州）、湖南（特別是長沙和衡陽）、山西（特別是太原）、陝西（特別是西安）、四川（特別是成都、重慶、綏定和秀山）、雲南（特別是昆明）、河南（特別是開封）、河北（特別是保定）、安徽（特別是安慶和燕蕪湖）、江西（特別是南昌、九江、臨川和吉安）、

<hr>

傳部長；一九四九年國民政府遷台後，曾任教育部長。見新興書局編，《民國通俗演義》第一〇六章，頁六六五─六八；包遵彭三八二，《中國近代青年運動史》，頁二八。後來曾任國民黨宣傳部副部長的潘公展，這時已畢業於聖約翰大學，在市北公學教書，參加學生運動也很積極。

福建（特別是福州、廈門和漳州）、廣東（特別是廣州和肇慶）、廣西（特
別是桂林和南寧）。此外有綏遠、奉天、吉林和黑龍江。[47]

　　除了國內的學生以外，留歐留日的中國學生也被「五四事件」的消息
激動起來了。在東京發生了一段插曲，對後來「五四運動」的發展很有影
響。多數在一九一八年集體回國的中國學生，在這一年又陸續到日本去
了。但是在一九一九年五月四日不久以前，他們有些人又發起了另一個
集體回國運動。聽到「五四事件」消息的時候，仍然留在日本的中國學生
大約有四千人。他們準備五月七日那天在東京舉行一個國恥紀念會，可
是因為日本警察的干涉，找不到開會的場所。最後他們要求中國公使准
許他們借用辦公室。駐日代理公使莊景珂找不到拒絕的理由，但是五月
六日晚上中國公使館辦公室卻被日本軍警包圍。第二天早晨，中國學生
因為不能在中國使館開會，所以在德國公使館門前和附近的公園裏集合，
分組遊行到英、美、俄、法各公使館投遞有關山東問題的請願書。他們
用的標語包括有「摧毀軍國主義」、「維護永久和平」、「直接收回青島」、
「五七國恥紀念」等。[48] 當他們沿二宅板前行時，給一千多日本馬隊和武
裝警察包圍和追趕。於是展開了街頭鬥爭，學生被馬踐刀斫，有一百多人
受傷，其中二十九人受重傷。警察逮捕了三十九人，監禁在麴町區的警察
局內。第二天被捕的學生被保釋。[49] 當時日本警察的報告宣稱，事實上
攻擊學生並非他們的錯誤，他們這樣作是受了中國代理公使和中國學生
監督的請求。[50] 後來日本地方法院不顧中國民眾憤怒的抗議，判決七名

---

[47]　同上。

[48]　王拱璧，〈八年「五七」之巷戰〉（一九一九年五月七日），〈東遊揮汗錄〉（一九一九年，
　　　上海），重印在中國科學院編，《近代史資料》五號（一九五五年四月，北京），頁一一八一
　　　二一；又見王萱章七七一，《中國青年運動》，頁一七三。

[49]　同上；文叔五〇六，《五四運動史》，頁六一七；又王拱璧，〈八年『五七』之巷戰〉，
　　　頁一二一一二三。

[50]　同上。

中國學生入獄。[51] 為了要盡力平息中國人民緊張的情緒，這判決後來好像是緩刑了。

　　駐東京的中國公使館向北京政府報告，表示對當事的學生不滿。中國政府對留日的中國學生也不加以保護，這件事當然對國內的學生運動來說更是火上加油。[52]

　　如上所述，「五四事件」以後一兩星期裏的學生活動，主要限於用遊行示威和街頭演講的方法來成立各種組織，和爭取社會的支持。雖然有些永久性的活動已經開始，但是這些由新知識分子帶來的壓力以及其他社會、政治團體的力量，至少就改變外交政策和調整人事而言，似乎仍然不夠強大足以迫北京政府作重要的讓步。

四、總統的懲罰令和蔡元培的出走

　　「五四事件」以後，北京政府事實上曾採取過一些手段來阻止和干涉民眾的愛國活動。五月六日，就是在釋放因「五四事件」而被捕的三十二名學生的前一天，總統徐世昌下令，責備部屬未能阻止事件發生，所以應負責任，尤其譴責較低級的警察。此外，他命令警察總監採取充分措置，切實防弭民眾以後各種集會和遊行示威，並且吩咐如果民眾「不服彈壓者」，則應立刻「逮捕懲辦」。總統的命令原文如下：

---

[51]　學生被判決的是：胡俊，一年苦工；張雲章和一位王姓學生，四個月；杜中和與另外兩個學生，三個月；還有一個學生不詳。關於這事件，在一九五五年北京中國科學院重印的資料裏，中共刪去了所有被捕和受傷學生的姓名，只剩下彭湃，是這事件中受傷的學生之一，後來變成了共產黨員。許多被捕的學生（百分之三十多）和受傷的學生（百分之四十多）是湖南省人。同上，頁一二七；文叔五〇六；《五四運動史》，頁六一七；又王拱璧，〈八年『五七』之巷戰〉。

[52]　同上，頁七。

本月四日，北京大學等校學生，糾眾集會，縱火傷人一案，方事之始，曾傳令京師警察廳，調派警隊，妥為防護。乃未能即時制止，以致釀成縱火傷人情事。迨經警察總監吳炳湘親往指揮，始行逮捕解散。該總監事前調度失宜，殊屬疏誤。所派出警察人員，防範無力，有負職守。著即由該總監查明職名，呈候懲戒。首都重地，中外具瞻，秩序安寧，至關重要。該總監職責所在，務當督率所屬，切實防弭，以保公安。倘再有借名糾眾，擾亂秩序，不服彈壓者，著即依法逮捕懲辦，勿稍疏弛。此令。[53]

在這種至少在表面上十分嚴厲的命令之下，北京的新知識分子變得比以前更加憤怒了。城中多數社會、教育、經濟團體已計劃國恥紀念日那天（五月七日）在中央公園裏舉行國民大會。這大會是由國民外交協會主持，當時卻被政府禁止了。警廳先期即通告阻止，臨時又派軍警千餘名，滿佈東西長安門口和中華門一帶，警察又鎖了公園的門，禁止遊覽。各界按期到會絡繹於途，都被軍警趕走。於是臨時改變計劃，打算在先農壇開會，到了七八百人，但又被軍警驅散。最後選取京師總商會會所，由於會場狹小，所以各團體只推派代表兩百名集會。他們通過了五點決定：否認政府對日所締條約；抗議政府對學生的態度；堅持拒簽和約；力爭青島；並計劃於十一日再開大會，如再被干涉，則將派代表往濟南或南京開會云云。[54]

總統因為學生不停止他們的反政府活動而感到困窘，於是五月八日又給教育部一道命令，令中引用警察總監對於「五四事件」的報告，並且

---

[53]　《字林西報週刊》，第一百三十一卷，二七〇一號（一九一九年五月十七日），頁四一一。中文原文見《東方雜誌》十六卷六號（一九一九年六月十五日），頁二二三—二二四。
[54]　文叔五〇六，《五四運動史》，頁七；龔振黃編，《青島潮》第十二章；又見吳中弼編，《上海罷市救亡史》。兩者皆重印在五二三，《五四愛國運動資料》，頁一三七—一三八；五五七。

指出雖然三十二名被捕學生當時已被保釋，但是仍將受到法庭的製裁和懲罰。同時他又説明學生的本分是讀書，年紀太輕，不應「干涉政治」。令文如下：

> 　　據內務總長錢能訓轉據京師警察廳總監吳炳湘呈稱：本月四日，有北京大學等十三校學生約三千餘名，手持白旗，陸續到天安門前齊集，議定列隊遊行，先至東交民巷西口，經使館巡攔阻，遂至交通總長曹汝霖住宅，持磚亂擲，執木毆人，兵警攔阻，均置不理，嗣將臨街後窗擊破，蜂擁而入。砸毀雜物，燃燒窗戶，並毆擊保安隊兵，致有重傷。駐日公使章宗祥被其攢毆，傷勢尤重。經當場拿獲滋事學生多名，由廳預審，送交法庭訊辦等語。學校之設，所以培養人才，為國家異日之用。在校各生，方在青年，質性未定，自當專心學業，豈宜干涉政治，擾及公安。所有當場逮捕滋事人，既由該廳送交法庭，宜即由法庭依法辦理。至京師為首善之區，各校學風，亟應力求整飭。著該部查明此次滋事確情，呈候核辦；並隨時認真督察，切實牖導，務使各率訓誡，勉為成材，毋負國家作育英豪之意，此令。[55]

　　總統不但在上面兩道命令裏要嚴厲懲罰學生，而且在其他指令裏拒絕接受曹汝霖和陸宗輿的辭職。他回覆他們時，盛讚「曹汝霖體國公誠」，「陸宗輿有裨大局」。[56] 此舉當然使得知識分子和民眾覺得不能容忍。此外，五月八日總統命令中的最後一段很清楚的暗示他要教育總長和所有學校的教師對「五四事件」負大部份的責任。事實上教育總長和各大專學

---

[55]　《字林西報週刊》，第一百三十一卷，二七〇一號（一九一九年五月十七日），頁四一一。中文見《東方雜誌》十六卷六號（一九一九年六月十五日），二二三—三四。

[56]　文叔五〇六，《五四運動史》，頁六一七。

校校長自「五四事件」起都被軍閥和舊官僚所嚴厲抨擊。如前面所述，內閣的確考慮要解除蔡元培的校長職務。並且社會紛紛謠傳，曹汝霖和章宗祥已出資三百萬元，僱人暗殺蔡氏，又說北京大學的校舍將要被焚燬，學生要被屠殺。[57]

蔡元培知悉總統五月八日的命令後，當天晚上十一時又收到他被解職，而由馬其昶接替的通知。五月九日上午他秘密地離開了北京往天津。[58] 蔡留下了兩封辭職信，一封給總統，一封給教育總長。[59] 可是最重要的是他還留下了一個簡短的啓事，立刻使得教授和學生們都感到困惑和激動，並且對「五四運動」也有想像不到的影響。所以這個啓事從此就傳誦一時：

> 吾倦矣！「殺君馬者道旁兒」也。「民亦勞止，汔可少休。」我願少休矣！北京大學校長之職，已正式辭去；其他向有關係之各學校、各集會，自五月九日起，一切脱離關係。特此聲明，惟知我者諒之。蔡元培啓。

啓事中徵引的兩句古語，意思很不清楚。當時在學校裏傳播著有各

---

[57]　杜威六月二十四日由北京報道：「各省紛紛謠傳中國軍閥為了打倒反對勢力而準備好要走屠殺的極端。謠傳甚至要來一次政變，以求永久穩固軍閥和親日派政府的把持。北京大學校長因為是新知識分子和自由分子的領導人，為軍閥所憎惡。他辭職後突然隱匿不見了。因為根據報道，不但是他自己的性命，連那些數百學生的性命也受到了威脅。」見杜威六二八，「The Student Revolt in China」〈中國的學生革命〉，*The New Republic*《新共和》二十卷，二百四十八號（一九一九年八月六日），頁一六；又蔡曉舟、楊量工合編四四六，《五四》，頁五七一五八；王苣章七七一，《中國青年運動》，頁一七四。

[58]　蔡先到天津，再經上海，然後暫時隱居杭州，住在西湖風景區他朋友的房子裏。看蔣夢麟五九四，《西潮》第十五章，頁一二二一二三。

[59]　蔡元培四六三，〈我在北京大學的經歷〉，《東方雜誌》第三十一卷一號（一九三四年一月一日），頁一一；《字林西報週刊》，第一百三十一卷，二七〇一號（一九一九年五月十七日），頁四一二。

種不同的隨意解釋。[60]

　　這次蔡元培在北京政府的壓力下被迫辭職，就新知識分子、學生和教授們看來，乃是北京政府對他們公開的打擊。在很多方面他們都認為蔡是他們精神上的領導人。當時蔡在教育界的名望是無人能比的。因為蔡的開明、民主、對人率直，甚至對學校低級職員也是如此，所以差不多所有大學裏的教授和學生都熱心的尊敬和支持他。不管是溫和的或是革

---

[60]　第一行引文是一句古諺。按《藝文類聚》引《風俗通》曰：「殺君馬者路旁兒也。言長吏養馬肥而稀出，路邊小兒觀之，卻驚致死。按長吏馬肥，觀者快之，乘者喜其言，驅馳不已，至於死。」這段話似乎有先後兩重解釋，一種解釋是，路邊小兒把馬驚死了；另一種解釋卻是說，由於路旁觀眾的讚賞，乘者把馬騎死了。梁張率（字士簡），根據這意思曾作有〈走馬引〉一詩說：

　　良馬龍為友，玉珂金作羈。
　　馳騖宛與洛，半驟復半馳；
　　倏忽而千里，光景不及移。
　　九方惜未見，薛公寧所知；
　　斂轡且歸去，吾畏路旁兒。

第二句是引自《詩經》〈大雅·民勞〉（二五三）第二章，原文如下：

　　民亦勞止，汔可小休，
　　惠此中國，以為民逑。
　　無縱詭隨，以謹惽怓。
　　式遏寇虐，無俾民憂。
　　無棄爾勞，以為王休。

啟事登出後不久，學生們都想探求蔡氏的真意所在。其中有一個學生常惠請教北大文學教授程演生引文的來源，程在五月十一日曾給他一封闡釋的回信。

　　當時各界人士對蔡氏所引詩句，解測紛紛。據程演生給常惠的覆信說：「『殺君馬』之語。外面誤解者亦甚夥，且有望文生意者，謂君者指政府，馬者指曹、章，路旁者指各校學生，若是說法，成何意義？可發一笑。賢者雖明哲保身，抑豈忍重責於學生耶？」因此他認為蔡引「殺君馬」句的用意，「大約謂己所處之地位，設不即此審備所在，徒存他人之觀快，將恐溺身於害也。與士簡詩意正相合。所以上文曰：『吾倦矣！』自傷之情，抑何深痛！」至於引〈民勞〉詩句，程以為：「蔡先生用此語，蓋非取全章之義。所謂民者，或自射其名耳（子民）。言己處此憂勞之餘，庶幾可以小休矣。倘取全章之義，則不徒感歎自身，且議執政者也。」但是蔡本人一年以後卻解釋說他引「殺君馬」句，「但取積勞致死一義，別無他意。」他引〈民勞〉詩，「但取勞則可休一義，別無他意。」這固然也許是事實，可是當時各方的臆測，更是流行，而且這些引語也的確可能含有刺評執政之意，只是說的相當微妙罷了。看〈八年五月九日辭職出京啟事〉；又程演生教授給學生常惠的信（一九一九年五月十日）；見新潮社編四六一，《蔡子民先生言行錄》（一九二〇年，北京）第二冊，頁三三五—三七。

命的新知識分子，多把他當成他們共同目的的象徵，儘管有時也使人懷疑他對這個運動的看法是否和他們完全一致。[61]跟著蔡的例子，其他各大專學校的校長，包括有醫專、工專、高等師範、法政專門學校等，也紛紛提出辭職。[62]

　　在蔡元培出京的同一天，雖然有些議員們提議指責曹汝霖，但是教育總長卻又下令限制學生的活動。同時北京政府決定審判被保釋的三十二名學生。五月十日他們在地方法院被提訊，斬釘截鐵地否認對燒燬曹宅及毆打章宗祥負有責任；在回答律師的詢問時，又斷然否認曾受任何政黨的主使。他們在法庭上宣稱那是「完全出自良心的自由行動」。他們也拒絕呈上無罪的抗辯，因為他們的行動根本沒有犯法。幾天以後，他們向法庭提出下面的正式聲明狀：

　　　　學生許德珩〔其他姓名見前，此略〕三十二人呈為提出聲明事。曹章等賣國，罪不容誅。凡有血氣，罔不切齒。五月四日之事，乃為數千學生，萬餘商民之愛國天良所激發。論原因不得謂之犯罪，則結果安有所謂嫌疑。且使我國果有法律之可言，則凡居檢察之職者，應當官而行，不畏強御，檢察曹章等賣國各款，按照刑律一百零八條、一百零九條之罪，代表國家提起公訴，始足以服人心。乃曹章等賣國之罪，畏而不檢舉，而偏出傳票傳訊學生，不平者一。學生等三十二人，並無一人係當場捕獲者。既非當場捕獲，亦不過數千人中分子之一耳。鈞廳傳訊，加以「嫌疑」二字，果有嫌疑耶，亦應數千人同時訊問，何單傳生等？不平者二。公民團搗毀議會，毆打議員，被逮者百餘人，釋放之

[61]　看蔡尚思四四七，《蔡元培學術思想傳記》（一九五〇年，上海）第一章，頁一一四四。

[62]　文叔五〇六，《五四運動史》，頁七；蔡曉舟、楊量工合編四四六，《五四》，頁六一。

後，未聞依法辦理。五月四日之事，痛外交之失敗，憤賣國之奸人，悲憤所激，不能自己，非公民團所比擬，而鈞廳公然傳訊，不平者三。以上三大不平，所謂「法律」二字者，寧復有絲毫價值之可言！然五月九號學生等奉到鈞廳傳票，十號即齊集候審者，豈甘受此不平之審訊哉？蓋一以卸校長保釋出署之責任，一以避抗傳不到惡名。此兩種原因，在鈞廳傳訊時，學生等首先聲明在案矣。今各校長已聯翩辭職，同學又自行檢舉，情事變遷，兩種原因，已不存在。特提出聲明，如鈞廳認為有再訊之必要，嗣後不論其為傳票為拘票，請合傳十六校學生。德珩等亦當尾同到廳，靜候訊問，決不能單獨再受非法之提傳也。再此呈已於五月十五日上午十時呈遞鈞廳，奉諭以不合方式，不能受理，改用刑事辯訴狀，見示。學生等查刑事辯訴，係刑事被告人所用，不敢從命，理合聲明。謹呈。[63]

　　我們不能斷然的說當時北京政府在法律上找不到任何理由來支持檢控這個案件。不過當時多數中國人至少認為這個問題是政治的、道德的，而不是法律上的問題。北京政府未得議會的同意和日本簽訂秘密協約，對日本作了如此重大的讓步，從開始一般人就看作是不合法的。事實上南方人在一九一七年秋季已宣布過北京政權不合憲法。很多人，包括新知識分子，只不過接受北京政府是一個事實上存在的政府。結果，這不受人歡迎的北京政府在法律上的訴訟，很少為民眾所支持。最後因為北京中等以上學生威脅要全體到法庭和監獄去，五月十二日他們向政府正式提出全體自行檢舉的呈文說：「呈請自行檢舉事：竊生等本不應干預政治，近以山東青島問題，禍迫眉睫，義憤所激，不能自己，致有五月四日

---

[63]　龔振黃編，《青島潮》第十四章，重印在五二三，《五四愛國運動資料》，頁一六九一七〇。又北京人壁報社三八五《五四運動紀要》，頁四。

之事。學生等誠無狀，理合依法自行投案，靜候處分。此呈地方檢察廳。」
由於這種種理由，北京政府在法律上訴訟學生的嘗試從來沒有成為事實。

　　同時北京政府對學校又加壓力。他們逮捕了更多的學生。五月十一
日兩名街頭演講的學生在清華學校被捕。[64] 教育總長傅增湘因為情況的
困難和受軍閥的攻擊，於五月十一日晚潛行到北京附近的西山，堅持要
辭職。[65] 五月十五日辭職由總理批准，委任副總長袁希濤作代理總長。[66]
當時，在五月十四日，北京政府又下了兩道特別命令：一道是命令用軍力
來鎮壓學生活動；另一道是說明學生無權干涉政府的政策。[67]

　　所有這些事項，如總統發布的命令，蔡、傅的辭職，起訴學生的嘗
試，和逮捕更多的學生，都激起了新知識分子的反感。青年人的憤怒是那
麼強烈，以致於繼郭欽光之後，又有一個清華學校高等科的學生徐日哲
（江西吉水人，前滬海道尹徐元誥之子，一九〇〇年生）因為街頭演說過
勞，於五月二十二日在清華病院死去；又有一個前京師大學堂的校友周
瑞琦（廣西靈川人）悲劇地自殺了。[68]

---

[64]　見一個學生的日記，引在王莒章七七一，《中國青年運動》，頁一七五。

[65]　嘗公六，〈學界風潮記〉，頁一二四。

[66]　《東方雜誌》十六卷六號（一九一九年六月十五日），頁二二六。

[67]　關於此命令，看龔振黃編，《青島潮》第十四章，重印在五二三，《五四愛國運動資料》，頁一六六—一六七；又看王莒章七七一，《中國青年運動》，頁一七五，註一三；又在同一章可見五月十八日學生全體罷課宣言的英文翻譯。

[68]　這個校友是投水自殺的，在他口袋裏找出一封遺書，說明了他對中國情況悲觀的看法：「中國有如此嚴重的內憂外患，不久也許要亡國了。無人能知山東問題將如何解決，南北和平將於何時實現。大家徒然旁觀學生們空舉雙手，毫無私心、隱諱與其他外在的企圖，冒著生命危險來救國家，這多麼可遺憾！我認清了我現在是正在見證一個民族的危亡和人民的受奴役，我決定寧願作自由鬼而不願作活奴隸。同胞們！為你們的國家勇敢奮鬥吧！我結束了我的生命。」又遺書給北大各校友和教育界及學生說：「大學諸學友並轉學界諸君鑒：鮮民之生，不如死之久矣。琦畢業以來，十年不出庭戶，罔知世事。近知和會遷停，外交又大失敗，我真不知死所矣。五中悲憤欲裂，不知所云。青島乃聖人發祥之地，乃吾國華，又用武必要之港。要塞一失，門戶洞開，何以能國。我聞達諸君開會力爭，決一死以作諸君之氣。勉為一語，為諸君及國人告：『此次毋再貽譏五分鐘熱心是幸』。余不多言。瑞琦絕筆。」看刁鳴謙七六二，《覺醒了的中國》（一九二二年，紐約），頁一二六；又看龔振

蔡元培離京以後，北京所有大專學校校長聯合一致抗議北京政府。五月十二日他們推派了九位代表謁見總統和總理，要求政府表明對教育界的真實態度，和對處理將來情況的計劃和方法，以及表明保留蔡元培職位的真實願望。徐世昌總統當即命教育副總長袁希濤挽留蔡元培，並且派人去尋找傅增湘。但是蔡元培來電堅決要辭職。甚至特派學生代表去請他，都改變不了他的決意。[69] 十三日北京各大專學校校長同時上辭呈，醫專校長湯爾和及工專校長洪鎔立刻出京，教育部派員赴天津挽留無結果。十四日總統即下兩令警戒學生干政，雖於同時挽留蔡元培，但卻免除傅增湘教育總長之職。同一天，安福俱樂部提出田應璜接長教育，不久，北京政府的消息又表示親軍閥的古文家馬其昶會接任蔡元培的北京大學校長職。馬是北京政府的政治顧問，同時又是對舊文學有修養的人。他提倡傳統的桐城派文體。他和田應璜一樣，也是屬於安福俱樂部的人。這些都是新知識分子最怕聽到的消息。

北京的新知識分子活躍派感到了政府對他們展開了全面攻擊，因此迅速地組織起來，教員和教授們仿效學生的聯合會，成立了「北京中等以上學校教職員聯合會」。這個教職員的聯合會和學生聯合會一樣，不單擁有新文學和新思想的擁護者，也有不願意參加，或是反對這新運動的人，[70] 他們多數人是支持學生運動反抗政府的外交政策和反對蔡、傅二人

黃編，《青島潮》第六章，重印在五二三，《五四愛國運動資料》，頁五八─六〇。

[69]　教育部決定了三種辦法來挽留蔡元培：（一）請總統下令挽留；（二）派一司長到天津去尋覓蔡，並勸他暫不離津；（三）通電上海，請蔡即日回任。看瞽公六，〈學界風潮記〉，頁一二三─一二四。

[70]　依馬敍倫的說法，北京教職員聯合會的成立，是由北京大學教職員聯合會提議的。北京大學教職員聯合會的會長是康寶忠，馬是秘書。北京中等以上學校教職員聯合會也選了康作會長，馬作秘書。後來康逝世以後，馬接他作會長。另一位北京大學的教授，沈尹默的哥哥沈士遠作秘書。馬敍倫（一八八四年生）在辛亥革命以前和保皇黨有關係。民國初年被認為是進步黨的黨員或支持人，進步黨是和北洋軍閥有些合作的。「五四事件」發生時，他在北大教書，曾受新潮社的批評。事實上他反對新文學運動，但是他是湯爾和的同學，又是

的離職。顯然的，在某些方面，教職員實在是跟隨學生的活動，而不是領導學生的活動。[71]

在這重要的時機，當多數教職員和學生對北京政府應付他們的態度感到憤怒的時候，有些學生仍然設法保持冷靜。五月十三日傅總長去職的第二天，北京所有中等以上學校的學生開會討論當時的情形。他們提出了進行全體罷課的決議，起初也為多數人所支持通過。但是經過冷靜的考慮和討論以後，大家認定罷課會妨礙學業，同時如果政府忽視罷課的話，也沒有甚麼作用。因此終於決定還是繼續上課。後來在十七日北京學生聯合會又開會，到了二十四個學校，討論罷課問題，贊成罷課的只有六個學校，其餘十八校皆反對。結果這第二次嘗試進行全體罷課，也沒有成功。

五、學生大罷課

但是因為政府漸增的壓力，使得這種在暴風雨裏的平靜不能持久。學生們知道了親軍閥的政客田應璜要作教育總長和政府決定要懲罰教育

好友。湯向北京政府推薦蔡元培作北京大學的校長，同時又向蔡推薦陳獨秀作北大的文學院長。後來馬在自傳中宣稱湯之推薦蔡，原是他的意思。胡適在一九五六年秋告訴作者，他曾看過湯爾和日記的原稿，發現記載有關北大湯和陳、蔡的關係。胡適不相信馬所説是事實。「五四事件」以後，馬領著一些教師罷課反抗北京政府。可是後來他先後在北京政府和國民政府裏擔任教育部的次長（一九二四——一九二五年他曾一度在段祺瑞內閣裏任代理教育總長）。中日戰爭的時候他住在上海，一九四五年和許廣平（魯迅的妻子）等組織中國民主促進會。看馬敍倫三五三，《我在六十歲以前》（一九四七年，上海），頁二〇、六七、八〇—八五、九〇。一九四九年後在北京任政協人大代表、文教委員會副主席及教育部長等職。

[71]　「五四事件」以後，有些人建議教職員應該仿效學生的榜樣，組織自己的聯合會。看莊愈一三六，〈組織全國教員聯合會〉，《教育雜誌》十一卷，七號（一九一九年七月廿日），頁一—四。

界時，北京十八所大專學校的學生在五月十八日召集了一個學生聯合會的緊急會議。[72] 會上決定於五月十九日進行全體學生大罷課。北京學生用「北京學生聯合會全體學生」名義發給「各省省議會、教育會、商會、農會、工會、各學校、各公團、各報館」，一個帶有感情和相當天真的全體「罷課宣言」如下：

　　外爭國權，內除國賊，「五四運動」之後，學生等以此呼籲我政府而號召我國民，蓋亦數矣，而未嘗有纖微之效，又增其咎。夫青島問題，學生等集爭之焦點，會議已決矣，事瀕敗矣，卒未見政府有決心不簽字之表示，而又破裂南北和議以資敵。學生等之失望一也。曹汝霖、章宗祥、陸宗輿，國人皆曰可殺，乃政府不惟置輿論之指擊於不顧，而於其要挾求去，反寵令慰留，表彰其功德，以與教育總長傅公之免職相況；外間復盛傳教育全局舉將翻動之說。國是前途何堪設想！學生等之失望二也。五月十四日兩令：一則以軍威警備學生，防公眾集合；一則禁學生干政。凡公忠愛國之天良，一切不容表見。留日學生以國事被拘，政府則置諸不理。學生等之失望三也；學生等之為學，恃有此方寸之地耳；今一朝而三失望，方寸亂矣。謹於五月十九日起，一律罷課。至三失望之回復為止。至於罷課期內，仍本我寒（十四日）電宣言之大綱，始終無悖。一則組成「北京護魯學生義勇隊」，以備我國家不時之需，再則推行各校「平民教育講演團」，使國人皆知以國家為重；三則由各校自組「十人團」力維秩序，以舒我國家內顧之憂；四則以暇時潛心經濟，俾勿負我國家樹人之意。學生等深受教育，修養有素，凡所作為，皆循我智仁勇之

---

[72]　�公六，〈學界風潮記〉，頁一二四—二五；文叔給的日期是五月十七日。

國風，決不致自逸軌道，而遺我國史之羞也。學生等一任良能，
行我良知，知我罪我，今非所計，惟付諸百世後之公評而已。[73]

同時，北京學生聯合會上書總統徐世昌，提出六點要求：（一）巴黎
和會上有關山東交涉的和約決不可簽字；（二）懲辦賣國賊曹、章、陸；
（三）挽留傅總長、蔡校長，打消田長教育之議；（四）政府應撤去對學生
施加猛烈壓力的措施，以維護人權；（五）向日本抗議五月七日留日學生
被捕事；（六）在上海重開自五月十五日暫停的南北和議。[74] 學聯會強烈
表示，除非他們的要求都被政府接受，學生將繼續罷課。

宣言裏所提到的「十人團」，正式稱作「救國十人團」，按照組織規則，
任何氣質相投的學生都可組織成一個集團，來提倡聯合抵制日貨和促進
宣傳。這個集團設立一個特別的十人團，專門對所在學校學生聯合會負
聯絡之責。這個學校性或地區性的學生聯合會對各省學生聯合會負責任。
後來全體學生大罷課一個月以後，成立了中國學生聯合會，各省學生聯合
會便對這個全國的學聯會負責。[75] 這種組織的形態後來擴展到很多大城

---

[73] 蔡曉舟、楊量工合編四四六，《五四》，頁六三—六四；又看龔振黃編，《青島潮》第
六章，重印在五二三，《五四愛國運動資料》，頁五二—五五；又吳中弻，《上海罷市救亡史》
同上，頁五七三。

[74] 同上，頁五二；王莒章七七一，《中國青年運動》，頁一七五—一七六；蔡曉舟、楊量工
合編四四六，《五四》，頁六四—六五。

[75] 「十人團」由其團員中選出下列負責人：（1）主席：把力量放在團內最需要處。（二）
調查：對該團範圍內的商店裏的日貨作出存貨清單。（三）編輯：編寫小冊子、報紙上的文
章及其他宣傳資料。（四）糾察：向違犯規章的人定罰款和收罰款。（五）財務：負責本集
團的財政事務（主要的責任是為宣傳工作所需要的經費募款。）（六）五位講演員，負責勸告
民眾提倡本國工業，購買國貨，不買日貨。看 Paul Jones 鍾士六六三，『The Student Revolt in
China』〈中國的學生革命〉，*The Independent*《獨立》九十九卷三六九三號（一九一九年九月
二十日，紐約），頁三九九；中文翻譯可看張一志編一九，《山東問題彙刊》（一九二一年，
上海）卷二，頁二八八—九一。計劃中也規定有每十團聯合提名一個代表，稱作十人代表。
每百團提名一個百人代表，每千團提名一個千人代表。代表以此為止。又每個團員的團員
證背面有同舉其他九人的姓名。每一團員應該盡力說服其他非團員參加這種運動（每人答應
至少爭取十人）。當然，究竟這個計劃已嚴格的執行到甚麼程度，還是一個問題。參看《字

市，變成了學生和勞工行動組織的核心。[76]

　　學生們五月十八日的決定，在「五四事件」發展的過程中又向前邁進了一步。在這個決定以前，他們反政府的活動曾產生過一些鼓動作用。雖然是聯合抵制運動剛剛開始，學生罷課到處發生，但是如果沒有全體大罷課，他們的活動就不夠普遍地和強烈地引起一般不識字的大眾的注意。全體學生罷課的決定意義是向政府的壓制作全盤的挑戰。更重要的是，學生的著重點，由大批學生團體的集會，轉移到小型的，可是比較更有影響的普通民眾街頭集會，由多彩的遊行示威轉移到實際的抵制日貨和提倡本國工業發展。這後一項發展當然對一些新興商人和工業家有很大吸引力。這些新興商人和工業家自從第一次世界大戰以來，就遭遇到日貨在中國市場上傾銷的威脅。學生們抵制日貨的決定當然不是孤立的。上文提起過，北京商會在五月六日的決議裏也曾提倡過這項工作。學生們可能是用這一步驟來取得新興商人和工業界的合作。事實上，學生們這樣作，也確曾爭取到了他們強有力的援助。

　　學生全體罷課在五月十九日開始，所有北京十八所大專學校的學生拒絕上課。第二天全市所有的中學也加入罷課。街頭演講團分散到城內各地抵抗警察的干涉。大量的發送印好的往往是用白話文寫的傳單、小冊子和報紙。這些演講的人所提倡的主要是收回青島、不承認根據二十一條和其他秘約所簽訂的中日協定、抵制日貨和購買國貨。當時警察的干涉毫無效用，因為很多警察同情學生們的愛國熱情。

林西報週刊》，第一百三十一卷，二七○一號（一九一九年五月十七日），頁四一五—一一六。
[76]　中共認為「十人團」運動曾經幫助過中國勞工運動選擇政治方向和中國共產黨的成立。看四一六，《蘇聯陰謀文件彙編》，由北京警察總局自俄文編譯（一九二八年，北京），頁一○；英文翻譯見 C. Martin Wilbur 韋慕庭和 Julie Lien - ying How 夏蓮英合編 *Documents on Communism, Nationalism and Soviet Advisers in China, 1918-1927*，《在中國的共產黨，國民黨和蘇聯顧問文件集，一九一八——一九二七》（一九五六年，紐約），頁四七。但是已脫離共產黨的張國燾，在他的英文回憶錄裏說這種說法不真實。

北京全體學生的大罷課不久便擴展到其他城市。五月十九日以後，由北京秘密的派送了一些學生代表到天津、南京、上海和其他城市去開展這個運動（派往天津的有廿七人）。五月下旬學生罷課的情形很快的擴展到所有重要城市的學校。天津學生聯合會於五月二十三日開始全體大罷課。[77] 十五所學校計有北洋大學、南開學校、直隸法政學校、直隸第一師範學校、高等工業學校、省立中學、孔德中學、成美中學、大營門中學、直隸水產學校、育才中學、私立法政學校、新學書院、甲種商業學校和英國人所辦的英華學校，學生共一萬餘，拒絕上課。他們向北京政府作六項要求，內容和北京學生的要求大致相似。

在上海，中等以上學校學生聯合會於五月十九日決定向北京政府發電，力請取消接受傅總長辭職的命令，也決定從五月二十二日起全體罷課，直至收到學聯會通知，否則決不上課，又決定要派遣學生代表到其他各城市去説服所有公私立學校一起罷課。因為江蘇省教育會（當時蔣夢麟是該會的組織人之一）和教職員從中調停，所以學生聯合會應許暫緩三天才開始罷課。學生見到北京政府對北京學生的要求沒有採納的意思，二十四日學聯會開評議、交際及職員會議，議決罷課時應進行的宣傳工作等項，次日發出罷課的通電。於是來自七十所學校的二萬多學生，包括有復旦大學、東吳大學、震旦大學、聖約翰大學、同濟大學、上海公學、滬江大學、神州女學、愛國女學、南洋公學、南洋中學、澄衷中學、南洋女子師範、民生女學、青年會中學、南洋路礦學校、徐家匯公學、啓秀女學、博文女學、亞東醫校、上海圖書美術學校、南洋商業學校、中西女塾、清心女學、英華書館、滬北公校、中華美術學校、市北公學、民立中學、大同學院、兩江公學，和其他大專及中學，自五月二十六日起

---

[77]　C. F. Remer 雷媒七〇八，「The Revolt of the Chinese Students」〈中國學生的革命〉，*Asia*《亞洲》十九卷九號（一九一九年九月，紐約），頁九三三。文叔説是五月二十三日。

罷課。他們在那天的遊行示威吸引了約有三十萬的觀眾。[78]

　　上海的學生似乎更意識到他們和商人及城市工人的關係。他們的學生聯合會在五月二十七日決定派遣聯絡小組到各商會去，力請所有商人於五月三十一日那天在大門上懸掛白旗，作為參加那天郭欽光烈士追悼會的表示；也決定在學生聯合會裏設立勞工部以便和勞工們保持聯絡；又設調查部，往各大商店調查日貨，在上面加蓋印章；同時也決定了開始發行開日刊作為宣傳工具；並且每人每半年應該向學聯會捐納五角錢，以為辦報發電之用；他們還決定了派遣代表向其他各城市的學校、回國留學生，和各國領事署請求合作和支持。[79] 前三點的決定是促使商人、工人在以後的日子裏和學生互相聯合的重要措施。

　　從這個時候開始，上海就變成了學生活動最重要的中心。很多能幹的學生領導人，由北京、天津、南京來聚集在這中國第一大城市。五月三十一日的追悼會約有十萬市民和學生參加。參加的學生來自八十二所中學和高等學府。[80] 北京學生代表許德珩和陳寶鍔在五月二十七日化裝離開北京，來到上海，在會上發表了令人興奮的演說。會後學生們遊行到上海縣商會，力請該會勸告各商店與學生合作。上海縣商會應許第二天和學生代表討論這件事。[81]

　　有些城市裏的學生面對著強大的壓力，必須訴諸其他不同的行動。例如武漢學生在五月十八日遊行示威以後，湖北省督軍王占元嚴厲的壓制學生活動。當五千九百六十九名武漢中等以上學校的學生在六月一日

---

[78]　蔡元培也派他的弟弟蔡谷清從中調停。看謦公六，〈學界風潮〉，頁一二五；關於罷課和遊行示威，看蔡曉舟、楊量工合編四四六，《五四》，頁七八—七九。罷課宣言看新興書局編，《民國通俗演義》第一〇六章，頁六七八—六七九；又看龔振黃編，《青島潮》，附錄一，重印在五二三，《五四愛國運動資料》，頁一八三一—一八四。

[79]　謦公六，〈學界風潮記〉，頁一二六；文叔五〇六，《五四運動史》，頁八。

[80]　謦公六，〈學界風潮記〉，頁一三五。

[81]　同上，頁一三六。

宣告罷課時，王派了軍隊在所有那些學校駐守，以嚴厲監視學生。在同一天差不多有一百個街頭演講的學生受傷和被軍警逮捕。其中有些人受傷手足殘廢。一個湖北省高等師範學校的學生被軍人殺害。六月三日王督軍正在慶祝他由日皇領得的金牌後不久，便以提早放暑假為藉口，下令關閉所有的學校。約莫在同時，他又宣布，凡有任何學生公開作反日演講的，都要當場槍斃。於是武漢學生聯合會的活動都得秘密進行。第二天，該會秘密決定，所有的學生都回家，在鄉村裏從事活動。與武漢學生相似，杭州的學生也在五月二十八日分散回家，各人在鄉下活動。

　　學生大罷課所波及的重要城市包括有北京（五月十九日）、九江（五月二十日）、天津（五月二十三日）、濟南（五月二十三日）、唐山（五月二十四日）、保定（五月二十四日）、太原（五月二十六日）、上海（五月二十六日）、蘇州（五月二十八日）、杭州（五月二十九日）、南京（五月二十九日）、福州（五月三十日）、安慶（五月三十一日）、開封（五月三十一日）、寧波（五月三十一日）、無錫（五月三十一日）、武漢（六月一日）、南通（六月三日）、長沙（六月三日）、漳州（六月五日）、鎮江（六月六日）、武進（六月六日）、徐州（六月九日）、廣州、廈門，和其他等城市。[82] 總共這個運動影響了二十二個以上省份的兩百多個大小城市。

　　上述的記載指出，在「五四事件」以後的一個月裏，大多數的群眾活動是由學生鼓動的。在抗議政府方面，學生本身扮演了重要角色。首先是遊行示威，接著是廣泛的全體學生大罷課。此外，他們在這一段時期裏有四種有助於以後活動的成就：第一，由於在很多省裏、城市裏和學校裏成立了學生聯合會，學生便變成了一個組織嚴密的集團。第二，學

---

[82]　王苴章七七一，《中國青年運動》，頁一七六；文叔五〇六，《五四運動史》，頁八；鍾士六六三，《中國的學生革命》，頁三九九；中國科學院編五二三，《五四愛國運動資料》，頁七八九一八六三；罷課開始日期多有出入，不 楚的日期已刪去。

生得到了知識分子領導人的支持，例如教職員、作家、記者都支持他們。而且學生運動啓發了這些知識分子領導人去促進他們自己作有組織的活動。當然，教育界的人士以前也有他們自己的組織，但是大多數是職業性的組織。在這時期所成立的教職員組織卻更富有政治性。在隨後的幾年裏，在與軍閥和官僚鬥爭的過程中，教育界發展成為一種特別的力量。第三，學生們喚醒了很多政治和社會的領導人，使他們覺悟到，在任何政治鬥爭中，青年人必須被承認為一種力量，乃是鐵的事實。至少他們認識到，在和安福俱樂部鬥爭中，青年人是有效的力量。最後，也是最重要的，學生被民族意識的高潮所激動，抓住了「反對親日政策」作為他們戰鬥的呼聲。他們在愛國的旗幟之下爭取民眾同情的成功，很快地引導到他們取得都市商人、工業家和工人聯合支持的成就。

第六章　更進一步的發展：工商界及勞工界的支持

五月以後，當商人、工業家及城市工人和學生團結起來，局面就遂漸改變了。這個大聯合是受六月初政府大批逮捕學生事件所促成的，而且以上海及其他地方的商人及工人罷工來表示他們的支持。

　　這個對抗政府的聯合陣線之形成，是在空前有利的思想意識，及與經濟利益有關係的環境下產生的。其中最重要的因素，就是如事件發生以後諸事顯示、被日本及中國政府所忽視的一股新的愛國主義和民族主義浪潮。另一個因素，特別與抵制日貨和商人罷市有關，是中國和西方在第一次世界大戰期間發展起來的經濟力量和日本在利益上的衝突。

一、政府向學生尋求和解的失敗

　　北京政府被學生罷課搞得左右為難後，最初表示有意在某些小問題上和學生妥協。不過它也企圖不做出任何會引起日本反對，以及有損那些擁居高官要職而親日本的軍閥們的事情。五月二十一日，內閣總理錢能訓在一項給教職員聯合會的文告中，曾這樣答覆他們的要求：（一）懲辦賣國賊問題。以為必須根據法律，有確實證據，才能懲辦。（二）不簽字問題。以為如果由政府明白宣佈，實在有礙邦交，辦不到；但政府一定鄭重進行，總希望對得起國民。（三）挽回傅、蔡問題。蔡的回任已有把握；傅卻去志堅決，政府仍設法挽留他。（四）維持上海和議問題。上海南北和議，雖有決裂的現象，但北方代表決不撤回。[1]

　　學生對這些答覆極不滿意。最使他們憤怒的，是當他們知道那三位

---

[1]　文叔五〇六，〈五四運動史〉，《學生雜誌》十卷五期（一九二三年五月），頁八。

親日本的官員曹汝霖、陸宗輿和章宗祥被留任，而且親日本的外交政策保留不變。此外，政府對其他要求的漠視，也很使他們憤怒。許多問題和要求，既沒有給予回答，當然也沒有履行實現。

就在這時候，日本想要干涉整個局勢。在五月十八、二十及二十一日，日本駐華公使小幡酉吉（Obata Torikichi）向北京政府提出三次抗議，要求鎮壓所有學生的反日活動。接著日本駐中國的軍隊展示其武力。日本的戰艦集合，沿著天津、上海、南京、杭州及其他中國港口巡弋。[2] 在這種威脅之下，北京政府開始試用武力鎮壓學生運動。首先想要革除警察總監吳炳湘的職位，因為遭到北京商會的反對，結果沒有成功。稍後，在五月二十一日，把步兵統領李長泰撤職，由王懷慶接替。李長泰和吳炳湘都被某些保守派懷疑同情學生。[3] 其實李是主張對學生嚴厲，大約與總統的意見不太相合。五月二十三日查禁北京學生聯合會出版的《五七日刊》。這刊物由陳寶鍔主編。後來搬到天津去，繼續出版一個時期。學生聯合會的其他刊物如《救國》也受到取締。無政府主義者及社會主義者出版的秘密刊物如《進化雜誌》、《工人寶鑑》、《太平》及《民聲》都被查禁沒收。十一種支持學生運動的新聞報紙，如《益世報》、《北京晨報》和《京報》都被封了。[4] 五月二十五日，教育部下令限學生在三日內回校上課。同時政府又計劃採用三種政策來對付學生：用武裝軍警去干涉學校的行政；解散學生團體；派遣警察到各學校，強迫學生簽名，答應上課，凡拒絕簽字的學生會被開除。學生不管復課的命令。北京的教員也立刻

---

[2]　同上；瞽公六〈學界風潮記〉，《中華教育界》八卷六期（一九一九年七月），頁一二九。

[3]　同上。王是在七月三十一日任命的；參看《東方雜誌》十卷九期（一九一九年九月十五日），頁二二八。

[4]　參看熊少豪，〈五十年來北京報紙之史略〉，《申報》四一四主編，《最近之十五年 ——慶祝申報創社五十周年紀念》（一九二三年，上海），第三部，頁二五；《每週評論》二十四期（一九一九年六月一日）。

向政府抗議，他們威脅說：如果政府採用如此高壓手段的話，他們要集體辭職。

面臨如此強烈的反對，政府稍為緩和它的政策，答應暫時取消武裝軍警干涉的計劃；不過要求教員勸導學生回去上課。教育部同時又派員去和學生談判。教育副總長袁希濤建議提早一個月開始暑假，用意是，這樣可以驅散學生。結果高等師範學校及法政學校真的提前放了暑假。可是在這緊張的局勢之下，學生很難被分散。另一項建議由安徽省主席呂調元提出。他提議應該立刻舉行一項特別的文官考試，公開的讓所有的學生參加。這項建議的目的是要爭取一些有才幹和抱負的學生到政府部門去。這樣可以達到軟化、減弱學生運動的目的。政府顯然對這新鮮的好主意感興趣，於是開始計劃施行。雖然這主意有點天真，而且事實上不能達到其目的，但這計劃反映出來一項當時已被人感覺到的社會問題。正如我在〈導言〉中所指出，自從舊的科舉制度廢除後，卻沒有建立新的人事銓敍制度來取代。十多年過去了，新的知識分子還是找不到正式的途徑，可以進入政府部門服務。而進入政府部門服務，正如社會傳統所鼓勵的，仍然是他們生活的理想。然而這個問題存在已很久了；如果以為目前學生運動的直接動機即是爭取進入政府部門服務，這種看法則是錯誤的。一個公正的遴選制度也許可以幫助年輕的民國政府慢慢建立起一個社會平衡（social equilibrium）；可是像這種草率的改革建議，根本就不能希望制止這個由許多複雜因素所引起的風潮。

縱然如此，政府向學生謀求妥協的努力終有一些效果。起先學生在北京的活動強調反日講演。他們每天約有三千人在街上展開活動。後來為了避免引起與日本外交摩擦，在全力反日宣傳的活動方面，不用大隊講演的方式出現，而是變成個人或小組行動（主要是組成救國十人團），而且推動國人購買國貨。他們義務為中國工業家及賣國貨

的商人擔任推銷員。他們把城裏的市場及生產情形作了一次仔細的調查，列舉了八十多家本國工廠和公司，可以製造及代替通常從日本輸入的商品，諸如草帽、奢侈品及各種辦事用品。他們向所有的商店推薦這份目錄。學生們的工作，包括研究消費市場、價格，以及許多經濟改革的可能性。他們將這些研究出來的資料印了幾萬本小冊子和傳單，到處分發。他們的行動非常集中而且緊張，不過都相當有秩序，而且和平地進行。[5]

北京政府由於有親日系的官僚在後面操縱，見到學生情緒在表面上稍為平靜，現在就決心強有力地鎮壓這種不可容忍的宣傳活動。六月一日，總統徐世昌頒布兩道命令。[6] 第一道稱讚曹汝霖、陸宗輿和章宗祥，說他們為民國立下不少的功勞。第二道歸罪學行糾眾滋事，擾亂公安，誥誠他們要立刻回去上課。命令中宣布，學生團體如學生聯合會、學生義勇隊，一概封禁。首都施行戒嚴令。[7]

---

[5]　督公六，〈學界風潮記〉，頁一二九；龔振黃編，《青島潮》（一九一九年，上海）第六章，重印在五二三，《五四愛國運動資料》（一九五九年，北京），頁五五一五七。

[6]　有人說這日期是六月二日，參看同上，和 C. F. Remer 雷謀，〈中國學生的革命〉，《亞洲》十九卷九號（一九一九年九月，紐約）和 Stanley High 海坦史六四二，*China´s Place in the Sun*《中國在世界的地位》（一九二二年，紐約）第七章，頁一〇三。文叔定這日期為六月一日。這兩道命令全文見龔振黃編，《青島潮》第十四章，重印在五二三，《五四愛國運動資料》，頁一六七一六九。

[7]　芮恩施認為北京政府由於坦護曹汝霖及其同僚，而造成一種錯誤的手段，因此引起那時相當安靜的學生的激情。根據曾琦說，當他在五月底從上海到北京，以留日學生救國團代表身分去支持北京學生運動時，發現局勢已變成很平靜，而且李大釗、陳獨秀、康白情等人想要勸導學生採取溫和行動。曾琦說他曾反對李和康的勸告，在學生中作了好幾次演講，煽動他們在這緊急關頭和政府對抗。他又說：一個來自湖南省的北大學生易克熠，是這次事件中一個最熱烈和積極的學生領袖。後來易在國民黨內做了段錫朋的秘書。參看芮恩施七〇七，《在中國的一個美國外交官加登市》（一九二二年，加登市），第三二章，頁三七〇。曾琦，〈五四運動與國家主義〉，一九二六年五月四日的演講辭，重印於四七一，《曾慕韓先生遺著》（一九五四年，台北）第二部，頁一三九。

二、六月二、三、四日的大逮捕

政府恢復採用嚴厲政策，首先表現在第二天（即六月二日）下午逮捕七位在東安市場販賣國貨的學生。[8] 學生為此而非常憤怒。北京學生聯合會在當天傍晚集會，決定展開更大規模的販賣工作。他們決定第二天一齊出動五十人為一組的團體作沿街演說。他們不說抵制日貨，只是鼓吹愛國，勸導國民購買國貨。要是遇到五十人中有一人被拘捕，其他的人就一齊跟他進入監獄。

六月三日早上，九百多（有些報導說約兩千）學生，手持白旗，開始出外演講，每團約有十至六十人。城裏的巡警增加了好幾倍。保安巡察馬隊騎著馬在街上到處巡邏。他們起先勸學生不要演說，學生不聽，便驅散聽眾。結果很多學生及觀眾被馬踏傷或被警察打傷。學生聯合會馬上給上海各報館發電報，報道說那上午有一百七十八個學生被軍警拘捕了。下午的時候，被捕的人數增至四百。首都的拘留所無法容納，政府便把北河沿北京大學法科的大房屋變成臨時學生拘留所。法科的大門前貼上「第一學生拘留所」字條。校舍四周，由保安隊等支棚露宿監視。北京中等以上學校學生聯合會致上海各報館的電報全文如下：

今日（六月三日）學生遊行講演，各校之出發者九百餘人，

---

[8]　北京學生聯合會六月三日致全國電指出：「……露天演講之事，雖以外交關係暫停；而販賣國貨，實行個人講演，則未嘗一日間斷。乃政府愈出愈奇，竟於昨日（二日）捕去學生七人，學生大為憤激。」引自詧公六，〈學界風潮記〉，頁一二九。大逮捕的政策，據說是首都衛戌司令段芝貴所建議，且要堅持執行。見《順天時報》，一份言論保守的親政府日報（一九一九年六月七日，北京）。安福系的徐樹錚，自從「五四事件」後回北京以來，似乎不願意支持採用高壓手段對付學生。張國燾是北京學生聯合會演講團的領導學生，他後來說他是六月二日被捕的七人中的一個。

被捕者一百七十八人。北京大學法科已被軍警佔據，作為臨時拘留所，拘囚被捕學生於內。校外駐紮兵棚二十，斷絕交通。軍警長官，對於學生，任意每辱。手持國旗，軍警奪而毀之。講演校旗亦被撕擲。其堅持國旗與校旗者，多遭槍毆。受重傷者二人。旋被送入步軍統領衙門，榜掠備至，尚不知能否生還。此外因馬隊之衝突而受傷者亦多。東華門外有一軍官對學生曰：「吾係外國人。」其顢頇昧良，有如此者；學生等文弱，拘囚榜掠，任彼軍警之所為。一日不死，此志勿奪，殺賊殺敵，願與諸君共勉之。北京中學以上學生聯合會叩。肴。[9]

六月四日，有一通從天津發給上海各報館的電報，報道北京局勢說：

> 昨日（三日）十時，北京學生大演講，被軍警拘捕，現閉置譯學館四百人；斷絕糧食，四周架武器，設帳置圍。又二人被步軍統領拘去，笞刑鐐銬下獄。未捕者連日仍繼續演講，以示決心。並電各省縣學生、各界，火速營救。[10]

杜威夫婦也在六月四日從北京用英文報道：

> 今天上午十一點鐘，當我們開始找房子時，看見學生演講。後來聽說他們被拘捕了，而且口袋裏帶著牙刷和毛巾，事先即準備入獄。有些人說不止兩百人，實在有一千人被拘捕。單單在北

---

[9] 引自謦公六，〈學界風潮記〉，頁一三〇。

[10] 同上，頁一二九一三〇；吳中弢，《上海罷市救亡史》（一九一九年，上海），和粵東閉鶴，《賣國賊之二，曹汝霖》（一九一九年，上海），均重印於五二三，《五四愛國運動資料》，頁五八三一八四、六六五一七五。

京就有大約一萬人在罷課示威。[11]

　　儘管不停的逮捕，學生並沒有罷休，一次又一次增援上街演講。到六月四日晚上，政府竟囚禁了大約一千一百五十個學生。馬神廟北京大學理科的房屋，已經成了第二臨時拘留所。文科也被武裝軍警包圍住。[12]學生遭受到這樣大的武力鎮壓時，不但毫無表現出要妥協的迹象，反而加強了四出演講的活動。六月五日早上，有五千多人在街頭演講。大街小巷、公園及菜場，都變成了公眾集合的地方。他們站在木箱子上講得淚水橫流。北京當局不能再拘捕更多的學生，只好驅散深深受感動的聽眾。

　　當大批逮捕達到高潮時，北京多數學生表現出決心不屈，隨時入獄的準備。他們背著被褥，以便在拘留所使用。[13] 在很多場合，警察往往被學

[11] 杜威夫婦六三一，《中國日本家書集》（一九二〇年，紐約），頁二〇九──一一。這封信的日期誤寫成六月一日。

[12] 芮謀給的數目字是一、二〇〇。見芮謀七〇八，《中國學生的革命》。一個《字林西報週刊》的中國記者一九一九年六月七日報道說，在六月三日和四日間，有一、一五〇位學生被北京政府逮捕，見該報第一百三十一卷，二七〇四號（一九一九年六月七日，上海），頁六五〇。芮恩施說：「幾乎有一千個學生在北京被拘留起來」，見他的七〇七，《在中國的一個美國外交官》，頁三七〇。根據蔡曉舟和楊量工，在六月三日，約有八百人被捕，總共被捕人數約一千人；見蔡和楊四四六，《五四》（一九一九年，北京），頁六八。誓公和文叔兩人都說「一千多人」；見誓公六，〈學界風潮記〉，頁一三二；文叔五〇六，《五四運動史》，頁九。六月六日下午四時至六時之間，一個《晨報》記者訪問了兩間學校監獄，並和幾位被拘禁的學生代表面談。他報道說，在北大理科監禁有一三九個學生，來自北大、法文專科學校、清華學校、第四中學校及山東中學校。北大法科監禁八二七個學生，來自下面二十所學校：北京大學、法政專門學校、俄文學校、高等師範學校、農業專門學校、財政商業學校、工業專門學校以及其他幾個中學。所有在那兩所大學校舍被拘禁的學生總數有九六六人。大 還有一些監禁在其他的地方；參看《晨報》（一九一九年六月七日）。可是北京學生聯合會六月六日的電報說：「各省省議會、教育會、商會、農會、工會、各學校、各報館均鑒：看豪兩日，共計捕去講演學生七百餘人。歌日出發講演者共計五千餘人，政府未施逮捕，僅以軍警四面驅逐」；引見誓公六，〈學界風潮記〉，頁一三三。有些學生是自願進監獄的。

[13] 據說當一些學生被捕，正要送去囚禁時，他們當場停下來讓一些外國旁觀者照相。警察予以干涉。學生便譏笑那些不懂幽默的警察說：「等一等，你不知道我們早已準備好去坐牢嗎？不過在我們進去之前，讓我們送給這些好心的外國人一些紀念品吧。」見刁鳴謙七六二，《覺醒了的中國》（一九二二年，紐約）第九章，頁一四四。

生的愛國行動軟化，而給予同情。當警官不在旁監視的時候，他們會叫學生繼續到另一街口演講：「我們當然支持你，可是，我們不要麻煩，請向前面移動一下吧。」[14]

　　學生最初被監禁的時候，都受苦不堪。約有七百人的軍隊看守著他們，並且架起兵棚二十個把北大法科團團包圍起來。第一天不准許送食物進去。被監禁的學生在六月四日早晨四點才分配到被褥，不過還是沒有食物。可是，「那些剛剛被拘禁的學生，在還未出發去演講時，早已機智地攜帶著裏面裝滿食物的行囊。」[15] 監獄裏受傷和生病的學生都得不到治療。[16]

　　政府這種高壓手段引起全國各地的憤怒。女學生也出來參加示威了。六月四日那天，有一百多女生挺身而出，沿街演講。第二天，來自北京十五個女子學校的學生一千餘人在天安門會齊，然後整隊到新華門，派代表錢中慧、吳學恆、陶斌、趙翠蘭四人去見總統，陳述意見。恰好因為總統正在接見各校教職員，便由秘書陳子厚代見。女代表說明來意，並提出四項要求：（一）不能把大學作為監獄；（二）不可以待土匪的方式對待高尚的學生；（三）日後不得再以軍警干涉學生愛國之演講，並要求言論自由；（四）對於學生，只可誥誠，不可苛待。陳子厚答應代為轉達，三日內政府當有明白指示。女代表才辭出，整隊回校。婦女教亡會會長楊玉潔、高小蘭實是請願團的領袖。天津女生也派有代表參加。這次女生的

---

[14]　同上。

[15]　芮恩施七〇七，《在中國的一個美國外交官》，頁三七〇；《晨報》（一九一九年六月四日，北京）。

[16]　王苣章記載說：「根據胡適博士的觀察，北大法科拘留所的待遇很悲慘，學生們有病苦的，甚至有飢餓到將近死去的。他請求教員給他們送麵包。」胡適對學生在學校拘留所的悲慘遭遇大概有點誇張，因為一個《晨報》的記者曾在六月六日下午訪問過學生，看見他們的生活情況要好些。他甚至看見幾百人在外面踢足球。見王苣章七七一，《中國青年運動》，頁一七九；《晨報》（一九一九年六月七日）。北大法科教授黃右昌也曾訪問過那些拘留所。

實際行動可説是史無前例。[17]

　　教員也前來援救學生，把食物和被褥送到學校的拘留所裏去。來自北京中等以上學校職員聯合會的八國代表，包括一個匯文大學的美國教授，衝入學校監獄去慰問被監禁的學生。[18]各大學和學院的行政職員，也像女生一樣，前去抗議學校被當做監獄。[19]六月四日，北京基督教徒決議把他們的布道壇借充做學生的演講台。[20]

　　當被拘學生的悲慘待遇情況傳播開來以後，馬上就引起群眾對抗政府的風潮。每天有好幾百人與來自各種不同組織如「國民外交協會」、「女學生聯合會」、「和平聯合會」及「紅十字會」的代表，到監獄去慰問學生，給他們送來食物，並且給予別的幫助。不過所有金錢的捐助，都被學生拒絕了。[21]在這同時，政府遭遇到各方無數的抗議。

---

[17]　吳中弼，《上海罷市救亡史》，和粵東閒鶴，《賣國賊之三，曹汝霖》，兩者均重印在五二三，《五四愛國運動資料》，頁五八五、六七一—一七二。芮恩施説，有七百人請願，見他的七〇七，《在中國的一個美國外交官》，頁三七〇；有些人估計有六百人；看蔡曉舟和楊量工四四六，《五四》，頁六九。其他的報道説有一千人；見《每週評論》，二五期（一九一九年六月八日）；同時參看杜威夫婦六三一，《中國日本家書集》，頁二〇九—二一二。

[18]　馬敍倫三五三，《我在六十歲以前》（一九四七年，上海），頁六八；瞽公六，〈學界風潮記〉，頁一三〇—一三一。

[19]　同上，頁一三一。關於學生在監獄內的情況，又見杜威夫婦六月五日的信，在杜威夫婦六三一，《中國日本家書集》，頁二一九—二二〇。這封信很明顯是杜威夫人所寫的。

[20]　蔡曉舟和楊量工四四六，《五四》，頁六八一—六九。

[21]　梁啟超的弟弟的梁啟雄送交一千元給被監禁的學生。他説錢是廣東一位姓何的人捐送的。一個在監獄內的學生聯合會的代表接受了錢，然後交給學聯會的評議部。經過討論，他們決定把錢退還給梁啟雄，而且在報紙上登出廣告，説明不接受金錢捐助。段祺瑞和他的得力助手安福俱樂部的領導分子徐樹錚，也曾想辦法給學生捐款，並且解釋説，他們實在很同情學生。但他們的捐助也被拒絕了。在「五四事件」時，學生的廉潔自守立場，始終不渝；因此贏得社會人士最大的尊重。參看陳端志七三，《五四運動之史的評價》（一九三五年，一九三六年，上海）第十四章，頁二五三—五四；頁二六〇—六一註四。

三、六月五日上海的罷市和罷工

　　學生大逮捕引起了中國所有城市的憤慨，不過最激烈的應該上海。商人、工業家、城市工人被這個逮捕行動激怒後，開始以也許有限度的團結一致的行動，跟隨新知識分子的領導。不但如此，新知識分子在這與新的社會經濟力量短暫的親切合作當中，開始明白未來的成功要靠全國一致的群眾運動，以改變中國經濟和社會為目的。這種趨勢在六月五日的大罷市中很清楚地反映了出來。這一發展把「五四運動」推到一個新的方向。

　　我們應該記得，自從五月二十六日上海學生罷課以來，城裏的中學及高等學府的學生已經開始不停地推進抵制日本的宣傳行動。無數感動人心的事件在學校和城裏發生。[22] 在六月一日預先安排好和學生代表會談裏，商界領袖答應用行動來支持學生。

　　六月二日那天，當政府開始大逮捕時，學生代表又再謁見上海縣商會要人，要說服他們立刻採取行動來支持學生運動。不過那天是端午節公共假期，正好是生意好的賺錢日子，商人都在忙。商界領袖計劃在第二天召開緊急會議。會議於六月三日下午五點鐘在南市商會會所舉行。開會時，上海學生代表何葆仁、北京學生代表許德珩、黃日葵、段錫朋和陳寶鍔，紛紛演說報告，要求上海商界繼續保持抵制日貨，抗議政府的外交及內政政策，要是政府沒有良好反應，便甚至要停止納稅。當商會領袖想延期討論這些提案，其他的商界代表卻熱烈地支持這些提議。當時到會者有很多未被邀請的商人和職員，因此會場激動且騷亂。八點鐘時，還沒有決議，商會會長宣布會議暫停，等到第二天下午四點鐘再討論。

---

[22]　見瞽公六，〈學界風潮記〉，頁一三七。

　　六月三日下午，當上海縣商會正準備繼續開會時，接到淞滬警察廳禁止任何此種集會的命令。赴會的商界和學生代表，在該會門前看見命令貼在大門上，並且有警察和政府官員上前勒令他們離去。商人及各界人士有好幾千人，聚集門前，等著聆聽開會，卻遭到大隊警察誣罵和驅散。這樣一來，憤恨警察和政府的情緒油然而起。傍晚時，學生們到處演講，並且把印好了的傳單在大碼頭和各重要市區分發，控告上海官廳違反憲法，侵害人民的自由與權利，同時激發商人採取行動對抗政府。這時候，上海縣商會響應江蘇省教育會副會長黃炎培的一封信，決定和該會聯合替學生向北京政府請願。[23]

　　上海學生聯合會在六月四日下午收到從天津發來有關北京大逮捕的電報後，馬上開始更積極地去爭取工商界的支持。有關大逮捕的新聞號外和傳單馬上分發出去。下午七點鐘以後，學生戴著白布帽[24]在每條街上激昂地演講。城內南市特別活躍，他們訪問每家商店，要求他們簽字，答應從第二天開始罷市。幾乎所有被請求的商店都簽名答應停止營業。[25]家家戶戶，莫不購備日用食品以應付罷市。午夜之前，武裝警察不能把學生驅散。六月三日，日本駐上海領事館已預言六月五日全上海會大罷市。第二天上海新聞界也發出同樣的預告。[26]

　　果然在六月五日那天就開始大罷市了。天將拂曉時，學生已恢復他們的街頭演講。天大亮時，南市大小店家，均未開門。附近地區的店鋪馬

---

[23]　海上閒人一六四編，《上海罷市實錄》（一九一九年，上海）上卷，頁一一六。

[24]　開始抵制日本以後，很少中國人戴草帽，因為多數草帽都是日本製造的。

[25]　只有小東門某銀樓的老板不允簽名，可是當學生跪下請求後，也就應允了。見海上閒人一六四編，《上海罷市實錄》（一九一九年，上海）上卷，頁六。

[26]　陳端志，《五四運動之史的評價》第十四章，頁二五五；瞀公六，〈學界風潮記〉，頁一三九；《字林西報週刊》第一百三十一卷，二七〇四號（一九一九年六月七日，上海），頁六五〇一五一；及一九一九年六月三日，上海公共租界警務處副總巡的通知，在五二三，《五四愛國運動資料》頁七一七一一一八。

上跟著閉市。早上八點，靠法租界那一帶的商店也參加罷市。大約一個
鐘頭後，蔓延到法租界。從早上十點鐘到十一點鐘之間，公共租界內的英
美租界也開始閉門罷市。罷市如野火一般往閘北蔓延，至中午全市各商
店沒有一家開門了！後來郊區也如此。[27] 各種店鋪場館都不開門做生意，
包括遊戲場和飯館。只有一些外國商店有例外的。於是在幾個鐘頭以內，
一個擁有一百五十三萬八千五百人口的大城市，竟然為了支持一萬三千
個罷課的學生，而給一個示威的罷市控制住了。[28]

　　大罷市後，上海市景象的慘淡蕭索，不是西方人所能像得到的。中國
絕大多數的商店都沒有西洋式的玻璃櫥窗和大門。關門時，就把一片片
的木板拼合起來，看來好像是為提防軍事攻擊而設計的。因此，當大多數
店鋪同時關門閉戶時，上海便好像面臨大戰役進攻或革命。其實，除了開
始罷市那幾天，在街頭演講的學生被軍警逮捕了兩百多人外，一切都很有
秩序。學生很快就被釋放了，局勢也安定了下來。[29] 上海街道並沒有空
無一人。正好相反，街上愈來愈多人在聆聽學生演講。全市商店的窗戶
上都貼著白色的標語，寫著諸如此類的口號：「商號一致，罷市救國」、「還
我自治，釋放學生」、「不除國賊，誓不開市」、「不除國賊不開門」、「愛國
自由，不受干涉」、「義不反顧」、「人心未死」、「壓力無用」、「官場恐嚇，
勿為所動」。[30] 這些標語在某種程度上反映出某些商人漸漸有民族意識和
自治的理想。他們覺悟到需要和新知識分子團結起來抵抗侵略和壓迫。

---

[27]　昝公六，〈學界風潮記〉，頁一三九―一四〇；文叔五〇六，《五四運動史》，頁九。

[28]　上海學生聯合會在六月六日致所有上海外國領事館的信中説，有一萬三千個學生罷課
示威。可是，第二天在商會舉行的一項會議中，一個學生代表卻説有兩萬多個學生。從六
月五日開始，所有學生，包括專科學校、中學和小學的學生，都參加罷課了。上海人口是
根據一九一九年中國郵政局所公布的數字了。見 G. H. W. Wood 編七八四，*The China Year
Book, 1921-22*《中國年鑑，一九二一―二二》（一九二二年，北京及天津），頁二一。

[29]　海上閒人一六四編，《上海罷市實錄》，頁一二九及以後。

[30]　同上；文叔五〇六，《五四運動》，頁一〇。

六月五日下午，在上海學生聯合會的邀請下，兩百多個來自不同的社會、政治團體的代表，舉行了一次集會。參加的商界、社會、政治領袖有虞和德（虞洽卿）、黃炎培、蔣夢麟、葉楚傖及張東蓀等。學生有段錫朋、許德珩及朱承詢等。會議由復旦大學學生何葆仁主持。代表們一致通過繼續罷市以支持學生，同時決議組織一個包括工、商、報界及學生聯合會的永久性機構。這個機構定名為全國各界聯合會，亦稱「工商學報聯合會」。英《字林西報》報道說：在會議裏，「好幾位演講的人強調罷市不是排外運動——包括日本在內。所有在場的人要負責勸導他們幫助維持和平與秩序。」[31] 自從那天以後，該聯合會舉行了很多次會議，支持工商界的罷市罷工，及其他群眾運動。後來在十一月十日，該聯合會舉行正式的成立典禮，有一千兩百多個來自各省的代表參加，其中包括政學各界領導人物如黃大偉（代表孫文）、蔣夢麟、黃炎培等。

各方對這次大罷市的性質，意見往往不一。首先我們要問，甚麼團體是這次大罷市的動力呢？有三大類的人參與其事，即是店主、店員、學生。是店主還是店員構成了主要的力量？學生在罷市的決定上扮演了如何重要的角色？關於這種種問題，有很多不一致的報道出現。

很多人說多數商店的老闆本來不想罷市。罷市後不久，上海總商會會長（一個比上海縣商會更大的組織）虞和德向淞滬護軍使盧永祥報告說，店主本來不想要罷市，可是同情學生的店員要罷市。[32] 相反的，有些報道說，很多店主都自動關閉店門。我們要明白，虞和德給護軍使的報告，其中一個目的，似乎是想減輕店主對罷市的責任，因為軍方對這次罷市和店主的關係很懷疑。（護軍使是上海地區除外國租界外的真正統治

---

[31]　《字林西報週刊》，第一百三十一卷，二七〇四號（一九一九年六月七日），頁六五〇；關於該商會的細節，見下面第七章。

[32]　賈逸君八九，《五四運動史》（一九五一年，北京），頁一九一二〇。

者，而上海總商會則代表所有店主的利益。）

　　照通常的情況，那時候店員本來很缺乏組織，不同商店的店員之間很少來往，對商店的經營方面根本沒有說話的餘地。他們對付雇主遠遠比不上工廠工人對付廠主那樣有力量。在平時的情況之下，店員很少有不服從店主和損害他們的利益而罷工的可能。可是現在由於學生積極有力的活動煽動了大眾對政治局面的憤慨，情況就不一樣了。在這種情形之下，店員想要罷市，學生更是支持他們，因此店主對罷市也就不能反對了。那時任何商人如果拒絕和反日運動合作，就可能被稱為賣國賊，而前途也就會跟著完了。

　　學生通過宣傳活動，對社會事件和大眾情緒的影響很大，而且這種影響對罷市發生了重要作用，也是毫無疑問的。他們贏得了多數人的同情，包括店員和商人。因為上述原因，虞和德給上海護軍使的報告也就不能當作商人不同情學生的證明來解釋。相反的事實是，上海各種商業團體都曾給北京政府發過許多電報替學生說話。杜威於六月二十四從北京報道說：「很多事實證明，學生實際上已做到把商人拉過來擁護他們，他們已不再是孤立的了，而是已達成了一種聯盟，在攻守上都和商會在一起。他們在談著罷稅的行動。」[33]

　　杜威的報告正和上海外國租界當局的言論相反。六月五日罷市以後，租界當局就改變他們支持學生的態度，轉而控告學生強迫商人罷市。其實除了少數例外，我們沒法找到甚麼紀錄，說是有商人埋怨被強迫罷市的。[34]

　　固然我們也要承認，並不是每一個中國商人都支持學生的一切活動。

---

[33]　杜威六二八〈中國的學生革命〉，《新共和》第二〇卷，二四八期（一九一九年八月六日），頁一七。

[34]　關於這問題，看下面第八章。

上海中國商人對日本的態度實際上是分歧不一。雖然上海總商會表明對青年學生及學者同情，但較早之前卻曾表示過示過相當親日的觀點。這態度曾受到上海商業公團聯合會與報界的猛烈攻擊，包括陳獨秀在《每週評論》上的社論。[35] 當然，專賣日本貨物的中國商人確曾受到過嚴重的經濟損失。可是在那時候，他們只是屬於極少數的商人而已。

　　前後七天的罷市，中國商人招致的經濟損失，約計在二千萬銀圓以上。[36] 但這損失可能有其他的因素來補償。經過了短暫的戰時繁榮，中國便面臨著一個市場困難的問題。由於鄉村經濟逐漸崩潰，廣大農業人口的購買力顯示出低落，商人和本國工業家都面臨著這困難。排斥日貨和提倡購買國貨的抵制運動，不管是不是能夠解決基本問題，至少給商人帶來暫時的救濟。五月底，由於學生運動的結果，本國產品的價格顯出逐漸高升的迹象。[37]

　　給學生積極支持的並不限於商人和店員。上海市區工人同情學生的史無前例的罷工在同一天發生。首先由紡織業工人和印刷業工人開始，

---

[35]　這篇社論作於一九一九年五月十八日，是抨擊較保守的上海總商會五月九日發給北京政府的一通電報。在這電報裏，上海總商會主張直接和日本談判解決山東問題。這主張受到日本報界的歡迎，可是為有強大勢力的上海商業公團聯合會所反對。聯合會代表五十六個（後來有六十二個）商會團體。日本為了怕其他列強干涉，曾建議山東問題不要在巴黎和會討論，而讓中日兩國直接談判。五月十三日，上海總會收回五月九日給北京政府的電報，會長朱葆三和副會長沈鏞在五月十四日提出辭職。雖然他們的辭職未為北京政府所批准，事實上朱葆三後來還是由虞和德接替了。見楊塵因，《民潮七日記》（一九一九年，上海），及吳中弭，《上海罷市救亡史》，這兩書都在五二三，《五四愛國運動資料》，頁五二八—二九（有上海總商會佳電原文）、五六二一九七。陳獨秀，〈山東問題與上海商會〉，《每週評論》社論，重印於六二，《獨秀文存》（一九二二─一九三九，上海），卷一，頁六三五—四二。

[36]　羅家倫三四〇。〈一年來我們學生運動的成功失敗和將來應取的方針〉，《新教育》二卷五期（一九二〇年五月），頁六〇三；同時在《新潮》二卷四期（一九二〇年五月）。

[37]　五月十九日學生大罷課後，北京學生曾採取一種計劃，懲罰提高國貨價格的商人。看瞽公六，〈學界風潮記〉，頁一二九。

後來開展到金屬業工人及其他工人群中。[38] 由於當時中國沒有聯合的和有效力的勞工組織，工人罷工的開始日期因各工廠而異，大約分別開始在六月五日到十一日之間。參加罷工的人數一直沒有完整的統計。有些估計約六萬到七萬，較審慎的估計是九萬多，但也有説是十萬或更多的。[39]

　　根據可以得到的報道，罷工曾在至少四十三間工廠、公司和公用事業機構中發生。其中七間紡織廠、七間金屬工廠、八間公用事業企業公司如公共汽車公司、電話及電報公司、七家運輸及交通公司如火車（上海至南京線和上海至杭州線）、汽輪公司，及其他如印刷、造紙、石油、烟草、火柴工廠等。此外參加行業包括有餐廳工人、漆工、木匠、水泥工人、司機和清潔工人。根據統計，約有一百家公司及工廠受到罷工的影響。[40]

　　工人罷工的結果所帶來雇主及工人的損失都沒有報道。大略的估計説，上海總共約有三十五萬罷工工日，薪金損失約二十萬四千四百銀圓。這個損失數目是根據最少工人五萬人參加罷工，每天平均薪水據官方統計為零點五八四圓來計算的。當然這數目字不見得準確。[41]

---

[38]　陳達四二，〈近八年來國內之罷工分析〉《華學報》，三卷一期（一九二六年六月，北京），頁八一〇及以後。鄧中夏説，工人罷工是先由銅鐵機器工人開始；見他的四三九，《中國職工運動簡史》（第二版本：新華書店，一九三〇，一九四九年）一卷，頁八。督公都沒有寫明各個罷工的日期。陳達則有。

[39]　鄧中夏説參加罷工的工人共約六萬至七萬。陳達的估計有九萬多。可參考本書末附錄丁「罷工統計」。上海美國人所辦英文《大陸報》社論中曾勸告停止罷工，其中有一段説：「國民有愛國心，為人人所共稱；然使五萬、十萬，乃至二十萬之勞動工人，一旦無所得食，至於三、四日之久，則為饑餓所逼，而愛國心將受害」云云。但這只是泛稱，並非實在統計。據上海重要紡織業工業家穆藕初在六月七日的演説，上海有一百萬人口（郵政局的估計是一百五十三萬八千五百人），其中百分之十二是工廠工人，紡織業工人佔大多數。看海上閒人編一六四，《上海罷市實錄》。

[40]　陳達四二，〈近八年來國內之罷工分析〉，鄧中夏四三九，《中國職工運動簡史》，頁八一九；文叔五〇六，《五四運動史》，頁一〇；上海市社會局編四〇一（中英文），《近十五年來上海之罷工停業》（一九三三年，上海），附錄一，頁三一六。

[41]　同上。

　　罷市的意義不在於它帶來的經濟結果，而是它的內含意義。這是
中國歷史上第一次政治和愛國的大罷工，工人的目的不是要求加薪，
或改善他們的待遇。他們是向中國及日本政府提出抗議。在罷工期間，
工人和他們的經理曾經談判有關維持秩序或給群眾服務的必要。工人
和經理之間沒有嚴重的衝突，只有在少數日本經營的工廠有例外。即
使在日人經營的工廠機構裏，工人的動機也並沒有被管理當局責難。
大多數中國人經營的工廠和公司的老闆對他們工廠和公司的罷工沒有
提出切實的反對。也許我們也可以解釋說，這次罷工反映出都市工人
給學生積極的支持，而且也得到多數雇主的默許。工人罷工在政治和
社會各方面的影響和意義，都在下述的事件中反映出來。在罷工期間，
工人於六月九、十及十一日在上海舉行群眾示威遊行。[42] 雖然不是所
有的上海工廠工人都參加了罷工，這運動卻激起了勞工方面對政治極
大的關心。其中上海市一個勞工組織甚至激烈地在六月六日給駐節南
京的江蘇省督軍李純發了一通電報，提議要他發動革命，宣布江蘇省
脫離北京政府而獨立。[43]

　　數目浩大的在工商機構以外的公民也參加了罷工。這運動的影響力
深入到社會底層，連乞丐、小偷、妓女和歌女都參加罷工。後來，郵局職
員、警察和救火隊員都威脅說，如果政府仍然保持對學生這樣的態度，他
們也要停止工作。[44]

---

[42]　華崗二三〇，《五四運動史》（三版；一九五一、一九五二、一九五四年，上海），頁
一二四。

[43]　《申報》，引自賈逸君八九，《五四運動史》，頁二〇一二一。

[44]　海上閒人一六四編，《上海罷市實錄》；同時 George E. Sokolsky 七四〇，「*China's
Defiance of Japan*」〈中國對日本之反抗〉，*The Independent*《獨立》，九九卷，三六九三期
（一九一九年九月二十日，紐約），頁三八八。

四、「五四事件」的解決：內閣垮台與拒簽和約

當政府的大逮捕引起學生更強大的抵抗時，北京政府領受了一項教訓。代理教育總長袁希濤面臨來自軍人及社會與學生團體的雙重壓力。他在困境重重中一籌莫展，只好提出辭職。同時政府內閣因為面臨一系列的強烈抗議，立場一再動搖。當六月四日傍晚逮捕了一千多學生後，內閣閣員在總理的私人官邸集會，決定接受袁希濤的辭職，然後委任另一次長傅嶽棻接代教育總長。[45] 從此，政府放棄所有用武力解決學生問題的希望，開始試用勸導說服的策略，不過毫無改變堅持其外交政策及留任三位被攻擊的官員的決心。六月五日政府所採取的兩項措施說明了這一新的策略。代教育總長之更換打開妥協的道路。還有，政府命前北大工科學長胡仁源署理北大校長，不過屬於臨時性質，因為蔡元培的辭職一直沒有明白表示是否已被接受。[46] 這些措施，學生解釋為政府仍有意控制大學的明證。

新任代理教育總長馬上出示兩項辦法以解決學生糾紛：（一）要求軍警機關，盡量從大學周圍撤退軍警；（二）由教育部與學校當局會同勸告學生回校上課，恢復原狀。此後學生方面，統由教育部和學生直接洽商，

---

[45]　八月四日杜威夫婦在北京寫道：「看來目前的教育次長（傅）被委任是有三種條件的──他必須解散北大，防止校長回任，開除目前所有的高級學校的校長。他未能完成任何一件，因此安福系的人便不滿意。人家說他是個滑頭的政客，當他和我們開明的朋友吃飯時，他告訴他們甚至他也被人如何毀謗──有人說他是安福俱樂部的會員。」看杜威夫婦六三一，《中國日本家書集》，頁三〇九；又見 "Laws and Orders"〈法律與秩序〉，《東方雜誌》十四卷七期（一九一九年七月十五日），頁二二三。

[46]　自從蔡元培離開後，北大由教授們組成的委員會處理校務，雖然蔡曾經請工科學長溫宗禹代理他的事務。這時教授們拒絕接受胡署任校長。見《北京大學一覽》（一九三五年，北京），頁一一四。胡仁源是袁世凱集團的一個官員，原是馬來西亞一富有的橡膠商人。蔡任校長之前，他曾任北大校長。見杜威夫婦六三一，《中國日本家書集》，頁二三二。

不假手軍警。[47] 因此，六月五日下午，所有軍警皆從校園撤退。政府所以突然退讓，是因為受到上海正在醞釀罷工罷市的消息所影響。商人和工人罷市罷工的重大效果是不容低估了。北京在六月五日以後的緊張氣氛，每個人都可以感覺出來。[48]

軍警撤退後，學生拒絕離開學校裏的監獄，除非某些要求已被接受。當警方把校舍用來作為囚禁學生的監獄時，學生已在教室裏開始組織起來，現在更採用新的步驟來作自我保衛。[49] 他們立刻打電報給所有的省議會、教育會、商會、農業社團、勞工組織、學校及全國報界，控告政府「非法蹂躪教育，破壞司法，侵犯人權。」[50] 同時他們向北京政府提出四項要求：（一）三個賣國賊必須罷免；（二）保證學生言論自由；（三）從監獄釋放時，允許他們在北京街道上遊行；及（四）政府應該公開為拘捕學生事向他們道歉。[51] 第二項要求只是原則問題，因為大逮捕以後，北京學生已經一直不斷在街頭演說，呼籲大家只購買國貨，並沒有受到政府進一步的干涉。[52]

政府現在變成像當初拘捕並監禁學生那樣著急把學生放走。六月七日，派四名教育部的部員作為「非官方代表」去勸導學生離開學校監獄回

---

[47]　瞽公六，〈學界風潮記〉，頁一三二。

[48]　看杜威夫婦六三一，《中國日本家書集》，六月五日的信，頁二二一；這信可看得出來是杜威太太愛麗思寫的。

[49]　北大法科校舍內的學生自己選出一百七十八個巡邏隊員。大學理科的學生則選護魯義勇隊做他們的巡邏隊員。他們同時又選聯絡員負責接待外賓和其他事務。見瞽公六，〈學界風潮記〉，頁一三二—一三三。

[50]　同上，頁一三三。

[51]　王苣章七七一，《中國青年運動》，頁一八〇—八一。

[52]　杜威夫婦在六月七日報道：「學生的故事是好笑的，尤其滑稽的是上星期五（六月六日），學生手持旗子，歡呼喊叫著，列隊遊行演說，警察站在旁邊像保護著天使，沒有一個學生被拘捕或干擾。我們聽說，有一個學生，口若懸河，滔滔演說，警察很有禮貌地請他答應把他的聽眾往前移動一點，原因是聽眾太擁擠，會阻擋交通，警察不願負防礙交通的責任。」見杜威夫婦六三一，《中國日本家書集》，頁二三一。

去，結果失敗了。第二天，政府派兩名官員組成「勸導代表團」，其中一名是國務院的秘書。他們解釋說，政府承認它的錯誤，並表示歉意。警察也表示道歉，同時派幾部汽車到學校監獄門口送學生回去。很多社會團體派代表慰問，數目多至幾千人。他們做學生和政府之間的調停人。

就在這種情況之下，不肯出獄的學生勝利地在六月八日走出學校的監獄，一時鞭炮和歡呼之聲包圍著他們。他們的同學和同胞在外頭集會，歡天喜地迎接他們。因此大逮捕像一場「鬧劇」那樣結束，把政府弄成了笑料。這種局勢，正如西方觀察者所說，是中國政府的致命傷。[53]

可是事情並沒有完結，因為政府還沒有接受所有學生的要求。學生、工人、商人及其他社團抗議政府親日政策的行動，還在很多城市裏進行。上海的罷市並沒有因為釋放了學生而停止。正好相反，各種不同的社會力量匯合在一起，共同對付政府。早先在六月六日，一共有一千四百七十三位來自商界、學生、工人、報界及其他社團的代表，在上海縣商會會館舉行了一項全國各界聯合會的集會，有很多經濟、政治和社會領袖出席。代表們要求北京政府嚴厲懲罰賣國賊；要不然，罷市罷工繼續進行，並且為了表示抗議，商人會拒絕納稅。[54]

這次聯合會議發表了兩項宣言。其中一項是對在中國的外國人說的：

　　此次吾們市民罷市的真意，只在促北京政府覺悟，取消喪失主權的不正當條約，懲辦應負責任的外交和軍事當局；決不損害到在中國的各友邦國民的一絲一粟。這是中國人民最和平、最正當的愛國表示；希望各友邦國民原諒我們的苦衷；希望各友

---

[53]　同上，頁二二九─三〇。

[54]　文叔五〇六，《五四運動史》，頁一〇；蔡曉舟和楊量工四四六，《五四》，頁八五─八六。

邦國民主持正義，加以精神的援助！[55]

　　很顯然的，這項宣言是反駁日本政府的控告說反日活動包涵有排外運動。

　　在另一項宣言裏，全國各界聯合會呼籲上海國民維持秩序，解釋說，該會的目的是在法律允許之內爭取自由。[56] 事實上，在城裏的某些地區，童子軍和學生都出來幫忙警察維持秩序。團結的責任感人人都有，甚至流氓、盜匪、地下幫會如「青紅幫」的會員，都表示要愛國，暗中幫助維持秩序。結果，一向犯罪率高如芝加哥和紐約的上海市，罷市七天，秩序卻很好，一點也沒有騷亂。[57]

　　罷市罷工火速地擴展到其他城市。南京的商店從六月六日開始都關門閉市。學生動員了二千四百人參加罷市，結果被軍警毆打，學生二十八人受傷。從六月六日到九日間，長江沿岸城市的商人，相繼參加罷市。沿江的交通運輸都停止了。華北也捲入了這風潮中。這些地區的大城市捲入罷市風潮的有：松江、寧波、廈門、南京（都是在六月六日開始）、鎮江（六月七日開始）、蘇州、常州、無錫、揚州、九江、蕪湖、安慶（皆六月八日開始）杭州（六月九日開始）、武漢、濟南、天津（皆六月十日開始）、福州（因為政府干涉學生抵制日貨運動，在六月十四日才開始）。[58] 六月十日滬寧杭甬鐵路工人和各輪船水手全體罷工。北京瀋陽鐵路上的唐山車站和京漢鐵路上的長辛店車站工人也都罷工。這些地方的工人多

---

[55]　同上，頁八二；文叔五〇六，《五四運動史》，頁一〇。

[56]　同上。

[57]　同上。

[58]　同上，頁一〇—一一；瞀公六，〈學界風潮記〉，頁一四〇；蔡曉舟和量工四四六，《五四》，頁八一—九〇；陳端志七三，《五四運動史的評價》，頁二五五—五六；海上閒人一六С編，《上海罷市實錄》，頁一〇、一一三。除京、滬等地外，其他較小城市的罷工情形，多缺乏詳細報道，有待於向各當地的報刊中去搜集資料。

舉行遊行示威抗議。勞工組織的胚芽已經成形了。[59]

　　所有這些罷工罷市都對北京政府加上巨大壓力。最嚴重的打擊來自經濟上控制著首都的天津市。在六月五、六日，學生在天津舉行兩次遊行示威，抗議北京大逮捕學生和禁止言論自由。六月九日那天，學生聯合會在天津發起國民大集會，有兩萬多名公民參加。天津的商會，在公民和學生的要求和壓力之下，決定從六月十日起發動大罷市。六月九日下午，天津罷市的消息傳到北京。北京商界在心理上立刻引起經濟恐慌感。中國銀行和交通銀行的鈔票突然在市面上變成不能隨意兌現。首都的商人，也要停止做生意。政府開始覺悟到局勢的嚴重。六月九日，國務院秘書長郭則澐把總統已有命令接受曹汝霖辭職的消息帶到北大的學生聯合會去，並說命令的公告正在印刷中，不過其他兩個官員不能罷免，因為怕會引起中日關係的惡化。不久之後，從天津傳來更壞的消息。跟隨商界的榜樣，工人也要在六月十日罷工；如果局勢繼續不變的話，城裏所有的公用事業都要停止。有一批銀行家也警告政府說：「如果今天再不解決，明天金融就無法維持。」[60] 謠言傳遍各地，有人說恐怕軍隊不太靠得住，甚至傳說西山軍團正要向北京出發，去支持學生。[61] 北京學生已經決定於六月十日早上大隊進行到總統的官邸，去叫他採取行動罷免那三個官員。

　　面臨著這種危機，內閣於六月九日午夜召開會議。結果決定接受曹

[59]　鄧中夏四三九，《中國職工運動簡史》，頁九。

[60]　文叔五〇六，《五四運動史》，頁一一。又馬惠卿三五五，《五四運動在天津》，在《近代史資料》，十九號（一九五八年四月，北京），頁八四─一九〇。

[61]　杜威報道說：「毫無疑問，北洋政府所以作無光彩的投降，其真正動機是因商人開始罷市，又恐懼以後有更多的麻煩。不過學生曾企圖把他們的宣傳去感動軍人。許多謠言流行說，軍隊用來鎮壓示威已不可靠──尤其因為軍餉一直拖欠未付。學生從「自願」監獄勝利地列隊而出後，有人聽見他們很遺憾地說，政府更換巡守的軍警大頻繁，因此學生們只來得及說服一半看守他們的軍警來同情支持他們。」杜威六二八，〈中國的學生革命〉，頁一七；又見杜威夫婦六三一，《中國日本家書集》，頁二三六；陳端志七三，《五四運動史的評價》，頁二五七。

汝霖、章宗祥和陸宗輿的辭職。三道罷免的命令分別在六月十日早上和下午公布。[62] 上海總商會本來在六月九日和十一日兩次企圖中止大罷市和罷工，可是因為罷免事情的不定，所以中止的行動都延遲了。[63] 上海罷市罷工直到六月十二日上午才停止，前後七天多一點。[64] 一兩天後，其他地方的罷市罷工也陸續停止了。學生打了一場大勝仗。

可是驅除三個賣國賊不是學生運動的唯一目標。其他的要求如拒絕在凡爾賽和約上簽字，留任蔡元培為北大校長等，都還沒有達到。雖然罷課、罷市、罷工已經停止了，各種不同的社會團體和學生還是堅持其他的要求。在公布罷免三個官員的當天，徐世昌提出他自己的辭職書，不過被國會拒絕了。雖然如此，因為政府對學潮處理的失敗和上海和會的失策，六月十三日徐世昌接受內閣總理錢能訓辭職（他自一九一八年二月以來，即任總理兼內務總長，現同時辭去這兩個職位），財務總長龔心湛被任命為代總理。[65] 在這以後的幾個月裏，因為「五四事件」和其他國內糾紛所造成的危機，總統一直沒法找到人來組織新內閣。[66] 殘缺的內閣還是被安福俱樂部所控制。

當曹、陸、章被罷免時，所有學校已將近放暑假。學生回家後，把他

---

[62]　三道命令分別發表。第一道准許曹辭職的命令在十日早上公布。關於陸的是在下午受到上海銀行家集團的壓力才公布的，關於章的又在幾小時之後，因為受到同一集團及上海商會的進一步警告。六月十日，交通次長曾毓雋受命代理交通總長，六月十八日，李思浩受任代替陸宗輿為幣制局總裁。命令原文如下：「交通總長曹汝霖呈請辭職，曹汝霖准免本職，此令。」「駐日本國特命全權公使章宗祥呈請辭職，章宗祥准免本職，此令。」「幣制局總裁陸宗輿，因病一再呈請辭職，陸宗輿准免本職，此令。」〈法律與秩序〉，《東方雜誌》十六卷七期（一九一九年七月十五日），頁二三三；文叔五〇六，《五四運動史》頁一一，陳端志誤把罷黜命令的公布日期寫成六月九日；見陳七三，《五四運動史的評價），頁二五七；又見《晨報》（一九一九年六月十二日，北京）。

[63]　許指嚴編，《民國十週紀事本末》（一九二二年，上海）第八章，頁二四。

[64]　海上閒人一六四篇，《上海罷市實錄》下卷，十四節，頁一三七─一三九。

[65]　〈法律與秩序〉，《東方雜誌》十六卷七期（一九一九年七月十五日），頁二二三。

[66]　一直要到九月二十四日，當與段祺瑞有關係的軍閥靳雲鵬受命代理總理時，才組成一個新內閣。見杜威夫婦六三一，《中國日本家書集》，頁二六九。

們的宣傳帶到鄉下。可是一個永久性的學生大本營已在上海設立。

　　以前在五月底的時候，北京和天津的學生聯合會曾邀請上海、南京、太原、濟南、保定、漢口和杭州的學生聯合會各派兩名代表到上海組織全中國學生聯合會。六月一日，來自北京、上海、南京、天津，和日本的學生代表在上海舉行了一次非正式的會議，通過要成立中華民國學生聯合會。他們在上海的寰球中國學生會設立一個臨時辦公室以便進行籌備工作。同時請求各大學院及各省市的學生會於兩週後派代表到上海安排籌備工作。中華民國學生聯合會終於在六月十六日成立於上海。當時有三十多個來自重要省份和城市的學生代表，兩百多個來自社會和經濟團體的有名人士參加成立大會，由段錫朋任主席。六月十八日代表們選段為主席，何葆仁為副主席，皆任期一年。[67]

　　中華民國學生聯合會組織嚴密，在後來幾十年中成為一股政治力量，

---

[67]　全國學生聯合會在大東旅社開成立會，參加大會的學生代表，北京有十一人、南京三人、天津一人、杭州二人、上海二人、日本三人、南通二人、武漢二人、嘉興二人、寧波二人、崇明二人、淞江二人、保定一人、蘇州二人、九江一人、楊州一人、山東省二人、吉林省一人、安徽省二人、河南省二人、浙江省一人。其餘各省代表已在途中。參加成立大的學生代表中，有很多後來在中國變成很有名氣，譬如段錫朋、唐炳源、陸梅僧、許德珩、黃日葵、張伯兼、楊健（北京代表）、何葆仁（上海）、崔書馨（山東）、劉振華（日本）、張其昀（寧波）。後者後來成為國民黨秘書長，國民政府遷到台灣後，擔任教育部長。北京大學的陳寶鍔應該會參加，他的姓名在某些報道中大概被錯印成陸宗鍔了。陳寶鍔後來在倫敦大學讀得碩士學位，然後任北大和武漢大學的心理學教授。有人說聞一多和周炳琳（抗戰時期任重慶中央政治學校及西南聯大教務長）也曾參加。但早期的報告都沒有他們的姓名。來賓中有黃炎培、蔣夢麟、李登輝（當時的一位教育家）和邵仲輝（力子）等。還有工商領導人物，以及在上海教書的西洋教員數人，也都參加致詞。段錫朋（一八九六——一九四八）在一九二〇至二四年間先後到哥倫比亞大學、柏林大學及巴黎大學留學，一九二五年秋回國任武昌大學史學教授。次年在國民黨內幫助陳果夫辦理黨務，並在江西創立 A.B. 團，從事反共工作。一九三二至一九三七年間擔任教育部次長，抗戰期間負責中央訓練團，日本投降後，擔任國立政治大學副校長。許德珩後來成為北京的名教育家，也是一九三九至一九四八年期間國民參政會有影響力的參政員之一，一九四九年以後在中國大陸擔任「九三學社」的領導工作。見瑑公六，〈學界風潮記〉，頁一三六—一三七；吳中弼編，《上海罷市救亡史》，重印在五二三，《五四愛國運動資料》，頁六〇四—〇六。

正如一位中國政治歷史家所指出的：

> 　　從這一次的〔五四〕運動出發，於是全國各省各都會都有了
> 學生聯合會，又成立了一個全國學生聯合總會；我敢大膽的說一
> 句——此時候已經有了長久歷史的國民黨的組織，和黨員間的聯
> 絡指揮，恐怕還不如這個新成立的全國學生聯合會組織的完密，
> 運用的活潑靈敏。後來共產黨和國民黨在軍閥勢力壓迫下的各
> 省，大概是靠著學生聯合會作宣傳主義吸收青年黨員的大本營，
> 可知道所謂「五四運動」的關係了。[68]

　　六月十一日以後，學生和政府爭執的問題主要在於中國是否應該在
和約上簽字。在五月十三日以前政府對這問題沒有任何決策。[69] 六月四
日以後，當在巴黎的中國代表團向北京請示有關決策時，政府的結論是，
簽字將對中國有利。前總理段祺瑞、安福系的國會、總統及中國外交界
一致同意這個看法。[70] 結果，政府在六月二十四日很自信地訓令代表團
說，如果他們的抗議最後完全失敗，就在和約上簽字。[71]

　　當中國大眾聽到這消息時，都大為驚訝。很多團體，包括商業界、

---

[68]　李劍農二八九，《中國近百年政治史》（一九四七年，上海）第十四章，頁六〇六—一七；
我的英譯，參考過鄧嗣禹與英歌爾的翻譯，*The Political History of China, 1840-1928*《中國政
治史，一八四〇—一九二八》（一九五六年，普林斯頓）第十四章，頁四三八—三九。

[69]　見內閣致各省的電報，《東方雜誌》第十六卷六期（一九一九年六月十五日），頁
二二五—二六。

[70]　張忠黻，《中華民國外交史》（一九四三年，重慶）第一卷，第六章，頁二七七—七八。

[71]　徐世昌總統主張簽約。他在六月十日的辭職書上說明，他提出辭職的一個原因
就是他覺得應該簽約，而大眾輿論則像他所說的「昧於外交事實」，反對簽約。參考王
芸生四九八，《六十年來中國與日本》（一九三二—三四，天津）第七章，頁三五九—
六一·三六五；《字林西報》，第一百三十一卷，二七〇六號（一九一九年六月二十一日），
頁一六〇—六一·二七〇〇號（一九一九年六月二十八日），頁八三二—三三。六月二十四
日電報原文見誓公，〈學界風潮記〉，附錄二，重印在五二三，《五四愛國運動資料》，頁
二七三—七四。

工業界和勞工界的人都一致譴責政府這項行動。北京學生聯合會要求總統更改訓令。幾百個來自不同團體的代表向總統請願，在總統府門前站了兩天兩夜，又哭又罵，沒有睡覺。上海和山東的公民舉行群眾大會，並威脅說，如果政府簽字，他們會宣布獨立，脫離北京政府。[72] 在這種人民的威脅之下，徐世昌總統於六月二十五日從北京電告巴黎代表，改變他以前的決定。可是這通電報在預定和約簽字的時間之前，未及送達中國代表團。[73] 後來廣東的南方政府認為，訓令的遲誤是北京政府故意逃避責任的手段。南方官員說：「北京政府將後來的電報拍出去時，已知道在和約簽過後才能收到，因此北京政府可以宣布說，代表草率簽字是違反訓令。」[74] 到底這個解釋對不對，我們很難判定，不過很顯然的，北京政府是非常不願意發出修改前次決定的電報的。

在巴黎的中國代表們並不熱心在和約上簽字，因為這樣不能滿意地解決山東問題。可是首席代表陸徵祥了解北京政府對日本的軟弱政策，雖然在大眾輿論的壓力之下，仍不敢違反北京政府的訓令。[75] 另一方面，

---

[72]　陳端志七三，《五四運動史的評價》第十四章，頁二五七—五八。

[73]　見「Reinsch to Polk」〈芮恩施致坡爾克函〉一九一九年七月三日，《巴黎和會一八五、一一五八／一六九》；Stanley K. Hornbeck 項伯克，Shantung at the Peace Conference〉〈和會中的山東問題〉，在 H. W. V. Temperley 滕部勒編，*A History of the Peace Conference of Paris*《巴黎和會史》（一九二四年，倫敦）第六章，頁三八八；及法菲爾六三六，《威爾遜與遠東》（一九五二年，紐約）第六章，頁三三二。

[74]　外交協會編，《遠東政治評論》二卷二期（一九二〇年二月，廣州），頁八四—八五。

[75]　南方官員控訴說：「雖然陸徵祥沒有發表聲明，很顯然的，陸首席代表有很多原因使他擔心，其中最重大者就是如果他違反秘密簽約的訓令而拒絕簽約，將帶來一些後果。不遵照北京政府的訓令等於使他失去外交官的職位。」見外交協會編，《遠東政治評論》二卷二期（一九二〇年二月，廣州），頁八四—八五。這說法不一定對。因為所有的代表在拒絕簽約後，即提出過辭職書，從陸徵祥給北京政府的電訊看來，也許可以說他當初無意要反對北京對山東問題的軟弱政策。即使如此，在當時那種情況之下，他大概很不願意去簽和約。一九四三年，當他在比利時的 Bruges 附近的 Abbey of Saint - Andre 教堂當修士時，他在回憶錄裏，沒有提到巴黎和會時的大眾壓力，他說：「這是我公務員生活中第一次相信我的責任不在於服從命令。我們不能再容忍讓它自己被別人玩弄。我不願意再在這種不講正義的條約上簽署我的名字，因此我自己決定拒絕簽字。當天晚上，已經很晚了，當臨末的會議

在巴黎的中國代表早已受到來自中國的學生、工人和法國華僑的壓力，他們要求拒絕在目前草定的和約上簽字。這些人告訴代表們，如果簽約，他們會受到像北京學生對付曹汝霖的那種遭遇。國內各公團各私人給和會專使要求他們拒絕簽字的電報，多達七千通。[76] 在這種情況之下，南方代表王正延和顧維鈞先後宣布說，即使北京政府堅持下去，他們也決定拒絕簽字。[77]

　　六月二十八日，和約簽字的那一天，在巴黎的中國學生、工人和華僑把在露滴雅旅店（Lutitia Hotel）的中國代表官邸和陸徵祥的住宅包圍起來。陸住在聖克老德（St. Cloud）的一所法國的療養院裏，他所以突然搬去那裏，據南方代表說，是因為他要避開「反對簽字之同僚的壓力」。[78] 這些群眾把代表們包圍住，阻止他們去簽字。只有當法國人鳴炮向世界宣布凡爾賽條約已簽字時，中國學生和工人才離開他們自己分配的崗位。當中國代表團知道他們的提案，即「臨時分函聲明，不能因簽字而有妨將來之提請重議」被拒絕後，終於一致決定，未經北京批准，就拒絕在對德和約上簽字。同時，代表們向總統提出全體辭職書。[79]

　　中國在六月二十八日的拒簽對德和約，標誌著以「五四」遊行示威

已經結束了幾個小時後，完全出乎之外，我收到一封政府的電報，給我一項與以前指示相反的訓令，而這訓令中的指示事先早已有勇氣出於我的己意完成過了。」見陸徵祥，*Ways of Confucius and Christ*《孔子與耶穌之道》，Michael Derich 戴里譯（一九四八年，倫敦），頁四二。又見，羅光，《陸徵祥傳》（一九四九年，香港）。

[76]　《東方雜誌》十六卷六期（一九一九年六月十五日），頁二二三—二五；又見英文日報 *North China Star*《華北明星報》。

[77]　一九五一年十月二十日，顧維鈞在華府接受法菲爾的一次訪問中指出，陸徵祥和王正延曾表示過他們有意要簽字，而且「已經把他們的圖章送去以備在和約上蓋章」。見法菲爾六三六，《威爾遜與遠東》，頁一六四。這句話和陸在拒絕簽字前給北京的報告說王是第一個最反對簽字的人相衝突。見王芸生四九八，《六十年來中國與日本》第七卷，頁三六一—六三。陸的報告似乎應該比較對，因為王是南方代表，就作者親身的觀察，他的個性很強烈，當時似乎不會主張簽字。

[78]　外交協會編，《遠東政治評論》二卷二期（一九二〇年二月），頁八四。

[79]　王芸生四九八，《六十年來中國與日本》第七卷，頁三六六—六八。

開始的群眾抗議已告一圓滿結束。七月二十二日，中華民國學生聯合會便宣布所有的學潮停止。七月間蔡元培答應回北京重任北大校長。七月三十日，胡仁源校長被解職，蔡於九月十二日回到北京，九月二十日重任舊職。[80] 北京其他大專學院的校長也恢復了他們的職位。

五、事件解決後政府試圖分離學生

在一切要結束的時候，仍然有幾件小事件在北京發生，這説明了政府和學生之間的暫時休戰是非常不穩定的。當「五四事件」中被拘捕的三十二個學生於五月被保釋時，各校長保證説，他們不會再從事擾亂活動，同時有一種諒解，這些學生在名義上仍要受法律的追究。因此秋季學期剛開始，政府要求各校長交出學生以便受法庭審判。學校當局回覆説，學生們並沒有回到原來的學校。大眾的興論認為政府的要求是「破壞信約」。[81] 其實政府不是真正要再引發更多的學生麻煩來，大概這要求只不過是作為替軍閥挽回面子的一種花招。除了這次姿態外，以後便再也沒有提起這件事了。

可是，當蔡元培答應回北京大學時。一些政府裏面的軍國主義者反動分子企圖破壞北大學生的信譽和製造騷亂。七月十六日晚上，安福俱

---

[80]　〈法律與秩序〉，《東方雜誌》十卷九期（一九一九年九月十五日），頁二二八。蔡元培還未回去前，先派他以前的學生蔣夢麟到北大主持校務。蔣於七月帶著一位學生代表回到去北京，並呼籲學生回去用功讀書；見蔣五九四，《西湖》（一九四七年，紐黑文），第十五章，頁一二三；《北京大學一覽》，頁一一四。根據馬敍倫説，蔣進入北大後曾引起教授們的懷疑；見馬三五三，《我在六十歲以前》，頁七〇—七一。

[81]　杜威六二六，「The New Leaven in Chinese Politics」〈中國政治的新潛力〉，刊《亞洲》（一九二〇年四月），重印於六一一，Characters and Events《人物與事件》（一九二九年，倫敦）第一章，頁二四五，改了新標題「Justice and Law in China」〈中國的正義和法律〉。

樂部的一些會員在政聞社請幾個北大學生和正想要進北大的學生出席一個宴會。有好幾位安福系控制的議會的秘書處職員也參加了這宴會。這些官員想收買學生，展開一項運動來反對和打擊那些曾參加示威的學生和教授。策劃這種目的的集會定於第二天舉行。開會時要決定的各項議案也預先定好了。這些決議說，只有少數幾位好鬧事的、自私自利的、沽名釣譽的人助長整個學生運動，而且強迫懦弱的同學做他們的擁護人。這些決議而且假冒一千個學生的名義宣布說，多數人都反對整個運動，同時不要蔡元培回校。[82] 可是深夜時，有兩個參加開會的學生把事情告訴了曾在學生運動中很活躍的同學。第二天，當同謀者在法政大樓集會時，大約有一百個支持「五四運動」的學生衝進會場，把五個被收買的學生扣留，審問一番，錄取承認和反動分子勾結的書面口供，並將他們鎖禁在北大理科的房子裏作為一種處罰。到了晚上，警察才把他們釋放出來。結果，七月十八日警察傳出拘押票，把突擊謀反的幾個頭領逮捕。政府在地方法庭判決他們犯了執行非法審判罪。[83]

這件事引起很大的憤怒。一位當時的名律師及進步黨黨員劉崇佑（字崧生，死於一九四一年），挺身出來要替學生辯護。雖然有幾位於八月二十六日被法庭宣判有罪，事實上他們贏得大眾的支持。[84] 反動政客的收買案件反而成為眾所周知的醜聞，教育家都很生氣的批評說：「政府官員沒權干涉只跟學生有關係的事情。」[85] 被判有罪的學生中有好幾位是「新潮社」及其他組織的社員。他們後來成為中國各方面的領導人物。[86]

---

[82]　同上，頁二四五─四六。

[83]　杜威夫婦六三一，《中國日本家書集》，頁二九六─九八。

[84]　關於劉崇佑的答辯與整個事件，見襟霞閣主編《新編刀筆傺華》續編第七章，頁八、一九九─二五二；許指嚴《民國十週紀事本末》第八章，頁八。

[85]　杜威六二六，〈中國的正義和法律〉，在他的六一一，《人物與事件》第一章，頁二四六。

[86]　被判有罪的學生包括魯士毅、王文彬、孟壽椿、易克熮、狄福鼎和劉仁靜，都是當時

　　如上面所指出，在「五四事件」以後的騷亂快結束時，政客及軍閥仍企圖滲透學生團體，後來都失敗了。大部份中國學生，雖然時常過於天真和衝動，但拒絕受收買，始終忠於他們的目標。

六、關於事件解決的一些問題

　　以上所述有關學生的審判事件，提供了一些關於中國法律觀念的線索。多數的中國知識分子看「五四事件」，認為應該把道德、社會和政治問題放在法律之上。但就那些習慣於正式的法律程序的西方人看來，「五四事件」和它引起的集體行動也許是一種非法的行為。可是西方尖銳的觀察者如杜威等卻把這運動從「社會的道德意識」而不是從「純粹法律處理」的觀點來看待。杜威在一九二〇年春天說：「我很懷疑，中國會不會完全模仿　西方國家那樣，依照法律主義和形式主義來行事。這也許是中國對世界的貢獻之一。例如在中國，甚至是進步分子，也很少興趣在立法和政策決定方面推行純粹間接的代議制度。上幾個月，一連好幾次大眾輿論決定了一切，他們用群眾集會和拍電報的方式強迫政府改變外交政策。他們所需要的是這種個人的感受和大眾意志的影響。」[87] 不過準確一點說，這事件應該被了解為不正常的政治局勢的後果。人民，特別是那些新知識階級，真正對北京政府失去了信心。這事件之所以發生，大概因為在當時那種情況下，人民不能通過法律程序來改變或控制政府。
　　把「五四事件」以後的演變看作一脈相承的發展，我們不得不承認新

學生運動中積極活動分子。後來魯在國民政府任職，易協助段錫朋在國民黨工作，劉則參加了共產黨。

[87]　杜威六二六，〈中國的正義和法律〉，在他的六一一，《人物與事件》第一章，頁二四六。

知識分子在反對軍閥主義和保守主義方面取得了一次重大的勝利。當然這種勝利在某些方面只是表面上的。雖然對德和約沒有簽字，山東問題卻還沒有解決。三個親日的大官被罷免了，可是接替他們的職位的人仍然是來自親日的安福俱樂部的人。新組的內閣也被同樣的軍閥集團控制。固然「五四事件」一年之後段祺瑞只好下台，可是繼承他的軍閥比他更壞。我們應該注意，段祺瑞和很多其他軍閥比起來，到底要守份有節制得多。不管他的動機如何，他負責推翻過張勳的復辟，而且在第一次世界大戰中，是他把中國參加在盟軍這邊。陳獨秀在一九一九年底曾指出，不管在北方或廣州，別的軍閥和官僚沒有甚麼地方比段祺瑞、曹汝霖、陸宗輿、章宗祥和安福俱樂部好一些。[88] 真的，一九一九年北京政府對知識分子的處理並沒有比其他時期的軍閥更嚴厲。

　　「五四運動」當時的客觀環境對運動的勝利有非常大的幫助。段祺瑞當時並未能完全控制北京政府。段的勢力多少受到另一個以馮國璋和曹錕為首領的直系軍閥集團，以及溫和派研究系的限制，此外「五四事件」時期的總統、總理和教育總長都是文官出身，許多還是很優秀的文人學者。他們在政府裏面的職位造成各種軍人及文官派系間勢力的平衡。除此之外，中國當時事實上已分裂成南北對立的局面。南方的革命政府在新知識分子和人民大眾心目中，信譽正日益上升。新知識分子在「五四事件」當中能夠成功，在許多原因中，其中之一便是因為那些軍事和政治派系的勢力均衡。雖然段祺瑞的地位與尊嚴因「五四事件」而大受損害，而且不久之後就被其他勢力更大的軍閥首領所取代，知識分子卻從此再也不能找到那樣有利的客觀環境了。

　　儘管事實上知識分子在那幾個月裏面的活動，在政治方面的成就很

[88]　陳獨秀，〈段派、曹、陸、安福俱樂部〉，《新青年》七卷一號（一九一九年十二月一日），頁一一九一二〇；重印在陳六二一，《獨秀文存》卷十一，頁七三一七六。

有限，他們在其他方面還有好些成績。這期間更多的新知識分子和社會其他團體發生了比以前更親近的接觸。學者們以前一直躲在象牙之塔裏，現在卻要走出來，到十字街頭、大庭廣眾之間。很多事件給他們帶來與商人、店員、城市工人、工業家以及職業政客和政黨領袖或幹部相往來的經驗。在這些新鮮活動裏，新知識分子覺悟到需要推動一種長期的、廣泛的「深入民眾、啟發民眾和組織民眾」的計劃。這種努力便導致緊隨而來的新文化運動的擴展。

第七章　新文化運動的擴展

一、新知識分子之間團結的增加

「五四事件」以後，中等學校和大專院校的男女學生搶盡了風頭。不過這不單是一個學生運動；後面有領導的新知識分子如教授、教師和作家的各種積極主張在支持。陳獨秀、胡適、蔡元培、李大釗、錢玄同、魯迅、周作人、劉復、高一涵，和其他給《新青年》與《每週評論》寫稿的作者，以及一些年紀較大的政治領導人物，如進步黨中被視為親美派的林長民和汪大燮，和國民黨中的王寵惠、胡漢民、戴傳賢、邵力子等，都曾激醒學生對當前中國國事及現代世界現實的關心，因此也給整個運動提供了鼓舞的精神。雖然他們沒有直接建議五月四日的示威遊行，這一派的激進分子曾經一直主張青年人應該負責監視政府的決策，和實行社會改革。從這一點來看，「五四」示威遊行可以說是這些新知識分子領袖所倡導的必然結果。

從「五四事件」開始，新知識分子領袖就是學生們最熱忱的支持者。蔡元培和其他大學及學院校長的抗議和辭職，都是學生最有力的精神上的支持。當「五四事件」在北京發生時，胡適和蔣夢麟正在上海迎接杜威，一直到五月六日才知道，[1] 不過他們和杜威都馬上同情學生運動。有些人還實際上參加了學生反對軍閥的行動，熱烈地在街道上發散傳單，支持學生，向軍閥提出抗議。陳獨秀在六月十一日被逮捕，理由是積極參加活動，以及牽涉到和上海的布爾什維克出版物有關係。他被監禁了八十三天，是在分發《北京市民宣言》時被逮捕的。宣言之中，包括要求罷免徐樹錚，及其他親日官員，廢除北京警察總部，保證市民有絕對言論及集會

---

[1] 蔣夢麟和胡適九七，〈我們對於學生的希望〉，《新教育》二卷五期（一九二〇年五月），頁五九二。

之自由；同時提出警告說，如果政府拒絕接受這些要求，市民應該採取「直接行動，以圖根本之改造」。[2]

　　雖然在「五四事件」中學生的各項活動蓋過了教授和教員，但在後來的兩個月裏，這運動卻變成了多數新知識分子的聯合行動。北京政府對教育工作者無理的壓制把他們緊緊的鎔合在一起。有些曾經對新文學及新思想運動冷淡的人，現在看到與這運動有密切關係的教授和學生，在這令人敬佩的「五四」遊行示威和後來的發展中，表現成最活躍的領導者，他們就對這些新文學與新思想運動更表示同情了。當然，其他社會、政治、和經濟集團所給學生運動的支持，也幫助加強和團結了新知識分子。

　　「五四事件」結束後，新知識分子領導人物的結合和他們對軍閥的憤慨，很清楚地反映在他們慶祝陳獨秀一九一九年九月從監獄中釋放出獄的詩文中。「五四事件」發生後的那一期《新青年》拖延到十一月才出版，裏面刊載了有關這方面的新知識分子領導人物所寫的白話詩。[3] 六月十一日夜，胡適寫了一首題名〈威權〉的詩。這首詩後來收入初中教科書裏面，許多青年都閱讀過。在這首詩裏面，他描寫「威權」坐在山頂上，命令連鎖起來的奴隸為他開礦。奴隸們挖了一萬年後，那座山的底下被挖空了，「威權」終於跟山一起倒塌下來給摔死了。原詩說：

[2] 《申報》在一九一九年六月十五日上海報道說，陳獨秀在六月十一日下午兩點鐘新世界市場被捕。據劉半農（劉復）寫於一九一九年九月十五日慶祝陳獨秀出獄的詩說：「我已八十多天看不見你」；另外又說「他們費了三個月的力，就挨著了這麼一點」；見《新青年》六卷六期（一九一九年十一月）頁五八五—一八七、五八八；同時看胡適一九八，〈陳獨秀與文學革命〉，在陳東曉七四編，《陳獨秀評論》，頁五一一五二；和《中國名人傳》（第五版，上海，一九三六年）。〈北京市民宣言〉，見五二三，《五四愛國運動資料》（北京，一九五九年），頁八四八，及頁七八二。

[3] 《新潮》在五月和十月之間也因為編者和作者忙於參加學生運動，曾經中斷出版過一個時期。從這一點正可看出這些新知識分子和「五四事件」關係多麼密切。

威權坐在山頂上，

指揮一班鐵索鎖著的奴隸替他開礦。

他說：「你們誰敢倔強？

我要把你們怎麼樣就怎麼樣！」

奴隸們做了一萬年的工，

頭頂上的鐵索漸漸的磨斷了。

他們說：「等到鐵索斷時，

我們要造反了！」

奴隸們同心合力，

一鋤一鋤的掘到山腳底。

山腳底挖空了，

威權倒下來，活活的跌死！[4]

　　劉半農當時也寫有一首長詩，主是和胡適的相似，也是向權威抗議的。[5] 李大釗那首情緒激烈的詩，則是直接寫給陳獨秀的：

你今出獄了，

我們很歡喜，

他們的強權和威力，

終竟戰不勝真理，

甚麼監獄甚麼死，

都不能屈服了你，

因為你擁護真理，

已經實行了你那句話：

---

[4] 胡適，〈威權〉，《新青年》六卷六號（一九一九年十一月一日），頁五八八。

[5] 劉半農，〈D－詩〉，同上，頁五八五─八七。D 代表陳獨秀的名字獨（發音 Du）。

　　　　「出了研究室便入監獄，

　　　　出了監獄便入研究室。」[6]

　　　　他們都入監獄，

　　　　監獄便成了研究室；

　　　　你便久住在監獄裏，

　　　　也不須愁著孤寂沒有伴侶。[7]

　　陳獨秀自己用一首長詩來酬答這種深情。在這首詩裏，他說他深信博愛和寬恕。這時候，陳獨秀的作品裏頭表露出一種浪漫主義和人道主義混合的思想。他這時還不是馬克思和列寧主義者。他相信所有的人，包括專權者、經濟剝削者、政治壓迫者、軍國主義者，都是兄弟。他們應該被挽救、被警醒、被啓導，而不是要用仇恨來對待他們。他的詩肯定「當真徹底的人，只看見可憐的兄弟，不看見可恨的仇敵。」「同情」會把他們團結起來。陳說他這種信仰就是他的「真神」。[8]從這詩裏，我們可以看出新知識分子的一種認同感。他們在心理上已被一種抗議的精神空前地結合在一起了。

　　新知識分子固然在反抗中增加了團結，但在尋找一個大家都可接受的積極理論方面，卻遇到很大的困難。雖然如此，在一九一七年後，似乎

---

[6]　這兩句話，引自陳獨秀的隨感錄〈研究室與監獄〉，發表於《每週評論》第二十五期（一九一九年六月九日），即陳被捕的兩天之前。陳獨秀的原文如下：「世界文明發源地有二：一是科學研究室，一是監獄。我們青年要立志出了研究室就入獄，出了監獄就入研究室，這才是人生最高尚優美的生活。從這兩處發生的文明，才是真文明，才是有生命有價值的文明。」看陳獨秀六二，《獨秀文存》第二冊，頁五〇。陳獨秀這兩句話也通常被一些學生領袖引用，作為爭取思想自由的警惕名言。看羅家倫，〈近代西洋思想自由的進化〉，《新潮》一卷二期（一九一九年十二月），頁二三九。

[7]　李大釗，〈歡迎獨秀出獄〉，《新青年》六卷六號（一九一九年十一月一日）頁五八八—八九；這是全詩照錄。

[8]　陳獨秀，〈答半農的 D－詩〉，《新青年》七卷二號（一九二〇年一月一日）頁五五—五七。

有一個原則大致上逐漸被接受為爭取行動的中心，那就是通過重新估價中國的傳統和介紹西方的思想觀念，來創造一個新社會和新文化。事實上，「五四運動」這時期在中國説來，正如那時期所表現的，可被視為「重新估定一切價值」的時代。[9]

　　關於對傳統主義和軍閥主義的攻擊，蔡元培在當時曾發表過一篇短文，用巧妙的比喻來加以分析。這篇題作〈洪水與猛獸〉的文章，一開始便提醒讀者説，在兩千兩百年以前，孟軻曾把中國歷史上的大亂比作洪水猛獸。蔡元培就用這比喻來解釋「五四運動」。新思潮是洪水，可是蔡元培並不是像傳統那樣把洪水單單當作消極的力量，因為如果河流疏通，阻擋物被衝走了，那麼，洪水的猛力就可以被控制，而且可以用來灌溉，人民會受益不淺。相反的，如果不用疏導而用阻遏的辦法，則洪水便會橫決氾濫，毀滅一切的東西。蔡把猛獸比喻成吃人的軍閥。就蔡元培看來，中國目前最大的問題，是要「有人能把猛獸馴伏了，來幫同疏導洪水，那中國就立刻太平了。」[10]

二、《新青年》和《新潮》改革觀念的風行

　　知識界的新力量和團結促成《新青年》和《新潮》在「五四事件」以後的幾個月內改組和擴大。《新青年》本來似乎沒有甚麼正式的機構。自一九一七年以來，就只有一個組織鬆懈的編輯委員會。雜誌沒有擬下一定的工作綱領。每位編者或作者寫出自己要講的話，各自的觀點都有很大的不同。後來當「新青年社」成立後，便開始有些組織了。一九一九年

---

[9]　胡適二〇四，〈新思潮的意義〉，《新青年》七卷一號（一九一九年十二月一日），頁六。

[10]　蔡元培四五二，〈洪水與猛獸〉，《新青年》七卷五號（一九二〇年四月一日），頁一一二。

冬天發表了一篇〈新青年雜誌社宣言〉，這是要表達「全體社員的共同意見」。所有參加該社的社員都同意和遵守這宣言。宣言的全文如下：

　　本誌具體的主張，從來未曾完全發表，社員各人持論，也往往不能盡同。讀者諸君或不免懷疑，社會上頗因此發生誤會。現當第七卷開始，敢將全體社員的共同意見，明白宣布。就是後來加入的社員，也共同擔負此次宣言的責任。但〈讀者言論〉一欄，乃為容納社外異議而設，不在此例。

　　我們相信世界上的軍國主義和金力主義，已經造了無窮罪惡，現在是應該拋棄的了。

　　我們相信世界各國政治上道德上經濟上因襲的舊觀念中，有許多阻礙進化而且不合情理的部份。我們想求社會進化，不得不打破「天經地義」、「自古如斯」的成見；決計一面拋棄此等舊觀念，一面綜合前代賢哲和我們自己所想的，創造政治上道德上經濟上的新觀念，樹立新時代的精神，適應新社會的環境。

　　我們理想的新時代新社會，是誠實的，進步的，積極的，自由的，平等的，創造的，美的，善的，和平的，相愛互助的，勞動而愉快的，全社會幸福的；希望那虛偽的，保守的，消極的，束縛的，階級的，因襲的，醜的，惡的，戰爭的，軋轢不安的，懶惰而煩悶的，少數幸福的現象，漸漸減少，至於消滅。

　　我們新社會的新青年，當然尊重勞動；但應該隨個人的才能與興趣，把勞動放在自由愉快藝術美化的地位，不應該把一件神聖的東西當做維持衣食的條件。

　　我們相信人類道德的進步，應該擴張到本能（即侵略性及佔有心）以上的生活；所以對於世界上各種民族，都應該表示友愛互助的情誼。但是對於侵略主義佔有主義的軍閥財閥，不得不以敵意相持。

　　我們主張的是民眾運動社會改造，和過去及現在各派政黨，絕對斷絕關係。

　　我們雖不迷信政治萬能，但承認政治是一種重要的公共生活；而且相信真的民主政治，必會把政權分配到人民全體，就是有限制，也是拿有無職業做標準，不拿有無財產做標準：這種政治，確是造成新時代一種必經的過程，發展新社會一種有用的工具。至於政黨，我們也承認他是運用政治應有的方法；但對於一切擁護少數人私利或一階級利益，眼中沒有全社會幸福的政黨，永遠不忍加入。

　　我們相信政治、道德、科學、藝術、宗教、教育，都應該以現在及將來社會生活進步的實際需要為中心。

　　我們因為要創造新時代新社會生活進步需要的文學道德，便不得不拋棄因襲的文學道德中不適用的部份。

　　我們相信尊重自然科學實驗哲學，破除迷信妄想是我們現在社會進化的必要條件。

　　我們相信尊重女子的人格和權利，已經是現在社會生活進步的實際需要；並且希望他們個人自己對社會責任有徹底的覺悟。

　　我們因為要實驗我們的主張，森嚴我們的的壁壘，寧歡迎有意識有信仰的反對，不歡迎無意識無信仰的隨聲附和。但在反對的方面沒有充分理由說服我們以前，我們理當大膽宣傳我們的主張，出於決斷的態度；不取鄉愿的，紊亂是非的，助長惰性的，阻礙進化的，沒有自己立腳地的調和論調；不取虛無的，不著邊際的，沒有信仰的，沒有主張的，超實際的，無結果的絕對懷疑主義。[11]

---

[11]　陳獨秀五二，〈新青年宣言〉，同上，一號（一九一九年十二月一日），頁一一四。這宣言是由陳獨秀擬稿，其他編輯同意發表。

　　這篇宣言有幾點是值得注意的。首先它代表一種有國際氣息的理想社會主義和自由主義的混合思想。第一次世界大戰結束後不久，很多國家的領導知識分子擁有類似的思想。一九一九年三月〈精神獨立宣言〉（Declaration d´independence de l´esprit）在法國宣布，有很多重要的知識界領導人物在上面簽了名，這些人包括法國的羅曼羅蘭（Romain Rolland）、巴比塞（Henri Barbusse）和杜哈美（Georges Duhamel），英國的羅素（Bertrand Russell）和伊色列‧張威爾（Israel Zangwill），德國的喬治‧尼古拉（Grorg Nicolai）和海利奇‧曼（Heinrich Mann），意大利的克羅齊（Benedetto Croce），奧地利的茲維（Stefan Zweig），瑞典的艾倫吉（Ellen Key）和勒覺洛（Selma Lagerlof），美國的亞當斯（Jane Addams）等等。[12]在這篇宣言中，他們斥責世界上的知識分子放棄他們獨立的思想和精神，向武力投降，為了政治、黨、國家或階級利益而參加戰爭。他們提倡民主政治，主張全世界各國親善如兄弟。這篇宣言曾被翻譯成中文，而且同時發表在同年十二月的《新青年》（同一期上發表了該社的宣言）和《新潮》上。[13]〈新青年雜誌宣言〉多多少少曾受了這篇西方知識分子宣言的影響。

　　其次，《新青年》這篇宣言表露出杜威的實驗主義在中國知識界非常流行，而馬克思和列寧的思想卻在宣言裏沒有顯著痕跡，雖然不久之後，這種思想就被中國共產黨發起人如李大釗、陳獨秀，及其他學生和作家所提倡。在這時期裏，實驗主義作為一種哲學和科學方法都比辯證唯物論佔上風。這時候階級鬥爭的主張也根本為陳獨秀和多數中國知識界領導人所拒絕。

---

[12]　法文原文發表於報紙《人道》（*Humane*）（巴黎，一九一九年六月二十九日）；英文譯文發表於 *Cambridge Magazine Weekly*《劍橋週刊》（一九一九年七月十九日），〈明天的世界〉（The World Tomorrow）（一九一九年九月），及《民族週刊》，（倫敦，一九一九年十月十一日）。

[13]　張崧年〔張申府〕二七譯，〈精神獨立宣言〉，《新青年》七卷一號（一九一九年十二月一日）頁三〇一四八；同時《新潮》二卷二期（一九一九年十二月），頁三七四一九四。

第三，當一九一七年，這些新知識分子通過北京大學和《新青年》雜誌社而結合在一起時，他們同意不參加政治。可是在這篇宣言裏面，他們承認政治是群體生活中重要的一部份，而且認為，為了把政治主張實施到現實生活裏去，便必須有政黨。不過他們自己還是不願意和現有的政黨發生瓜葛。

另一件事也證明那時新知識分子的團結已逐漸加強。這就是一九一九年十一月十九日，《新潮》集團改組成為一個社團，而且擴大工作綱領。除了出版月刊之外還開始出版叢書，包括翻譯西方的書籍。新工業家所給予的經濟資助不但使《新潮》社能從事這種出版工作，而且還遣送會員到國外留學深造。[14]

三、新出版物的急速增加與舊刊物的改革

在這種環境之下，新知識分子的活動大大增加了。他們的活動主要是向兩條路線發展：一方面是新思想出版物的增加和伴隨而來的新觀念的流行；另一方面則是各種社會團體和社會服務的建立與擴張。

中國新聞出版業在一九一七年和一九一八年曾有過一些進展，不過在「五四事件」之前，多數刊物內容上還是古板和千篇一律。一直到一九一九年四月為止，中國的期刊，除了幾家例外，多是文言文的。這些期刊可以分成四大類。其中最公式化的刊物是各種政府每月或每週出版一次的官方公報，充滿瑣屑不得要領和官僚的氣息。第二類是中小學校、大學當局，或學生出版的期刊，這時期已逐漸增多。內容多是課堂作業或

---

[14]　徐彥之〈新潮社紀事〉，同上，頁三九八—四〇二；及同上，五卷（一九二〇年九月），頁一〇七三—七六。

是毫無啓發性的陳舊古板的議論，討論一些早已是陳腔濫調的題目，例如〈漢高祖封項伯斬丁公論〉，以及其他鬼怪故事，或類似的題目。第三類包括適合大眾口味的雜誌，通常甚麼問題都談，沒有立場，也很少有文學價值。第四類是評論性的期刊。它們經常發表論文支持傳統，提倡「國粹」，諸如古代倫理的「三綱」──「君為臣綱，父為子綱，夫為婦綱」。此外，這種評論性的期刊中只有極少數注意當前的社會問題和科學問題，例如《太平洋月刊》、《新青年》、《每週評論》及《科學》。這些算是最好的、由具有現代眼光的人主編的刊物。[15] 這最後一類的期刊，幾乎都是一九一五年以後才創辦，或經過激烈改組的刊物，而且文章往往是採用白話文寫的。

上面所說的呆板和落後的現象不止限於定期刊物。當時所有中國的出版物都是如此。當胡適在一九一七年夏天從美國回到中國時，他想找一本在過去七年內出版的有關哲學的中文書，卻連一本也找不到。在上海他經過一整天的竭力搜求，才找到一本叫做《中國哲學史》的書，可是據胡適說，作者的貢獻只有如此的結論：「孔子既受天之命」和「與天地合德」。胡適因此批評說：「總而言之，上海的出版界──中國的出版界──這七年來簡直沒有兩三部以上可看的書！不但高等學問的書一部都沒有，就是要找一部輪船上火車上消遣的書，也找不出！（後來我尋來尋去，只尋得一部吳稚暉先生的『上下古今談』，帶到蕪沛路上去看。）我看了這個怪現狀，真可以放聲大哭。」[16] 當時介紹到中國的西方書籍，幾乎只限於十七或十八世紀出版的書。當時教英國文學的教師連哥爾斯衛

---

[15]　羅家倫，〈今日中國之雜誌界〉，《新潮》一卷四期（一九一九年四月一日），頁六二五─一三四。

[16]　胡適二一一，〈歸國雜誌〉，《新青年》四卷一號（一九一八年一月十五日），頁二〇─二七；同時見志希（羅家倫）三三七，〈今日中國之新聞界〉，寫於一九一八年十一月五日，《新潮》一卷一期（一九一九年一月一日），頁一一七─一二三。

狄（Galsworthly）或蕭伯納（Bernard Shaw）的名字都不知道。一位唸政治學和法律的大學生竟不知道日本是一個島國，不知道日語跟英語乃是大不相同的語言。[17] 雖然這是表示大眾無知的極端例子，不過公平地說來，在一九一七年以前，西方知識的傳入和介紹的確非常有限，中國出版業停滯不前。這種現像也許可以直接歸因於一九一四年以後一連串嚴屬的限制報誌和出版的法規，雖然國內外戰爭和其他更根本的因素所造成文化發展的中斷也是一種阻礙。一九一七年和一九一九年之間稍為有點改進，不過主要還只限於北京的新知識分子和其他城市的某些學校。

可是「五四事件」以後，中國出版事業起了極大的改進。一九一九年五月至六月這期間，當學生還在進行宣傳罷課、罷市、罷工和抵制日貨時，他們很多的出版物都是用白話文寫的，不過發給政府的文件和多數嚴肅的宣言還是用文言。事實證明用日常口語寫的文章比用文言文寫的效果要好得多。結果在「五四事件」發生以後的半年內，中國約有四百種白話文的新刊物出現。[18]

---

[17]　胡適二一一，《歸國雜感》，頁二三、二六。

[18]　蔣夢麟在一九一九年底寫道：「自從五月以後，大約有三百五十種周報出版，都是學生或同情學生的人士主編的。這些周報通常印在一大張紙上，有半張日報那樣大，中間折起來，變成四頁。」杜威在一九二〇年初從北京報道說：「據說兩年前只有一種試驗性的、用白話文寫的期刊，今天卻有三百多種。自從去年五月以後，學生已經開始出版許許多多期刊，都是白話文的，而且都是用普通人能明白的語言討論問題。」這時期所出版的期刊準確數字不知道。王苴章說：「在一九一九年新文學革命開始以來的四年內，有三百種學生雜誌出版，其中只有一兩種不是白話文的。」不過他又聲明：「有些作家說有四百多種。」胡適在一九二二年說過，一九一九年至少有四百種白話文期刊出版。後來有一位作者列舉六百五十種期刊，都是一九一九至一九二七年期間出版的。這不包括政府出版物、報紙附刊，及許多學校行政當局出版的東西。見羅家倫三四〇，〈一年來我們學生運動的成功失敗和將來應取的方針〉，《新潮》二卷四期（一九二〇年五月一日），頁八四八。別人的估價，見蔣夢麟五九三，《學生運動》；E. C. Lobenstine 和 A. L. Warnshuis 編的 The *China Mission Year Book, 1919*《中國傳教年鑑，一九一九》，（一九二〇年，上海），頁五一；杜威六二七，*The Seq´uel of the Student Revolt*《學生反抗的後果》，*The New Republic*《新共和》，十九卷二七三期（一九二〇年三月三日，紐約），頁三八一；王苴章七七一，《中國青年運動》（一九二八年，紐約），第九章，頁一五四；胡適二二五，〈五十年來中國之文學〉，在胡適二〇七，《胡適

　　下面是一些重要的新出版的期刊，在這時期和後來都具有極大的影響力量。（在我的另一本參考書《五四運動研究資料》裏，我列了六百零四種這時期出版的新期刊和報紙，而且都有解題，不妨參看）：[19]

期刊名稱	創刊日期	出版地點	立場
《新青年》（月刊）	一九一五年九月	上海	獨立
《太平洋》（月刊）	一九一七年四月	上海	獨立
《每週評論》	一九一八年十二月	北京	獨立
《新潮》（月刊）	一九一九年一月	北京	獨立，學生
《國民》（月刊）	一九一九年一月	北京	獨立，學生
《新教育》（月刊）	一九一九年一月	上海	獨立
《星期評論》	一九一九年六月	上海	國民黨機關刊物
《少年中國》（月刊）	一九一九年七月	上海	少年中國學會
《建設》（月刊）	一九一九年八月	上海	國民黨機關刊物
《解放與改造》（半月刊）後來（一九二〇年九月十五日）改名《改造》（月刊）	一九一九年九月	上海	進步黨機關刊物
《少年世界》（月刊）	一九二〇年一月	上海	少年中國學會

　　這些是刊物中最著名的。其他幾百種新期刊多是短命或影響較少。這些期刊的名字都反映出那時代的韻律。有一個月刊叫做《曙光》；其他

文存》第二集，頁二〇六；及靜，《一九一九 —— 一九二七年全國雜誌簡目》，在張靜盧編一一，《中國現代出版史料》，甲編（一九五四，上海），頁八六 ——一〇六。我的估計在「五四」時期，即一九一七到一九二一年這五年間全國新出的報刊有一千種以上。

[19]　見杜威六二〇，New Culture in China〈新文化在中國〉，*Asia*《亞州》，二一卷七期（一九二一年七月，紐約），頁五八五；王莒章七七一，《中國青年運動》，頁一五四——五五；戈公振二六〇，《中國報學史》（一九二七年，上海），第五章，頁一八八——九五；阿英二編，《史料索引》，趙家壁編三三，《中國新文學大系》，第十冊（一九三五年，上海）；同時王哲甫四七八，《中國新文學運動史》（一九三三年，北平），附錄；及靜《一九一九 ——一九二七年中國雜誌簡目》，頁八六——一〇六。關於重印的約一百種「五四」時期期刊的宣言及目錄，看中共中央編五五六，《五四時期期刊介紹》，共三冊（一九五八 —— 一九五九年，北京）。

的名稱有：《青年與社會》、《社會新聲》、《新社會》、《新中國》、《進步青年》、《新生》、《新氣象》、《民鐸》、《新人》、《熱潮》、《平民》、《光明》、《救國》、《自由》、《新學報》、《新文化》、《新學生》、《工學》、《向上》、《奮鬥》、《覺悟》、《平民道德》、《平民教育》、《科學與教育》。同時還有《新婦女》、《女界鐘》，甚至有小學生自己創辦的刊物《小學生》。有些期刊專門討論哲學、音樂、繪畫、文學，或其他自然科學與社會科學的問題，這些都是各種科類雜誌的開路先鋒。新出版物幾乎包括了新知識、新生活各方面的東西，其中很多從來沒有被傳播到中國來過。當然介紹的方法也和「五四運動」之前大大不同。

　　另一方面，這些新的期刊，像美國的小雜誌（Little Magazines）一般，都有很大的野心和熱忱，有時未免太過唱高調。他們經常以堂皇的話來宣布他們的工作綱領與目的。用《少年中國》來做例子，它宣稱獻身於「社會服務，在科學精神領導之下，以便實現創造少年中國的理想。」又如《救國》雜誌提出「提倡大眾教育，以救社會」，《新婦女》的目標是「喚醒婦女作為改革社會的一種手段」，同時《女界鐘》也以「教育婦女，使她們參加建設社會的進步」為目標。這些新期刊的口號都千篇一律的是甚麼「從物質和社會上改造國家和社會」；「研究社會及經濟問題，傳播新思想」；「介紹新思想給國民，提高他們的人格，同時發展本國工業」；「喚醒工人和改造社會」；「促使學術進步，以便運用研究和批評的思想去改造社會」；「研究社會和介紹西方思想觀念」；「提倡新的白話文學和大膽的批評」；「發表人民對外交政策的意見，同時指出外交對國家的重要」；甚至如一個期刊所說的，「介紹新思想給世界，採用樂觀而批判態度建設社會。」一九二一年夏天杜威對這些期刊在略述一遍後批評道：「當然，這些刊物很多都是曇花一現，正與其為野心太高相同。可是它們最能表達

出這一運動的精神。」[20] 造成短暫的因素，青年人不能堅持耐久當然要負責任，不過有很多時候那些刊物是被軍閥政府所壓制，或受混亂的內戰和社會的動盪所妨害。

這些新期刊最大的功效之一在於它們介紹年輕的中國知識分子給一般大眾，並且作為他們之間的橋樑。這些知識分子在後來的幾十年裏多成為社會、政治或文學方面的重要人物。事實上，「五四事件」以後的「期刊熱」，在發展中國群眾輿論和培養新知識分子定型方面，是一種劃時代的現象。

「五四運動」不但引起新出版物的誕生，而且刺激舊雜誌和報紙的改革。原有的期刊諸如《東方雜誌》、《教育雜誌》、《小說月報》、《婦女雜誌》、《學生雜誌》、《中華教育界》等等都紛紛改用白話文，而且開始介紹現代西方思想和知識。為了配合及加速這種改變，原來的老編者多數都被激進的、有現代思想的年輕人所代替。一九一九年六月，已經創立十五年的《東方雜誌》（一九〇四年創立），為了要「順應世界之潮流」，宣布在編輯上作重大的改革。[21] 七月裏，這雜誌的編者一反以前保守的立場，宣布說，中國雜誌應該緊緊跟著世界潮流，放棄「反動的保守主義」，認識當前的局勢，適合實際生活的需要，與其留戀在過去的回憶裏，倒不如為未來的進步而工作。[22] 在一九二〇年和一九二一年，這雜誌開始刊登用白話寫的文章，並且在一九二一年一月請胡愈之當編輯。《小說月報》改變得更厲害。一九二〇年十二月，沈雁冰（後來以筆名茅盾聞名）

---

[20]　杜威六二〇，《新文化在中國》，頁五八五；又周策縱 *Research Guide to*「*The May Fourth Movement*」《五四運動研究資料》（一九六三年，哈佛大學出版部）一書中之期刊目錄及解題。

[21]　〈本社新定投稿簡章〉，《東方雜誌》十六卷七期（一九一九年六月十五日），扉頁。

[22]　景藏，〈中國雜誌界應有之標準〉，同上，十六卷七期（一九一九年七月十五日），頁一一七。

被任為編輯，一九二一年一月，這家已創立了十一年的月刊便完全改變了原來的面目，開始翻譯當代西方文學，而發表中國新文學作品。《教育雜誌》在新編輯李石岑（後來成為有名的哲學家）的主持下，反應得更迅速。一九二〇年一月之後，它的社論和文章都開始採用白話文。《婦女雜誌》和《學生雜誌》也更換了編輯。所有這些創立多年的期刊都是由商務印書館出版的，而那時候商務這家印書館事實上是由保守的保皇黨殘餘分子所控制。孫文在一九二〇年初曾指責它是一家反動的機構，壟斷了中國的出版事業。[23]

「五四事件」以後，大城市的新聞報紙也被革命潮流所影響。很多日報增加專欄或出版附刊來刊登新文學作品和討論文化運動與學生運動。那些對這大眾要求沒有反應的報紙，它們的命運，可以拿上海一家日報《時報》來做例子。在一九一九年以前，這是一家在中國教育界受歡迎的日報。可是一九一九年以後，當青年知識分子走上新的方向時，這家報紙卻還是固執傳統的形式和內容。結果它的銷路急劇下降，不久便被迫得停止出版。相反的，《時事新報》和《民國日報》，因為它們同情新文化運動和學生運動，便馬上贏得知識分子和青年人的歡迎。[24]

除了刊物和報紙以外，新書和翻譯作品也比以前更大量出版了。「五四事件」以後的幾年，至少有四十八家出版社出版中譯的西方書籍。[25] 中國規模最大的書店商務印書館在一九一二年出版四〇七種書，一九一五年出版五五二種，一九一九年出版六〇二種。可是一九二〇年

---

[23]　孫逸仙四二五，〈民國周年與海外國民黨同志書〉，一九二〇年一月二十九日。在胡漢民編四二，《總理全集》（一九三〇年，上海），第三冊，頁三四八。

[24]　張靜廬，《中國的新聞記者與新聞界》（一九三二年，上海），下冊，第三章，頁三三一三四。

[25]　李澤彰，《三十五年來中國之出版業》，在莊俞等編，《最近三十五年之中國教育》，頁二六六一六七〇。賀聖鼐關於中國印刷技術發展的文章中，統計數字稍為不同，見同上。

卻出版了一、二八四種。[26]

　　中國出版物在一九一九和一九二〇年之間的急速增加，可以從這兩年紙張大量進口上看得出來，因為當時幾乎所有的新書都是採用進口的紙張印刷。從一九一八年到一九二一年，進口的紙張數量增加一倍以上。[27] 這是證明「五四」以後，中國出版界繁榮的另一事實。

四、偶像破壞浪潮的高漲

　　跟出版事業同時迅速發展的，是愈來愈對新思想的陶醉。事實上，「五四事件」以後的那年，出現一個時代，在這時期裏，中國新知識分子的思想混合著懷疑主義、浪漫主義、自由主義、現實主義和無政府主義的因素。傳統的思想和制度受到各方面的批評和攻擊；新教條、新主義和現代知識各方面的新觀念都被介紹進來，並且加以討論，雖然程度有點膚淺，但卻充滿幹勁和熱情。杜威在一九二〇年從北京報道那時的現象說：

　　　　有一個朋友細心閱讀了大約五十篇學生論文後說道，他們的第一特點是很多問號；其次要求完全自由回答那些問題。

---

[26]　同上，頁二七三一七四。

[27]　中國進口紙張的價值在一九一二年是四、三〇三、七一二海關兩；一九一三年是七、一六九、二五五兩；可是在一九一四年，部份由於第一次世界大戰。進口跌落到六、四七〇、七六八兩。從一九一五到一九一八年，除了一九一六例外，進口的總價值每年都保持不變。一九一八年的價值是七、二四三、五六三海關兩。但是一九一九年，總數增加高到一〇、二一二、六五二兩，一九二〇年增到一四、一五九、一八六兩，一九二一年增到一五、三一一、八七三兩。一九二二年又落到一三、六九、二五八兩。這些統計數字中的紙張多數用來印刷新聞報紙、期刊和書本；只有極少數是用來做書的封面或作其他用途。同上，頁二六九一七〇；又戈公振二六〇，《中國報學史》，第六章，頁二五四一五六。

在一個思想信仰曾一度被正統束縛成教條和自滿自足的國家裏，這種追討問題的狂熱是一個新時代來臨的預兆。[28]

後來在一九二一年夏天，杜威又在北京報道說：

> （一九一九年）五月四日的動亂過去後，全國各地學生團體開始辦期刊。特別重要的是正當這反貪污腐敗和賣國官僚，以及抵制日貨的高潮時，這些問題在學生刊物上卻成了次要的討論話題……他們的急務是追求教育改革、攻擊家庭制度、討論社會主義、民主思想和各種烏托邦理想社會……很自然的，在思想發酵之中，往往會產生一些幻想的泡沫。學生缺少明確的閱歷背景，滿以為所有的思想和建議，只要是新的、而且可以用來破壞舊習慣和傳統的，便差不多都是一樣，全可接受。[29]

關於舊傳統被新知識分子攻擊，及其攻擊的理由，將在本書下半部再討論。這裏所要指出的只是：中國人對舊事物和新事物的態度在這時候起了極大的變化。在這以前，絕大多數的中國人都以古舊作為判斷優秀程度的標準。貨物稍為有價值的往往要宣傳說是照古法所製。譬如說，藥品都習慣以「祖傳丹方」來做廣告。文學作品、國畫、書法等等的風格也多是摹仿古代名家。同樣的，倫理道德、哲學、政治或經濟理論也是厚古薄今。總之，新的應該服從舊的。甚至晚清（十九世紀末葉及二十世紀初年）的多數改革家和革命家也不敢向舊傳統挑戰，而只是利用這個老法門。為了證明他們提倡採取西洋技術、科學和憲法是正當的，他們就盡量設法證明，原來中國古代聖賢包括孔夫子在內，也早就如此主張過了。

可是，幾乎從十九世紀末葉，嚴復翻譯《天演論》、梁啟超和一些無

---

[28]　杜威六二七，〈學生反抗的後果〉，頁三八一一一八二。

[29]　杜威六二〇，〈新文化在中國〉，頁五八四。

政府主義者提出爭論，以及在「五四事件」後的日益加強的要求之下，這種舊觀念開始激烈地起了變化。配合那時期的青年學生運動，崇拜舊傳統已被崇拜新思想所代替了。這局勢給杜威的印象是：「世界上似乎沒有一個像中國那樣的國家，學生如此一致和熱切地追求現代和新的思想觀念，特別是關於社會和經濟方面的思想觀念。同時也很少見到一個國家像中國一樣，有些辯論本來可以用來維護既成秩序和現狀的，卻一點也不被重視——事實上，完全沒有用來做辯護。」[30] 有一位中國基督教徒在美國住了將近十年，於一九二一年四月回到中國講學。他抵達上海時看到中國人的態度和生活在這方面的改變，感到很驚訝：

　　我幾乎突然間被一種無形的力量和氣氛所壓倒。我感到有生命在運動——一種「新生命」，這是我前些年不曾見到的。我所遇到的人，我跟他們所談的話，他們所採取的態度，他們所表示的見解，他們對當前各問題所加的判斷；以及我所閱讀的報紙，反映在報紙上的大眾輿論的語調，所討論的問題，都一一顯示出這種新生命。有一個晚上，我到街上閒逛，走進各色各樣的書店和報攤，買了四十七種不同的雜誌，包括有週刊、季刊和半年刊。我花了一整個晚上，纔只走馬看花地把內容過目一番，發現這些雜誌裏面所討論到的當前種種問題與所發表的各種輿論，比在美國報攤上所搜集到的任何四十七種雜誌所討論到的問題更時興，意見更複雜。從那時候起，我到處旅行，給各處不同的聽眾演講，在四五個大學教書，我愈來愈對這種似乎無時不在發展著的

---

[30]　杜威，〈大眾輿論在日本〉，《新共和》，二八期增刊三六三，（一九二一年十一月十六日），頁一五一一八，重印在杜威六一一，《人物和事件》（一九二九年，倫敦），第一部，頁一七八，題目是〈重遊中國：兩年以後〉。

「新生命」感到興趣。[31]

中國青年對新思想的熱烈追求，不久便引起年紀較大的中國保守派人士及外國來的觀察者的警惕。這些外國人，正如杜威所説的，多數對待中國問題時「總先帶著一種基本上的保守主義，厭惡改變。」[32] 有些中國教員抱怨學生「自高自大」的不服從行為，和心智上的動盪不安。[33] 在某些方面，這些怨言似乎是有其根據的。我們很容易想像到，在這樣短的時期內，而又在中國這樣古老的國家裏，生活態度如此重大的改變，當然會引起一些驚恐的反應。下面一段文字是由一個經歷過這時代的人所寫的，它説明了這時期的中國青年如何把這種新的人生觀過度發揮：

中國青年思想，以五四運動前後變動得最厲害。那時的青年，大家嚷著反對家庭，反對宗教，反對舊道德、舊習慣，打破一切的舊制度。我在南京暑期學校讀書，曾看見一個青年，把自己的名字取消了，喚做「他你我」。後來到北京，在北大第一院門口碰見一個朋友偕了一個剪髮女青年，我問她：「你貴姓？」她瞪著眼看了我一會，嚷著説：「我是沒有姓的！」還有寫信否認自己的父親的，説，「從某月某日起，我不認你是父親了，大家都是朋友，是平等的。」鐵民也是否認過自己父親的，但是當一九二一那年，鐵民的父親在家鄉死了，他在北京，因父死未葬，家人促其歸，

---

[31]　Timothy Ting－Fang Lew 劉廷芳，一九二一年五月在天津的一篇演講稿，發表在 *The Chinese Recorder*《中國記錄報》（基督教運動在中國的期刊），是用英文寫的（一九二一年五月，上海）；見王莒章七七一，《中國青年運動》第一章，頁一一二，及 Stanley High 史丹尼海六四二，《中國在世界上的地位》（一九二二年，紐約），第八章，頁一四九。

[32]　杜威六二○，《新文化在中國》（亞洲出版公司），頁五八五。

[33]　同上。

而鐵民竟因貧未能歸。作「孤兒思歸引」，情調甚慘。[34]

這個例子是否可以說明，至少有一部份中國青年，那時候太過瘋狂或神經不正常呢？這個問題要與當時中國家庭成員之間的生活關係一起討論，尤其是在父親管理妻子和兒女的關係上。婚姻通常很早就定好，而且由父母決定，不用得到當事男女雙方的同意，或者他們根本就不知道。貞操是女子單方面必要的道德。倫理上的「節」和「孝」被看成社會上牢不可破的鐵律。在有些極端的例子裏，社會道德鼓勵十多歲的少女為死去的未婚夫殉節。兒子若反對並且拒絕跟父母代為選定了的女子結婚，就要被看成不孝或非常不道德，會被社會蔑視，而且被取消繼承家產的權利。[35] 在這種家庭制度裏，和在這種倫理教條之下，中國青年知識分子以上述那種行為和態度來反抗，是可以了解的。這些說明了為甚麼一個作家如吳虞，不但不提到中國家庭制度和家族制度原有的一些好處，卻反

---

[34]　章衣萍，《枕上隨筆》（第五版，一九二九、一九三二年，上海），頁六六─七二。章是一位幽默散文家，曾任胡適助手。鐵民即是章鐵民，也是作家，他在一九一一年參加「工讀互助團」。

[35]　下面的幾宗案子都是在一九一八年發生的，可以作為例證。有一個女人，她的丈夫死了，她試用了九種不同的方法自殺，而且受了九十八天的苦難折磨，才終於自殺成功。她死後，神主牌被供奉在祠堂裏讓人膜拜，被當作所有女人的道德模範。當一個十九歲的訂了婚的少女想她的方法，絕食七天而不死，很多人竟為失去另一個道德模範而感到遺憾。本來，要是所有已訂婚的女子和寡婦拒絕再嫁或自殺，真是出乎自願或自然發生的，也許就沒有甚麼很可反對的。可是因為政府為這種貞操而公布了一種「褒揚條例」，有些家庭便強迫青年婦女去自殺，為的是要獲取家庭的道德榮譽。這種案情並非沒有。見胡適一九七，〈貞操問題〉，《新青年》五卷一號（一九一八年七月十五日），頁五─一八。關於這問題，參考胡適、藍知先、周作人等的文章，同上，六卷四號（一九一九年四月十五日）頁三九八─四二六。依照「褒揚條例」，凡婦女至少在三十歲到五十歲之間不再嫁人，或為亡夫或未婚夫而自殺，或因遇強暴不從致死或羞忿自盡者，都會受到政府的褒揚。見夬庵，〈一個貞烈的女孩子〉，《新青年》七卷二號（一九二〇年一月一日），頁一二一─一二三。這篇短篇小說描寫父母為了要得到省長的褒揚，把他們的女兒餓死。雖然它只是小說，卻反映了中國當時的風俗和社會問題。像這一類的小說和新聞隨處可找到。看唐俟（魯迅的另一筆名）三五一，〈我之節烈觀〉，《新青年》五卷二號（一九一八年八月十五日），頁九二─一〇一。

而斷言那是專制主義的根源。同時，傅斯年甚至走到那麼極端，大膽宣布腐敗的中國家庭制度是「萬惡之源」。[36]

　　雖然有些舊的倫理道德是那樣明顯的不合情理，而保守的紳士和軍閥政府卻緊緊把它抱住不放，拒絕改革。[37] 很多學院和學校還是由毫無現代知識的人來主持，很多不通曉科學的老師還留下來教科學。[38] 如果我們列舉出一些當時青年知識分子所反對的充斥於中國社會的習俗和迷

---

[36]　吳虞五二八，〈家族制度為專制主義之根據論〉，《新青年》二卷六號（一九一七年二月一日）；孟真（傅斯年）一六〇，〈萬惡之源〉，《新潮》一卷一期（一九一九年一月一日），頁一二四—二八。傅斯年的辯論還只限於「腐敗的家庭制度」，但無政府主義雜誌《實社自由錄第二集》甚至毫無保留地說，一切家庭制度「全」是罪惡之源。

[37]　見江蘇省省長禁止學生購閱批判傳統文學和倫理道德的新期刊的命令，一九一九年四月九日，轉載於《新青年》六卷四號（一九一九年四月十五日），頁四四六。題目〈甚麼話〉是《新青年》編者加的。

[38]　譬如一九一九年的春天，武昌高等師範學校出版的《數理雜誌》，裏面有兩篇古怪有趣的文章，作者是該校史地系主任姚明輝。其中一篇的題目叫〈三從義〉；另一篇叫〈婦順說〉。他的論題是關於婦女問題和數學的關係。他引用「十三經」之一的《儀禮》所說的「三從」作為論點。所謂「三從」即「未嫁從父、既嫁從夫、夫死從子」。見《儀禮》，〈喪服〉，第三節。他把這點跟《易經》《河圖》扯在一起，引出下面這個圖表：

　　　九
　　　金
　　　四
七火二五土十一水六
　　　三
　　　木
　　　八

這位教授認為「一」代表男人，「二」代表女人。如果沒有「一」，就不會有「二」；因此，如果沒有男人，就不會有女人。這就是為甚麼女人應該服從她的父親或丈夫。其次，「一」加「二」等於結婚。因為這樣就產生「三」，一個奇數（陽或男），而不是偶數（陰或女），所以女人應該服從兒子。這兩篇論文中的其他解釋更加荒謬，簡直是無法理解。不管如何，他的結論是，女人應該服從男人是天經地義。這位作者是如此的荒謬，卻還被保留著教授的職位，而且在社會上被崇拜作維護所謂「國粹」的保守派的領袖，享受著極大的聲譽，因此引起一個學生寫了一封信給《新青年》的編者，抗議《數理雜誌》中這篇文章。見〈請看姚明輝的三從義和婦順說〉，致編者的信，《新青年》六卷六號（一九一九年二月一日），頁六五四—五七（這兩篇文章都轉載於《新青年》上）。又見高銛〈洛書是甚麼〉，同上，七卷三號（一九二〇年二月一日），頁三七一—四六。

信，我們也許會更容易了解他們打破舊風氣的狂熱。他們攻擊的有輪迴說、有鬼論和靈學，[39] 以及卜卦、風水、算命、[40] 用符咒或巫術治病、長生不老的仙丹、道家之氣功等等。[41] 他們同時也批評舊傳統如男人留辮子、女人纏小腳、叩頭、用陰曆、吸鴉片。[42] 當然這裏所提到的只是其中一部份而已。這些觀念和習慣當然也並不是為每一位保守人士所支持。不過其中很多都藉著傳統的藉口而被保留下去。

　　前面我們說過，有人指摘「五四」時期攻擊傳統的中國青年有對長輩不服從和心智不安定的毛病。現在看一看上面所說的把中國古老的風俗習慣現代化的問題，便會使人覺得那種指摘好像只是吹毛求疵。杜威認為，這些不服從和不安定的表現，只是過渡時期的現象，是熱烈追求新思想的明證。他說：

　　　　「心智」不安固然是可遺憾的。不過，這是一種普遍轉變時期的真實表徵：徬徨、不安和對新奇的刺激的易於接受，表示這種轉變時期必然會出現。另一方面，中國青年學生對事物興趣的成熟，遠超過相同年齡的學美國學生。中國的男女中學生肯嚴肅

---

[39]　見陳獨秀七〇，〈有鬼論質疑〉，《新青年》四卷五號（一九一八年五月十五日），頁四〇八—〇九；易白沙，〈諸子無鬼論〉，同上，五卷一號（一九一八年七月十五日），頁一五—二六；易乙玄，〈答陳獨秀有鬼論質疑〉，同上二號（一九一八年八月十五日），頁一三一—一三六；劉叔雅〈難易乙玄君〉，同上，頁一三七—一四二；莫等，〈鬼像之研究〉，致編者的信，由王星拱、陳大齊和陳獨秀作答，同上六號（一九一八年十二月十五日），頁六一六—一二四；胡適二一七，〈不朽〉，同上，六卷二號（一九一九年二月十五日），頁九六—一〇六；劉叔雅翻譯 Haeckel 赫克爾的 Die Lebenswunder《靈異錄》的簡介，見同上，頁一〇七—一八。

[40]　陳大齊，〈闢靈學〉，同上，四卷五號（一九一八年五月十五日），頁三七〇—一八五；錢玄同和劉半農，〈隨感錄〉，同上，頁四五六—六八。

[41]　見陳獨秀，〈隨感錄〉（這是一個專欄，由不同作者隨意發表雜感），同上，五卷一號（一九一八年七月十五日），頁七六—七七；俟（魯迅），〈隨感錄〉，同上四號（一九一八年十月十五日），頁四〇五—一〇九；同上五號（一九一八年十一月十五日），頁五一四—一五。

[42]　錢玄同，〈隨感錄〉，同上三號（一九一八年九月十五日），頁二九五—九六。

而理解地傾聽有關某些重大問題的演講；若在美國學校，便只會引起嚴厭煩的不安。我深信，在任何其他國家的青年中，都沒有像中國青年渴望新思想觀念這麼熱忱。目前，追求思想觀念的熱情有餘，而應有的、用來求得知識以支持那些新思想觀念的耐性和恆心卻嫌不足。可是這樣反而替日益高漲的追求知識和科學方法的欲望提供了額外的活力。這就是說，知識被不斷求得，既不是當作一種技術設計，也不是當作炫耀文化的世俗的徽章，而是純粹為社會應用。[43]

五、新知識的、新社會的和新政治的團體

「五四事件」以後出版事業的興盛，和批評傳統及介紹新思想的熱忱，還不是新知識分子活動的全部面貌。他們同時還推行社團組織和社會服務。

在「五四事件」以前，中國商界、工人、教師或甚至學生之中，很少有像現代西方組織嚴密的團體。[44] 一九一七及一九一八年，為了配合新文學和新思想運動，學生開始創立學習和研究的團體。不過這些組織只限於少數活躍的學生；社會性的組織不為大眾所熟悉。「五四事件」發生以後，促進組織的熱情，正如出版刊物一樣在全國各大城市發揚起來。這些知識分子對這種組織的管理方法多多少少比較民主一點，開始和過去中國人的舊習慣不一樣。[45]

---

[43]　杜威六二○，〈新文化在中國〉，頁五八六。

[44]　羅家倫三四○，〈一年來我們學生運動的成功失敗和將來應取的方針〉，《新教育》二卷五期（一九二○年五月），頁六○三。

[45]　劉廷芳六八○，「China's Renaissance」〈中國的文藝復興〉在 *China Today Through Chinese Eyes*《中國人看今日中國》（一九二二年，倫敦），頁三一。

　　有些在遊行示威和罷課期間創立的學生團體，結果變成臨時性的，在六至十二個月內就解散了。不過那些學生聯合會，不管是某一學校的，或整個城市的，或全省的，都像很多其他同時產生的社團一樣，卻往往繼續存在。總部設在上海的中華民國學生聯合會變成這些新團體之中最活躍和最有影響力的組織。其他在「五四」之後繼續存在的重要學生團體，有一九〇五年創立、一九一九年重新組織的環球中國學生會，有留日學生救國團，還有歐美學生會則是「五四」之後從留美學生聯合會改組和擴大而成的。

　　除了這些自治性的團體外，學生還組織了其他文化知識的機構，目的在於學習、討論、大眾教育、社會服務，或為其他社會、文化或政治目標而成立。這些機構包括有家庭建設討論會、中國哲學會、新教育共進社、社會主義研究會、羅素學會、新學講演會（或稱講學社）、實際教育調查會、通俗教育協會。還有一個共學會曾經吸引大量的學生一起研究學習，在「五四」以後，翻譯和出版了不少西方現實主義的戲劇和小說，尤其是法國、俄國和德國的，後來又介紹共產主義文學。年紀稍為大些的知識分子也相當熱烈的參加各種運動。尚志學會是由一些做過官的知名作家如梁啓超、范源濂、林長民、張東蓀等人所創辦，也盡了很大的力量去介紹西方文化。尚志學會的重要會員經常在經濟上或其他方面支持西方思想家來華講學，而且也出版了很多西方哲學著作的翻譯書籍。[46]

　　新知識分子同時也跟其他社會團體合作。這項工作主要是通過「全國各界聯合會」進行的。這個聯合會於「五四」之後成立，總部設在上海。它成立的目標是在幫助各界團體的行動一致，謀求各團體在參加全國性

---

[46]　同上，頁三二一三二二；H. C. Hu 六四五，*The New Thought Movement*《新思想運動》，《中國記錄報》，五四卷八期（一九二三年八月），頁四五一。關於「社會主義研究會」及其他社團之討論，看本書下文第九章，〈參加政治〉節。

的運動時，能夠得到國內外人士及社團的支持。[47] 這個聯合會的組織成員有中華民國學生聯合會、女界愛國同志會、全國基督教救國會、中華總商會、全國新聞記者協會，以及社會名流、勞工及其他社會和宗教團體的代表。[48] 類似於這種聯合會的團體，從上海展開，紛紛成立於其他多數大城市如天津和北京。[49]

　　在這些新團體中最活躍的，除了學生的聯合會之外，是許多的小社團。這些社團由年輕的知識分子創辦，有的設在學校之內，有的設在校外。例如少年中國學會發起於一九一八年，一直到「五四事件」之後才活動起來。由於「五四」的刺激，這學會經過一年的籌備，於一九一九年七月二日在北京正式成立。那時候它有七十四個會員，他們多數是住在各大都市或國外的學生、教育家、新聞工作者和作家。他們後來多成為現代中國政治上、社會上或教育界的領導人材。在成立大會的時候，為了配合當前思想潮流的趨勢，由李大釗和其他會員提議，修改了早期所草擬的四項目標，並重新肯定了學會的宗旨。（參看前第三章，〈早期的文學和思想活動〉。）同時並採用四個口號來作為所有會員活動的公約，那就是：「奮鬥、實踐、堅忍、儉樸」。雖然這個學會並不是很嚴密的組織，但它的會員經常和總部保持聯絡，發表個人對某些重大社會和文化問題的不同看法，而且報告他們對國內或國外的經濟發展和社會情況的印象。他們也舉行很多座談會，討論有關不同的問題。除了兩種機關刊物《少年中國》和《少年世界》之外，他們還在好些城市出版小型的雜誌，和印發一些小冊子。[50]

　　像這一類由學生和青年組成的小社團實在太多了，無法一一列舉。

---

[47]　王苣章七七一，《中國青年運動》第十章，頁一八四。

[48]　同上，頁一八四—一八五。

[49]　同上，頁一八四。

[50]　左舜生四七二，《近三十年見聞雜記》（一九五二年，九龍），第二章，頁五。

事實上那幾百種期刊的支持或創辦者，多數是一些小社團如曙光社、共學會、社會實進會、青年進步社、真社等。這些社團的中心思想不太相同，有些屬於自由派，有些屬於社會主義者，有些帶有其他政治色彩。後來很多中國政治領袖，包括左派或右派的，都出身於自這類社團。

完全政治性的組織也吸引了很多青年人。有些青年人參加國民黨，其他的參加了當時不知其數的小集團。從一九一九年秋天開始，很多政治或半政治性的團體成立或擴大組織。主辦人多是學生，後來有不少變成中國共產黨的領導人物。雖然在一九二〇年以前他們只偏向宣揚理想的社會主義和自由主義，而不是要採取共產主義作為他們的信條。「五四事件」以後，毛澤東在新民學會裏面開始很活躍，主編湖南學生聯合會的機關刊物《湘江評論》。這刊物是份週刊，創刊於一九一九年七月十四日，極力提倡學生運動和批評政府。結果學聯會和該週刊都在八月初被湖南省督軍張敬堯封閉。這事件更加強了毛澤東反張的活動，而且促使他於一九二〇年二月再去北京，終於在夏天信仰了共產主義。一九一九年秋在武昌，惲代英與林彪、張浩（又名林育南或林毓蘭，林彪的堂兄，後來成為共產黨的勞工領袖），創立社會福利會和利群書社。利群書社和一九二〇年九月毛澤東在長沙辦的文化書社有業務上的關係。覺悟社於一九一九年九月十六日在天津成立，創辦者是很活躍的天津學生聯合會的男生和天津女界愛國同志會的女生。多數會員是南開學校和直隸工業專門學校的學生；其中最活躍者包括有周恩來、馬駿、鄧穎超、孫曉清（後來是國民黨廣東支部秘書）、郭隆真和關錫斌。該社創立的目的是要實現一種理想，即社會進步必須以個人的自覺為基礎，而且要積極發展走向基爾特社會主義、無政府主義和人道主義的方向。覺悟社在一九二〇年一月二十日開始出版《覺悟》雜誌，並且接受過李大釗的一些指導。在北京還有另一個社團，名字和組織都和覺悟社相同；還有一個相似的團

體則叫做復社。其他類似的社團也紛紛在上海、杭州和漢口等地成立。[51]

「五四事件」以後，另外還有一種聯合上述諸社團，以謀求達成共同目標的趨勢。譬如改造聯合會是由少年中國學會、人道社、曙光社、北京覺悟社，及青年互助團所聯合組成。這個聯合會公布有宣言和會章，雖然它的壽命很短。

所有這些新社團幾乎都表現有理想主義色彩，這些色彩，也許可用「五四事件」後新知識分子所倡導的一些運動來做例子說明。例如日本有一個烏托邦式的社會運動叫做「新村」制度，由武者小路實篤（Mushakoji Saneatsu）所倡導。這正符合一些中國教授和學生的理想。這項運動的理論和組織方法，便在一九一九年由周作人和他的哥哥魯迅，及其他作家在《新青年》及《新潮》雜誌上介紹了過來。[52] 這個運動的哲學基礎是建立於克魯泡特金（Kropotkin）、托爾斯泰（Tolstoy）和某些理想社會主義者所主張的互助和人道主義上面。他們的目的在於實現「各盡所能，各取所需」的理想。《新青年》發表過武者小路實篤題作〈與支那未知的友人〉的一封信和〈寄一個支那的兄弟〉的一首詩，同時刊出中國知識界領袖蔡元培、陳獨秀和周作人兄弟熱烈反應的文章。[53] 從《新青年》及其他雜誌上

---

[51]　見史諾七三九，《紅星照臨中國》，頁一四六—一四八。蕭三給惲代英的組織的名稱是「利群學社」；見蕭三，〈偉大的五十年的一章〉，收在蕭三等著，《毛澤東故事選》內（一九四五年，晉察），頁三〇—三一。

[52]　周作人曾訪問過在東京、日向和上野的日本「新村」。魯迅翻譯了武者小路的戲劇〈一個青年的夢〉，從一九一九年八月開始連載於《國民公報》。北京政府十月二十五日封閉該日報後，這劇本重新在《新青年》七卷二期（一九二〇年一月一日，頁六五—一〇三）刊登並連載於以下三期。「新村」的思想受到胡適的反對，他覺得它只提倡一種隱士的生活。見胡適二〇三，〈非個人主義的新生活〉，作於一九二〇年一月二十二日；胡適二〇七，《胡適文存》第一集，第四冊，頁一七三—一八九；同時見周作人一二〇，〈日本的新村〉，《新青年》四卷三號（一九一九年三月十五日），頁二六六—一七七；又郭紹虞二七九，〈新村研究〉，《新潮》二卷一期（一九一九年十月），頁五九—六七；周作人一一六，〈訪日本新村〉同上，頁六九—八〇，及周作人一一七，〈新村的精神〉，對天津「學術演講會」的講辭，一九一九年十一月八日，刊於《新潮》，七卷二期（一九二〇年一月一日），頁一二九—一三四。

[53]　武者小路實篤，〈與支那未知的友人〉，及他的詩〈寄一個支那的兄弟〉，蔡元培、陳獨

所表現的看來，武者小路的理想主社會主義和人道主義給「五四事件」之後的中國新知識分子留下過相當明顯的印象。

　　知識分子對一種新社會的熱烈追求，也表現在他們為自己創造新生活的嘗試的一個例子上。一九一九年冬天，有一批青年知識分子，包括王光祈、羅家倫和徐彥之，受了在法國的「工學」及日本的「新村」的影響，在蔡元培、陳獨秀、胡適、李大釗和周作人的支持之下，開始在北京、天津、上海等大城市組織工讀互助團。每個團員不單要唸書，每天至少還要工作三個小時。每個團圓的收入都屬於工讀互助團所有，不過團員的基本費用如學費、醫藥費、房錢、衣服、書本等等皆由該團供應。他們的工作包括開辦印刷所、餐館、洗衣店和從事手工及小販等勞動。[54]雖然他們的計劃並沒有大規模地實現，而事實上最終是失敗了，不過這計劃至少在短期間把新知識分子的理想實踐了，而這實際經驗都影響了他們日後對社會問題的想法。這項運動的支持者，各人的觀點大不相同，[55]它的失敗給某些知識分子帶來了一些教訓。他們終於明白在這既成的經濟系統和社會裏，沒有得到城市工人、資本家或兩者的合作，想創造一個烏托邦社會是不可能的。[56]

秀和周作人的回答都登在《新青年》七卷二號（一九二〇年二月一日），頁四七—五二。

[54]　關於該團的規章、經費數字，及北京支部的情形，看《新潮》二卷二期（一九一九年十一月），頁三九五—九八；《新青年》七卷二號（一九二〇年一月一日），頁一八三—八六；同上，三號（一九二〇年二月一日），頁一五一—一五三。

[55]　在開始的時候，該團需要同情者在經濟上的支持。北京團部的樂捐者有陳獨秀（三十圓）、胡適（二十圓）、張瀾（二次世界大戰後「民主同盟」的領導人，三十圓）、李大釗（十圓）、藍知先（進步黨，十圓）、張繼（國民黨，十圓）、蔣介石（十圓）、陳博生（一四五圓）。胡適把這種運動比做美國學生做工以供給自己唸書的作風；其他支持者把它看作一種生活實驗和新生活方式與新社會的開始。

[56]　孫文的信徒和當時中國最早支持馬克思主義之一的戴季陶，建議工讀互助團的學生最好進入資本家的工廠去，跟城市工人一起做工，從而領導他們。看分別由胡適、戴季陶、李大釗、王光祈和陳獨秀等所寫討論「工讀互助團」問題的文章，《新青年》七卷五號（一九二〇年四月一日），頁一——一七。有些工讀互助團裏的工讀生後來成了名，例如經濟學家施存統（施復亮）和作家章鐵民。

六、新知識分子所倡導的大眾教育

比較成功和有較深影響的是這些社團在全國各地展開的大眾教育工作。這些工作包括下述的一些方面：

學術性和大眾化的演講

一九一九年以後，講演在中國風行一時。好幾位有名的西方思想家曾被邀請前來中國訪問，目的便是演講，受到熱烈的歡迎。杜威是其中最早受到邀請前來訪問者之一。他接受一個教育協會的邀請，在中國停留了兩年零兩個月，旅行了十一個省份（奉天、直隸、山西、山東、江蘇、江西、河北、湖南、浙江、福建、廣東）。他作了一連串學術性或大眾化的演講，尤其在北京、南京和山西省。他在北京的五大演講多由胡適擔任通譯，這五大演講的題目是：（一）「社會哲學與政治哲學」（首次以實驗主義哲學的觀點來探討）；（二）「教育哲學」；（三）「思想之派別」；（四）「現代的三個哲學家」（柏格森、羅素、詹姆斯）；及（五）「倫理演講」。這些演講的中文稿都發表在報紙和期刊上，後來又印成書出版，中文版在兩年內再版十三次，每版有一萬本。他的其他演講除了有學生和教師去聆聽外，其他的知識分子也去聽，當地及全國性的報紙都大量地詳細報道。毫無疑問，以西方哲學家在現代中國作了那樣多次演講的，這還是第一次。杜威論哲學、邏輯學和教育的書也被翻譯了，而且銷路很廣。[57]

---

[57] 看胡適，〈杜威先生與中國〉，《胡適文選》（一九三〇年，上海），頁一三；蔡元培四六五，〈五十年來中國之哲學〉，《申報》編四一四，〈最近之五十年〉（一九二三年，上海）；Jane M. Dewey 哲因・杜威，*Biography of John Dewey*《杜威傳》，收在 Paul A. Schilpp 史秋普編，*The Philosophy of John Dewey*《杜威之哲學》（第二版；一九五一年，紐約），頁四〇一四二。杜威夫婦有關「五四」的每日見聞與感想，多數載在他們的六三一，《中國日本家書集》，Evelyn Dewey 愛維麗・杜威編（一九二〇年，倫敦）。杜威幾十篇有關這時期中國問題的文章登在《新共和》和《亞洲》雜誌上。其中很多收集在他的六一四，*China, Japan and*

　　一九二〇年九月五日，梁啓超創立了專門主辦著名的中外學者演講的學會，提議政府應該每年提供二萬圓以便邀請外國著名學者來中國演講。那時候杜威還在中國，梁啓超和其他的人邀請羅素於訪問蘇聯之後來中國訪問。羅素在十月十二日抵達中國，留居了將近一年。他在北京作了很多次公開演説和五次學術講演：（一）「數理邏輯」；（二）「物之分析」；（三）「心之分析」；（四）「哲學問題」；和（五）「社會構造論」。羅素訪問中國的前後，他所著有關社會、政治和哲學問題的書都有不少被翻譯成中文，在中國改革者和進步分子中流傳很廣。前面已經提過，羅素學會不久之後就成立了，而且一九二一年一月還創辦了《羅素月刊》。[58] 羅

<hr />

the U. S. A.《中國、日本和美國》（一九二一年，紐約）；六一七，*Impressions of Soviet Russia and the Revolutionary World, Mexico–China–Turkey*《蘇聯及革命中的墨西哥、中國、土耳其的觀感》（一九二九年，紐約）；及六一一，*Characters and Events, Popular Essays in Social and Political Philosophy*《人物和事件，社會及政治哲學散記》，Joseph Ratner 臘納編（一九二九年，紐約）；不過好些特別有關中國學生革命的文章未被收進去。他很多被譯成中文的演講辭散見中文報紙和雜誌上，似乎還沒有整理成集子，只有三本小冊子：一四六《杜威五大講演》（一九二〇年，北京）；一四五《杜威福建講演錄》（一九二〇年，福建）；及張靜廬編一二，《杜威羅素演講錄合刊》（一九二三年，上海），都是以中文譯文出版。關於杜威對中國哲學的影響及譯成中文的著作，看 O. Briere S. J. 布立爾五七六，所著 *Fifty Years of Chinese Philosophy, 1898–1950*《中國哲學五十年——八九八——一九五〇》由 Laurence G. Thompson 湯普遜英譯（一九五六年，倫敦），頁二四一二六、一二〇；及 H. C. Hu 六四五，《新思想運動》，頁四五三一五四。

[58]　蔡元培四六五，《五十年來中國之哲學》；劉廷芳六八〇，《中國的文藝復興》，頁三三一三四；楊端六五四三，〈羅素先生去華感言〉，《東方雜誌》十八卷，十三期（一九二一年七月十日），羅素和 Dora Black 勃拉克三九四，《羅素及勃拉克講演集》（一九二一年，北京）；及《羅素五大講演》；以上資料除劉文以外都是中文寫的。另外還有羅素七二三，My Mental Development〈我的精神發展〉，收在是史秋普編《杜威之哲學》（一九五一年，紐約），頁一七一一八。

杜威討論當時中國之文章，發表於《民族週刊》（倫敦）、*Atlantic Monthly*《大西洋月刊》、《新共和》、*Dial*《日規》及 *Century*《世紀》。多數收集在英文 *The Problem of China*《中國之問題》（一九二二年，倫敦及紐約）。關於羅素對中國思想之影響及其已譯成中文的著作，看布立爾五七六，《中國哲學五十年》，頁二六、一二一；還有 Alam Wood 伍得，*Bertrand Russel: The Passionate Skeptic*《羅素：熱情的懷疑主義者》（一九五八年，紐約）第十四章，頁一三四一四〇，是一篇簡要而有趣的有關羅素中國之行的描寫。另外可參看羅素給本書作者的信，收在下文第九章，〈民主主義、資本主義、社會主義與西化〉節之末。

素的哲學及其為人，對「五四」後期的中國知識分子，尤其很活躍的青年的影響，比現代西方任何其他思想家都要大。

除了杜威和羅素之外，美國的教育家孟祿（Paul Monroe）也在一九二一年九月五日接受邀請到中國。德國哲學家杜里舒（Hans Driesch）在一九二二年也被請到中國去。印度詩哲泰戈爾（Rabindranath Tagore）在一九二三年受到邀請訪華。[59] 中國新知識分子也許計劃邀請柏格森（Bergson）和倭鏗（Eucken），不過這計劃後來沒有實現。

同時中國學生也在不識字的人民大眾之間廣泛主辦大眾化的演講。在這些大眾化的演講中，他們提倡科學知識、愛國精神、新倫理觀念和許多新社會思想與政治思想。其中一個主辦演講的單位是平民教育講演團，於一九一九年三月二十三日由北大學生廖書倉、鄧中夏、羅家倫、康白情、易克嶷、周炳琳、許德珩、張國燾、王光祈等人創辦。「五四事件」以後，該團的工作大大加強了。團員在城裏和鄉下作了不計其數的演講，把印好的演講詞和通俗雜誌分發給民眾。他們雖然有時遭遇到警察的干涉，但這樣的工作一直維持到一九二三年。類似這種講演團的組織，在北京高等師範學校和其他學校也有存在。[60]

大眾教育和免費公學

「五四事件」以後，很多學校開辦免費的夜校給工人及窮人子弟唸書。在第一次世界大戰期間，有一些中國學校和大學設有夜校供校裏的工友

---

[59]　看〈孟祿專號〉，《新教育》四卷四期（一九二二年四月一日，上海）；關於泰戈爾一九二四年中國之行，看 Stephen N. Hay 史蒂芬・海，*India′s Prophet in East Asia: Tagorés Message of Pan–Asian Spiritual Revival and Its Reception in Japan and China*《印度哲人在東亞：泰戈爾的泛亞精神復興之號召及其在日本和中國所受的歡迎》，一九一六——一九二九（一九五七年，哈佛大學博士論文）。

[60]　看《北京大學日刊》，一九一九年三月七日至一九二三年一月十五日。關於一九二〇年夏天在天津公開講演的記載，看種因，〈天津的社會教育狀況〉，《教育雜誌》十二卷七期（一九二〇年七月二十），頁五。

唸書。一九一七年北大開始設立校役夜班。[61] 一九二〇年一月十八日北大學聯會開辦平民夜校。這些設施終於打破中國高等教育的傳統，因為它向來抵制平民入學唸書，尤其是高等學府。在較早的時候，學校大門口通常有這樣的牌告：「學堂重地，閒人免入」。[62] 在一九一九年尾北大理科主辦的夜校有五百多學生，年齡在七歲至三十歲之間。其他的學校也有設立類似的夜校。[63] 還有另外一些免費的學校，由學生和商人合辦，後者提供經濟上的支持。據說「五四事件」之後，由學生聯合會主辦的免費平民學校遍佈全國各地。[64] 一個美國記者在一九一九年八月報道說：「學生們已長期組織起來，計劃去教育全國的民眾和窮人的孩子。單單在上海，就開辦了十六間免費學校，讓沒有能力交學費的孩子唸書。同樣的行動正在全國各地普遍進行。學生還深入農村，在農民中間進行促進全國團結的工作。」[65] 晏陽初在一九二〇年憑著他在法國教育華工的經驗，開始推動他後來有名的平民教育運動。因為當時學生正熱烈推動大眾教育，所以他的運動在十年內能大大地擴充。[66] 這些學生和知識分子所推行的社會服務還包括有辦壁報、公共圖書館，以及改善大眾衛生的工作。

---

[61]　蔡元培，〈北京大學校役夜班開學時演說〉，收在新潮社四六一編，《蔡孑文先生言行錄》第一冊，頁二七〇―八〇。

[62]　當然軍人是可以進去的。軍閥經常侵佔學校，隨意把它改成軍營。看蔡元培，〈在平民夜校開學日的演說〉，同上，頁二八〇―八四。中華民國成立以來，這種事情層出不窮。

[63]　蔣夢麟九六，〈社會運動之教育〉，《新教育》二卷四期（一九一九年十二月），頁四〇〇―〇一。

[64]　高踐四，〈三十五年來中國之民眾教育〉，收在莊俞等人編《三十五年來中國之教育》，頁一六七。

[65]　George E. Sokolsky 蕭可斯基七四〇，「China´s Defiance of Japan」〈中國對日本之反抗〉，*The Independent*《獨立》，九九卷三六九三期（一九一九年九月二十日，紐約），頁三九〇。

[66]　莊俞等編，《最近三十五年之中國教育》，頁一六七―一六九。

七、對新文化運動支持的不斷加強

在上述各種事件發展的過程中，我們就很明顯可看出他們之間的相互關係。這些事件的共同目標，可以用「新文化運動」一詞來說明。因此這個名詞便逐漸被用來概括當時所有改革行動的發展。要創造一個新文化或新文明的念頭只是幾年以前才開始的。陳獨秀在一九一五年創辦《新青年》之後，就開始注意這觀念。在《新青年》(《青年雜誌》)創刊號上頭，他寫了一篇文章題作〈法蘭西人與近代文明〉，而且把薛紐伯(Charles Seignobos)的《現代文明史》(*Histoire de la Civilisation Comtemporaine*)的第三章翻譯了出來。[67] 一九一六年初，陳獨秀說人類生活的特徵是創造文化，因此二十世紀的人應該為二十世紀創造一種文化，不可只跟著十九世紀走。[68] 一九一九年一月出版的《新潮》創刊號上，學生們也宣布說，他們雜誌當前的第一急務是要「漸漸導引此『塊然獨存』之中國同浴於世界文化之流。」[69] 這些遠大的理想和有關的活動，一直要到「五四事件」以後，才作為「新文化運動」，有系統地得到新知識分子的提倡。

「新文化運動」這一名詞，在一九一九年五月四日以後的半年內逐漸得以流行。那年十二月《新潮》的編者在出版宣言中答覆讀者說，他們的運動就是「文化運動」。[70] 一九二〇年初這運動已經非常普遍流行了。[71]

---

[67] 《新青年》一卷一號(一九一五年九月十五日)，頁七，一一一四；一卷二號(一九一五年十月一日)頁九，一一一四。

[68] 陳獨秀九四，〈一九一六年〉，同上，五號(一九一六年一月)頁一。

[69] 傅斯年一五八，〈新潮發刊旨趣書〉，《新潮》一卷一期(一九一九年一月一日)，頁一一二。

[70] 同上，二卷二期(一九一九年十二月一日)，頁三七〇。

[71] 天民四四二，〈文化運動和自我教育〉，《教育雜誌》十二卷一期(一九二〇年一月二十日版)，頁二一四。

真的，從一九一八年春天起，進步黨很多報紙已經開始支持這新思想運動了。國民黨的黨員也早就以個人身分成為熱烈的支持者。不過要到一九二〇年一月，孫文才給予正式贊同。他簡括所有的新思潮，稱之為新文化運動，同時號召全體黨員都來支持。在一封致海外國民黨同志的信中，他說：

> 自北京大學學生發生五四運動以來，一般愛國青年無不以革新思想，為將來革新事業之預備。於是蓬蓬勃勃，發抒言論。國內各界輿論，一致同唱。各種新出版物為熱心青年所舉辦者，紛紛應時而出，揚葩吐艷，各極其致。社會遂蒙絕大之影響。雖以頑劣之偽政府，猶且不敢攖其鋒。此種新文化運動，在我國今日，誠思想界空前之大變動。推原其始，不過由於出版界之一二覺悟者從事提倡，遂致輿論大放異彩，學潮瀰漫全國，人皆激發天良，誓死為愛國之運動。倘能繼長增高，其將來收效之偉大且久遠者，可無疑也。吾黨欲收革命之成功，必有賴於思想之變化。兵法攻心，語曰革心，皆此之故。故此種新文化運動，實為最有價值之爭。[72]

孫文在這封信裏承認，而且向他的黨員指出，「五四運動」對中國社會產生了巨大的影響，暗示《新青年》、《新潮》及其他雜誌是這運動的倡導者，學生運動和新文化運動有著密切的因果關係。照他這樣說來，「五四」學生運動和新文化運動就很難截然分割而視為互不相干了。胡適在「五四」二十八周年時也很贊成這種看法。可是後來有些孫、胡的信徒卻堅持要把這兩個運動分割開。事實上，從「五四事件」開始，很多國民

---

[72]　孫文四二五，〈民國周年與海外國民黨同志書〉，一九二〇年一月二十九日，胡漢民編四二四，《總理全集》第三卷，頁三四七—四八。

黨的領導人物及其他自由進步知識分子已經參加或積極支持學生運動和新文化運動了。

「新文化運動」這名詞，照當時大多數新知識分子所使用的，包涵著很廣泛的意思，比後來所承認的還要廣泛。一九二〇年春天陳獨秀有一次在討論新文化運動時，把「文化」的意思限制於有關科學、宗教、道德、文學、音樂和藝術等方面的活動。他並不從社會學的涵義去了解「文化」，不把實用的政治、社會和經濟行為包括進去。一九二一年初，他又進一步指出，文化運動和社會運動是兩樣不同的東西。前者不能包括後者，後者也不能包括前者。如果「文化」作如此狹義的解釋，則很顯然的，「五四事件」後新知識分子的活動，事實上早已越過了文化運動的範圍。不過在「五四事件」發生後一年以內，知識分子的活動起初似乎還把重點放在狹義文化範圍以內，後來才逐漸積極從事實際的社會或政治行動。結果帶有這種含義的「新文化運動」一詞，在當時為中國人廣泛地接受。

「五四事件」以後，發展深遠的新文化運動給中國帶來新面貌和很大的希望。杜威給新文化運動作了很長的分析後，得到這樣的結論：

> 我們可以這樣肯定說，新文化運動，即使是那麼蕪雜和不安定，卻給予中國以新的前瞻和遠大的希望。它固然不能代替比較好的交通系統（如鐵路和公路），缺少交通系統，這個國家不能統一，因此也不能富強。可是中國也需要民心一致，這點沒有新思想知識運動是不能達到的。而且當形成民心一致時，這民心是回顧過去，還是與當前世界潮流配合而同情於現代思想，也會造成完全不同的後果。[73]

---

[73] 杜威六二〇，《新文化在中國》，頁五八六。

　　至於就中國知識分子而言，他們對這點更加樂觀。他們把新文化改革活動看成黑暗中的一線光明，可以照亮一條救國的希望大道。這運動對年輕的中國人有極大的吸引力，很多聰明而有抱負的海外留學生都決定回國參加這個運動。郭沫若那時還在日本唸書，而且是一個熱情的歌德派詩人。他被中國的這股新潮所激動，開始寫了很多新詩，歌頌新時代和新中國。他寫道：「『五四』以後的中國，在我的心目中就像一位很蔥俊的有進取氣象的姑娘，她簡直就和我的愛人一樣。」[74] 真的，「五四」之後那時期，多數獻身事業的中國青年都被愛國的熱忱支配了自己。然而政治的浪潮很快就把這新文化運動的熱忱捲入無限的紛爭裏去了。

---

[74]　郭沫若二七五，《創造十年》（一九三二年，上海），第四章，頁八八。有關最近中共對新文化運動的研究及解釋，看丁守和與殷叙彝合作，〈五四新文化運動〉，載《歷史研究》第四期（一九五九年四月），頁一一三五。本文大致上遵循毛澤東的思想路線，盡力論述新文化運動怎樣從反封建活動發展到反軍閥活動，然後把它和反帝國主義的趨勢連繫在一起；又論述怎樣從一個文化運動演變成群眾革命運動。

周策縱作品集

五四運動史　上

作　　者：周策縱
譯　　者：王潤華　等
編　　者：王潤華　黎漢傑
責任編輯：黎漢傑
文字校對：王芷茵
封面設計：Kaceyellow
法律顧問：陳煦堂　律師

出　　版：初文出版社有限公司
　　　　　電郵：manuscriptpublish@gmail.com

印　　刷：陽光（彩美）印刷公司

發　　行：香港聯合書刊物流有限公司
　　　　　香港新界大埔汀麗路36 號
　　　　　中華商務印刷大廈3 字樓
　　　　　電話 (852) 2150-2100 傳真 (852) 2407-3062

臺灣總經銷：貿騰發賣股份有限公司
　　　　　地址：新北市中和區中正路880號14樓
　　　　　電話：886-2-82275988
　　　　　傳真：886-2-82275989
　　　　　網址：www.namode.com

版　　次：2019年5月初版
國際書號：978-988-79367-5-6
定　　價：港幣108元　新臺幣370元

Published and printed in Hong Kong

香港印刷及出版